글렌 굴드, 피아노 솔로

글렌 굴드, 피아노 솔로

미셸 슈나이더

이창실 옮김

東文選 文藝新書 397

Michel Schneider

Glenn Gould, piano solo

차 례

이것으로, 이것만으로 우리는 존재했었다
그것은 우리의 사망 명부에도
자비로운 거미줄로 뒤덮인 회상 속에도
우리의 빈 방에서 야윈 공증인이 떼는 봉인 밑에도
적혀 있지 않은 것

    T. S. 엘리엇, 〈황무지〉, V.

By this, and this only, we have existed
Which is not to be found in our obituaries
Or in memories draped by the beneficent spider
Or under seals broken by the lean solicitor
In our empty rooms

    T. S. Eliot, **The Waste Land**, V.

아리아

1964년, 그때까지 뛰어난 연주자였던 캐나다의 피아니스트 글렌 굴드는 대중 앞에서의 연주를 완전히 그만두게 되었다. 그리고 1982년 사망하기까지 그는 음반 녹음과 라디오 텔레비전 방송 녹음, 또 자신의 음악적 접근을 이야기하는 기사 쓰기에 활동을 제한하게 된다.

다 읽고 난 편지처럼 둘로 접힌 자국. 마치 우리가 사막으로 가듯이 선을 기점으로 그의 삶은 고독으로 운명지어지고, 황홀경으로 빠져 들어갔다. 32세에 정상에 오른 피아니스트가 무대를 떠난다는 것은, 그것도 호로비츠가 그랬던 것처럼 잠시 동안이 아니라 영원히 떠난다는 사실은 세상의 기대를 저버린 것이었다. 이 첫번째 행동을 계기로 세상과 점점 멀어져 가는 것이 아닐까 하는 의구심이 사람들의 뇌리를 스쳤다. 하지만 이 적극적인 고립은 현실 앞에서, 또

현실이 제공하는 매력과 유혹으로부터의 도피가 아니고 음악적 용어로 말해 하나의 푸가라는 사실, 또 의도되고 미리 계산된, 일관성 있고 합리적이며 단일하고도 복합적인, 심미적이며 윤리적인 시도라는 사실, 이는 하나의 수수께끼로 남았다. 예술이 자신의 영혼을 구하기 위한 수단이 아니라 그저 심심풀이인 사람들에게 오랫동안 놀라움거리로 남게 될 수수께끼였다.

그가 연주하는 곳에서 그가 연주하는 시간에 아무도 그의 연주를 들을 수 없게 되었다면, 그에게 음악은 무엇이 된 것일까? 1964년 11월 11일, 그가 강연을 한 토론토 왕립 음악원 학생들이 그에게서 들은 충고는 단 한마디였다. "혼자 있으십시오. 은총이라고 할 만한 명상 속에 머무르십시오." 이것은 몇 달 앞서 시카고에서 가졌던 그의 마지막 연주회 이후 굴드가 한치도 어김없이 실천에 옮겼던 고독의 의무였다. 4월 10일, 대중 앞에서 한 차례 더 연주회를 갖지만 그가 무대를 영원히 떠나겠다고 결심한 것은 바로 그날 저녁, 시카고에서였다.

그날 그는 〈푸가의 기법〉(그 중 어느 곡을 연주했는지는 모르지만 제4곡 '성 안나'였으면 좋겠다)과 〈파르티타〉 4번, 베토벤의 〈소나타〉 작품 제110번, 크세넥의 〈3번 소나타〉를 연주했다. 어쩌면 베토벤의 '안단테'를 연주하던 도중에 모든 것이 끊어져 버렸을 수도——아니면 분명해졌을 수도——있다. 그가 연주홀과 맺고 있던 관계, 내림표가 붙은 음들(미 레 도 시 도 라 라 솔)의 흐름이 해체되어 버린 것이다. 손가락들은 계속 음들을 연주하고 있었지만 그는 더이상 그곳에 존재하지 않았다. 연주회가 끝날 때까지 손가락들은 계속 움직일 것이며, 거기 있는 누구도 무엇 하나 알아채지 못할 테지만. 말하자면 그는 연결점을 상실한 것이었다. 우선 그들과의 연결점을. 조는 이들, 자신들을 기다리고 있을 저녁 식사를 벌써부터 기대하는 이들, 아니면 다음날, 이곳에 있었다는 말을 하기 위해 거기 와 있는 이들…… 이 청중들의 수를 헤아려 본 다음, 그는 연주장에 와 있는 사람들 가운데 음악이 가슴까지 파고 들어간 이들이 얼마나 적은지를 깨달을 수 있었다. 열의 없이 음악에 순응하는 이들, 꿈꾸고 계산하면서 음악을 듣는 동안 불편을 느끼지 않는 이들보다 그는 차라리 음악이 들리면 내빼는 이들을 선호했다.

그 자신이 연주 곡목을 채택하고, 또 다성적이거나 추상적인 어려운 곡을 들려줌으로써 그는 청중들이 관람객의 태도를 버리고 귀기울이지 않을 수 없도록 만들었다. 심지어 크셰넥의 〈소나타〉처럼 지루한 곡을 7,8년간 연주 프로그램

속에 넣고 다녔던 것도 그 때문이었다. 대중의 탐욕으로부터 자신을 지키고, 연주가 끝나고 뜨거운 박수를 보내겠다는 열의를 때맞춰 꺾어 놓는 부적처럼 말이다. 그럼에도 불구하고 그들은 어김없이 와 있었다. 그는 더이상 이들을 보고 싶지 않았다. 눈과 입으로만 들을 줄 아는 이 청중을.

그렇지만 그가 떠나온 이 생활이 불편하기만 했던 것은 아니었다. 트릴 부분을 교묘하게 연주하고 났을 때 고뇌가 사라지는 순간도 있었다. 또 사람들 속에서 자신이 더럽혀지는 이 질식할 듯한 상태로부터 벗어나기 위해 싸워야 했던 몇몇 연주회들을 그는 참으로 좋아하기까지 했다. 그런데 작품 제110번의 3악장 17소절에서 '탄식의 노래(Klagender Gesang)'가 울려나올 때 무언가가 무너져 내렸다. 흐느낌의 기저를 이루는 '크레셴도'를 만들어 낼 수 없었다. 그렇게 할 수 없었다. 청중석에서 바라보며 곡이 끝나기를 기다리는 2천 명 앞에서 차마 그리 할 수 없었다. 그건 마치 옷을 벗는 것과도, 죽는 것과도 같았다. 몸을 숨겨야 했다. 하지만 곧 푸가로 넘어갈 것임을, 평온을 가장할 수 있을 것임을 알고 있었다. 그 다음엔 여린 음향의 '점점 사라지듯이'와 고통의 아리오소로 넘어갈 것이다. 그리고 130소절에 이르러 우나 코르다(una corda)로 페달을 밟는다 해도 사라져 가는 악절

을 부재감으로 채울 수는 없을 것이다. 그보다 더 작은 음향
이 필요했다.

1

이 마지막 연주회를 치르고 호텔로 돌아와 그는 자신의 존재를 바라보았다. 저녁에 의자 위에 개켜져 있는 자신의 옷들을 바라보며, 어떻게 이 요란하게 번쩍이는 이상한 옷을 온종일 필요로 했을까 하고 스스로 묻듯이 말이다. 자신이 이룩하고 얻은 것, 소유하게 된 것이 무슨 소용이 있을까? 미지의 무엇이 그에게 손짓을 했다. 사물들에 다른 윤곽을 부여하여야 했다. 그건 다른 이들로부터 떨어져 나와야 함을 의미했다. 음악 속에 잠겨 있는 연주홀의 이 그림자들뿐 아니라 모든 이들로부터. 또한 사랑이 무엇인지 자신에게 끊임없이 묻는 일을 그만두어야 했다. (모차르트를 두고 그가 못마땅하게 생각했던 것이 바로 이것이었다. 천재성으로 반짝이는 경이에 가득 찬 눈으로 사랑을 엿보고, 때로 유혹을 감행하면서 사랑을 구걸하는 이 어린아이 같은 면을.)

"날 사랑하나요?" 하고 물으며, 독주자는 쉬지 않고 애원하고 쓰다듬고 으르렁대기도 한다. 하지만 그의 물음은 다른 것, 즉 그가 정말로 살아 있느냐 하는 것이었다. 그는 자신을 더 잘 알고 싶었으며, 그러기 위해 길을 잃고 해체된 다음 재형성되고 다시 분산되어야 했다. 손가락을 활짝 열고 손바닥을 천장으로 향하게 한 채 보내던 밤, 그에게 중요했던 것은 여전히 건반으로 다가가던 순간들이었다. 하지만 건반을 건드리지는 않은 채——기다림이라기보다는 정의 내리고 집중하려는 노력——조만간 음악과 그 사이에 아무도 끼어들지 않을 것이었다. 그의 손 밑에는 감지되지 않는 추상적인 조직만이 남을 것이었다. 일어나는 것, 떠도는 것, 낙하와 마찰, 불러도 오지 않는 것, 와서는 꺼져 버리고 마는 것, 지속되는 것.

일찍이 그가 속하고자 했던 유일한 공간들은 끝없이 펼쳐진 북극 지대, 혹은 모텔 방의 이름 없는 벽들이었다. 어느 정도 장난스런 기분으로 그는 이제 자신을 지나가는 객으로 바라보았다. 수많은 공간을 통과하는 실루엣, 헤아릴 수 없이 많은 거처와 얼굴, 정신으로 흩어져 있는 하나의 형태, 그의 녹음된 음악을 통해서만 알려지는 중성적 현존으로서. 또 이곳 혹은 저곳에서 참, 굴드를 들어 봐야지 하고 누군가 말할 때 비로소 깨뜨려지는 하나의 부재로서.

그는 살아 있는 대중 앞에서는 두 번 다시 연주하지 않을 것임을 알고 있었다. 사람들은 그의 비닐 음영에 귀기울일 테며, 그의 음극선 그림자를 보게 될 것이었다.

이 고립이 그에겐 절개도, 절단도 의미하지 않았다. 이 고립에서 그가 원한 건, 사라지기 전 그에게 여러 생각을 불러일으키는 환영처럼 다정한 거리를 유지하는 것이었다. 말을 하는 이들의 동아리에서 절연되어 나왔을 때 한자리를 내어주게 되는, 천사가 지나가는 하얀 길.

그는 끊임없이 자신의 고독의 영토의 경계를 그었다. 늘 역광을 받으며, 어둠을 거슬러 나아갔다. 누군가 우리를 맞이하는 문턱이 있음을 알지 못했으며, 시간의 촘촘한 직조 속에서 깊이 파인 애정을 거부했다.

그렇더라도 듣기 위해선 말하기를 멈추어야 하며, 음악을 세부까지 온전히 다시 들으려면 연주를 멈추어야 할 필요가 있는 법이다.

이처럼 한 발 물러서는 이유를 심기증이나 삶의 권태, 혹은 인간혐오증에서 찾는 것은 굴드가 제시하는 '합리화'에서 찾는 것만큼이나 소견이 좁은 짓이다. 여기서 합리화란 미디어 시대에 연주회는 이미 시대에 뒤떨어진 의사소통 수단이 되어 버렸으며, '대중은 악한 세력이다'라는 확신이었다. 이 은퇴는 양면성을 지니고 있었다. 즉 무대를 떠나겠다는 결심과 음반 녹음에 대한 선호였다. 굴드는 연주회를 열고 있을 당시부터 이미 체계적으로 무대로부터 도망치고 있었다. 그는 무대가 존재하지 않는다고 상상했으며, 실제로는 자신만을 위해 연주한다고 믿었다. 한편 녹음, '간접적인 것'에 대한 선호는 다양한 경향들에 의해 규명된다. 즉 자신과 타인을 이어 줄 매체의 필요성, 일시적인 것에 대항하여 고뇌에 맞설 수 있는 기념비를 세우려는 의지, 위조(굴드는 자신의 음악을 녹음하는 과정에서 예외 없이 속임수를 썼다)에 대한 끌림 같은.

하지만 다른 요인도 있었다. 하나의 부름, 호소, 현기증. 그가 알고 있는 음악과 소멸 간의 친화성. 사실 이번의 은퇴가 그의 첫번째 은둔, 첫번째 단절은 아니었다. 1952년에 그는 완전한 고립을 시도하여 자신의 녹음기와 개만 데리고 북부로 올라가 업터그로브에서 살기로 결심한 적이 있었다. 그곳에서 그는 3년가량 머물렀다. 맹목적이라 할 만한 어떤 절망적인 에너지로 그는 피아노에 몰두하기를 바랐다. 피아노를 자신의 생명으로 삼을 것인지, 아니면 포기할 것인지 알수 있을 때까지. 도중에 몇 가지 계약을 맺고 라디오 방송에 출연하긴 했지만 말이다.

이제 그는 또다시 은거의 필요성을 느끼고 있었다. 한 연주회에서 다음 연주회, 그리고 그 사이의 긴 수면, 이같은 교체로 이루어진 자신의 삶을 좋아하지 않았다. 그런데 이 당시 저녁마다 그는 내적 동요를 느끼게 되었다. 한겨울, 열기의 환상에 미혹되어 생명을 되찾은 곤충의 부산함 같은 동요를. 내면에서 침묵의 중심을 되찾아야 했다. 그것이 없다면 음악을 연주한다는 것은 배신 행위이며, 음악을 듣는 것은 고문이었다. 그는 자신이 이상한 고장을 향해 출발했다는 사실을 알고 있었다. 공포, 혹은 무기력이 노리는 이 지대를 그는 혼자 걸어가야 할 것이었다. 음악에 대해 자신이 알고 있는 것을 잊어버리고, 그것이 손상되지 않은 온전한 것이기를 바라면서 처음부터, 매번 처음부터 음악을 지키고 다시 취할 것이었다. 풀리지 않는 갈증으로 눈과 손·혀로 음악을 흡수할 것이었다.

그는 말들의 선함을 믿지 않았듯이 음들의 진실 역시 믿지 않았음이 틀림없다. 자신이 연주하게 될 〈토카타〉의 첫 소절마저도 이미 그가 좋아하지 않았던 과거의 큰손들, 완다 란도프스카나 에드윈 피셔 같은 손들이 구겨 놓은 전통의 바람 아래 쓰러진 풍경이 될 것이었다. 그가 성숙기에 도달하게 될, 떨며 기다리던 이 형태를 그는 짐작했다. 칠흑처럼 길게 이어지는 유랑. 자기 것이 아닌 침대 위에 이따금 홀로 던져진 그곳에 그대로 남아 있기를 거부하는 육신, 이 육신이 그에게 잠정적인 거처를 제공할 것이었다. 그는 시간의 뿌리를 한없이 갉아먹고 있는 자신의 모습을 보고 있었다. 갇힌 생쥐가 빠져나가기 위해 지붕 서까래를 긁어대듯이 피아노를 긁어대고 있는 자신을 보고 있었다.

피아노. 그는 마치 피아노에서 태어난 것 같았다. 굴드는 음악가였던 양친의 외아들이었다. 모피 제조공이었던 아버지 러셀 허버트는 아마추어 바이올린 연주가였으며, 피아노와 오르간을 연주했던 어머니 플로렌스는 젊은 시절 한때 직업 연주자가 될 생각까지 했었다. 굴드가 어렸을 때 어머니는 노래를 가르쳤지만 학생수가 너무 적었기 때문에 그것을 직업으로 보긴 어려웠다. 굴드가 처음으로 건반을 접할 수 있었던 것은 할머니의 무릎에 앉아서였다고 한다.

그밖에도 하나의 전통, 혹은 집안에서 전해 내려오는 이야기가 있었다. 에드바르드 그리그가 그의 외증조부의 사촌이라는 사실, 어머니의 성 그레이그는 노르웨이 작곡가 그리그의 변형이라는 사실이었다.

굴드의 말에 따르면, 외할머니는 파데레브스키의 연주

를 듣기 위해 그녀가 살던 시골 욱스브리지를 떠나 온타리오까지 긴 여행을 한 것을 자랑스러워했다 한다. 할머니는 특히 "영국 빅토리아 시대 전통의, 그 지칠 줄 몰랐던 송가 작곡가들을 좋아해서 오르간 위에 그들의 악보들을 쌓아두곤 했으며, 전속력으로 페달을 밟아 멘델스존의 유포니를 성대하게 연주해 내곤 했다. 각 음열마다 평행 5도 음정들이 교묘하게 피해지는 순간 악마는 응분의 처우를 받게 된다고 확신하면서 말이다. 한편 카덴차의 스트레타에 이르면 신앙 조항에 복종하듯 응답이 주제의 완결 전에 나타나도록 했다."

그는 3세 때 어머니에게서 첫 피아노 레슨을 받았으며, 10세가 될 때까지 어머니가 그의 유일한 피아노 교사였다. 플러시천으로 싼 체스터필드 의자에 앉은 아이는 해가 갈수록 피아노 쪽으로 점점 더 몸을 수그리게 되었다. 그리고 뛰어넘어야 하는 무엇이 있기라도 하듯 곡을 연주하고, 이해해 나갔다. 그 무엇이란 하나의 벽, 어떤 시련, 아니면 사랑이었는지도 모른다.

그에게는 절대적인 음감이 있었다고 한다. 5세 때 그는 단순한 곡들을 연주할 수 있었으며, 자신이 만들어 낸 즉흥적인 연주도 가능했다. 그리고 11세 때 알베르토 게레로에게 맡겨졌는데, 50대의 칠레인이었던 그 역시 한때 피아노의 신동이었고, 토론토 음악학교에서 학생들을 가르친 적이 있었으며, 그후 굴드에게 더이상 가르칠 것이 없다고 고백하기까지 9년 동안 굴드를 맡았다. 나중에 그를 회고하며 굴드는 말한다. "우리의 음악적 접근은 완전히 상반되는 것이었다. 그는 '가슴으로 느끼는' 인간이었던 데 반해, 나는 '머리로 이해하는' 소년이기를 원했다." 굴드가 음악학교에서 집단 교육을 받는 것을 원치 않았던 부모는 40년대초에 이 개인 교습을 위해 연 3천 불을 지출하여야 했다.

어느 날 6세였던 굴드는 피아노 역사상 당시로선 가장 최근의 명연주가라 할 수 있었던 요제프 호프만의 독주회에 따라간 적이 있었다. 아이는 너무도 강렬한 빛, 번개에 스친 듯한 충격을 받았다. 그는 아무것도 기억하지 못했다. 오로지 음향만, 음향 하나하나를 기억했다. 집으로 돌아오는 차 속에서 그는 일종의 의식과 무의식 사이의 중간 상태에 들어 있었다. 그가 들었던 음향은 피아노의 음향이라기보다는 오케스트라의 음향이었으며, 호프만이 아니라 이젠 그 자신이 연주를 하고 있었다.

굴드의 부모 생각에 악(惡)은 세 가지 형태를 띠고 있었다. 교회의 기도와 강론에 참여하지 않는 것, 부정직한 거래,

음악에 대한 무관심. 그런데 그들이 각별히 주의했던 것은 아들이 신동의 운명을 맞지 않도록 하는 것, 직업가로서의 길을 걷지 않도록, 무대나 성공에 너무 일찍 노출되지 않도록 하는 것이었다. 그러면서 어린 모차르트의 생활을 예로 들곤 했다. 그들이 살던 집에서 몇 블록 떨어지지 않은 곳에 있는 엠마누엘 장로교회의 여성 선교회 모임에서 굴드는 다양한 곡을 연주하곤 했지만 그것도 극히 드문 일이었다. 그때 굴드의 연주를 듣고 감동을 받았던 한 노부인은 흰 비단 정장을 차려입은 어린 굴드가 그곳에 와 있던 여성들의 마음을 사로잡았던 일을 아직도 기억하고 있다. 어쩌면 부친 레오폴트의 손에 이끌려 유럽의 모든 궁정에서 연주를 했던 신동의 사랑스런 영상을 이 기억과 혼동한 것인지도 모르지만.

그러던 어느 날, 그의 연주가 이젠 무르익었다는 판단을 받게 되었을 때 모든 것이 돌변하고 말았다. 그가 무대에 서게 된 것이다. 그의 나이 10세였다.

1944년 2월 15일, 굴드는 키와니스 페스티벌의 '피아노 트로피 경연대회'에서 일등상을 받게 된다. 최종 연주회가 있던 다음날, 그는 전문 음악인들로 이루어진 청중 앞에서 연주를 하게 된다. 이듬해에는 토론토 왕립 음악학교 입학시험에 직업 피아니스트와 동등한 자격으로 합격한다. 1946년에는 음악 이론시험에 합격해서 일등상을 탄다.

그는 모차르트를 거의 연주하지 않았는데, 특히 〈소나타〉 A장조 K.331은 누구나 연주한다는 이유로 기피했다. 모차르트의 곡 가운데 오로지 〈푸가〉 C장조 K.394를 좋아했던 것은, 이 곡이 모차르트의 곡답지 않다는 이유에서였다.

소년 시절 그의 유일한 우상은 피아니스트 아르튀르 슈나벨이었다. 굴드는 그가 연주하는 베토벤과 슈베르트·브람스를 들으며 자랐다. "슈나벨은 실제로 악기로서의 피아노에 대해 그다지 마음을 쓰지 않았던 사람이었던 것 같다. 그에게 피아노는 하나의 목표를 향한 수단이었는데, 이 목표는 베토벤에 도달하는 것이었다"고 그는 말하게 된다. 그는 음반을 통해 오랫동안 슈나벨의 연주를 들으면서, 음악에는 느껴야 하기보다는 이해해야 할 무엇이 있다는 생각을 하게 되었다.

이날 저녁 시카고에서 굴드는 더이상 아무 느낌이 없었다. 눈코뜰새없이 바쁜 활동, 아니면 끝없이 이어지는 것이 아닌가 두려움을 품게 되는 휴식, 이 둘의 경계 지역인 이 순간을 그는 사랑했다. 그는 하룻동안에 일어난 일들을 회상했다. 그리고 자신을 더럽혀 놓는 일상의 만남들, 이 접촉들이 씻

겨 나간 아주 순수한 무엇처럼 익명으로 화한 자신의 몸을 바라보았다.

밤의 기슭에 정지된 한순간, 한 호텔 방의 정리되지 않은 침대 위에 앉아 있는 그의 모습을 나는 상상해 본다. 밤속으로 침몰하지 않기 위해 완강히 저항하면서, 절망적으로 도달하고자 하는 이 침묵의 순간이 닥치기를 기다리는 그를. 밀물처럼 음향을 쏟아내는 두 대의 라디오와 한 대의 텔레비전이 형성해 놓은 이상한 침묵. 팔다리가 벌어지고 구겨진 시트 위로 손가락들이 별 모양으로 퍼진 그의 몸은 기진맥진한 자의 몸이었다. 1964년 3월 29일 일요일 부활절, 시카고에서였다.

그가 이 호텔을 택한 것은 그것이 회색이었기 때문이다. 도심에서 벗어난, 그 호텔이 있던 거리도 회색이었으며, 미시간 호수 주위로 이어지는 이 음울한 겨울 날씨 역시 회색이었다. 그는 회색을 몹시 좋아했다. 하지만 흰색이 되찾아들곤 했다. 그날도 눈이 내리고 있었다. 몇 시간 전 굴드는 오케스트라 홀의 무대 위에서 연주를 하고 있었다. 급하고 불규칙한 걸음걸이, 죽은 물체처럼 축 늘어진 팔을 하고 나와서는 실내 장식과 시선·조명들에 부신 눈으로 머리를 흔들어대는 그를 본 사람들은 그날이 무대 위에 선 그의 모습을 보는 마지막날이 되리라는 사실을 모르고 있었다.

그가 이제 막 떠나온 삶과 아직 실체를 드러내려 하지 않는, 하지만 불가피한 것임을 아는 삶 사이에서 그는 말도, 음악도, 그 누구도 존재하지 않는, 마음 놓이는 공간들을 보고 있었다.

자신의 삶 전부였던 동시에 그에게서 삶을 훔쳐간 피아노 연주와 자기 자신, 이 사이에서 그가 지켜보고 있었던 터진 틈, 이 틈을 그는 갈망했지만 한편으론 그 속으로 자신을 내던지는 데 대한 두려움도 있었다.

그가 묵던 호텔, 대리석 같은 하늘을 배경으로 우뚝 서 있는 가련한 이 건물로 돌아왔을 땐 날씨가 몹시 추웠다.

2

　1964년 굴드는 중세기에 '활동의 삶'이라 칭했던 것에 영원히 등을 돌리고 '명상의 삶'으로 돌아서서 자신의 피아노와 함께 칩거하게 된다. "활동의 삶은 근면하며, 명상의 삶은 조용하다. 활동의 삶은 대중 속에서 영위되며, 명상의 삶은 사막에서 영위된다. 활동의 삶은 이웃을 필요로 하게끔 되어 있지만, 명상의 삶은 하느님을 보게끔 되어 있다." 이것이 바로 12세기 위그 드 생 빅토르(1096-1141; 프랑스의 신비주의 철학자, 신학자)가 개혁의 열의는 물론 순수한 균형에 도취되어 강력한 필치로 써내려간, 교회법에 의거한 대립이다.

　자신의 스튜디오에서 굴드는 수도자가 추구하는 종교적 자세, 즉 가난·순결·복종으로 이루어진 포기의 삶과 완성의 길이라는 이상과 닿게 된다. 그가 음악을 접근한 방식은 신비주의자들이 하느님을 접근한 방식과 동일한 차원이었다고 할 수 있다.

굴드는 전신으로 피아노를 바라보듯이 그렇게 연주를 했다. 피아노와 몸을 망각할 정도까지. 비오스 테오레티코스, 즉 주시와 이론의 삶. 아리스토텔레스가 비오스 크세니코스, 즉 이방인의 삶이라고 지칭한 바 있는 삶. 그림자들의 그림자를 붙잡기 위해 영위되는 삶. 숨겨진 길, 자기 자신에 이르는 이 길을 혼자가 아니고 어떻게 발견할 수 있을까?

굴드의 고독은 찢김이 아니고 스스로 아무는 상처였다. 풍요로운 은신처, 모아들이는 장소. 그는 묵상을 했던 것이다. 릴케처럼 그도 "나는 과실 속의 씨처럼 일 속에 있습니다"라고 말할 수 있었을 것이다.

라이프치히에 지금도 존재하는 레스토랑, 카페바움에서의 한 장면이다. 담배 연기로 가득 찬 테이블 주위에 루트비히 슝케가 앉아 있다. 슈만이 자신의 〈토카타〉를 바쳤으며, 그 보답으로 슈만에게 〈소나타〉를 바친 장본인이다. 또 음악을 작곡하고 연주하는 모리츠, 마찬가지로 작곡가였던 페르디난트 스테그마이어, 피아노 교사 율리우스 크노르, 그리고 프리드리히 비크도 있었다. 그들은 '다윗동맹'이라 불렸다. 맥주잔이 비워지기 무섭게 슈만은 테이블 가로 빈 잔을 내밀어 웨이

터에게 다시 채우도록 한다. 그러다 갑자기 그는 무슨 명령이라도 받은 듯 자리에서 벌떡 일어난다. 그리고 한마디 말도 없이, 인사도 없이 밤길을 나선다. 그의 머릿속이 음악으로 너무 차 있는 거라고 다른 이들은 생각한다. 그는 단지 슬그머니 이 자리를 떠나 자신의 음악 앞에 조용히 앉아 있고 싶을 따름이다.

암스테르담 웨스터마크트 6번지의 한 장면이다. 의심으로 가득 찬 데카르트는 움직이는 땅과 모래를 버리고 바위나 점토를 찾고자 한다. 한없이 적요한 사막만큼이나 쓸쓸하고 외진 장소를 찾기로 한다.

아테네 아카데모스 정원에서의 한 장면. 플라톤은 사람들과 관계를 끊고 선택된 소수의 동아리를 만든다. 소크라테스가 자신을 반성의 대상으로 삼기 위해 가족을 떠나 외딴 곳에 자리를 잡았던 것처럼. 사고는 세상으로부터 한발 물러서야 가능하다. 감지될 수 있는 것에서 거리를 두고서야(굴드는 단지 대중과 거리를 두고자 했던 것이 아니었다. 외관상 피아노에 더없이 가까이 있으면서, 동시에 피아노에서 멀리 떨어진 곳에 있고자 했다) 정신 활동이 실물 대신 자신의 대상을 구축한다. 어떤 사고도 지각된 것, 주어진 것, 감지된 것에 만족하지는 않는 법이다. 그런데 굴드는 자신이 접근하고자 했던 것을 다른 연주자들보다 한층 철저한 왜곡과 재구축을 통해 변형시켰다. 거의 절대적인 일련의 실험들로 이루어진 자신의 녹음들을 그는, 13세기 성프란체스코회 수사였던 피에르 올리외의 표현을 빌리자면 '자신과 함께한, 자신에 대한 경험'으로 삼았다. '사고(思考)'를 생각하노라면 상반되는 두 이미지가 떠오르는 것은 이상한 노릇이다. 즉 고향, 단단한 땅의 이미지와 망명, 이방인의 삶, 뿌리뽑힘의 이미지. 이것들은 마치 유일하게 '어디에도 없는 곳'을 지칭하는 것 같다.

이처럼 '어디에도 없는' 장면. 굴드가 바흐의 〈프렐류드〉 C장조 BWV 933을 연주하는 장면.

혼자 있다고 꼭 고독 속에 있는 것은 아니다. 내가 말하는 고독은 물론 '다른 사람이 없는 상태'를 의미하지만 이순간 나는 나 자신을 벗삼고 있다. 반면 내가 혼자 있든 누구와 함께 있든 나 자신이 내게 결핍되어 있을 때, '내게 결핍되어 있는 그 누구'가 다름 아닌 나 자신일 때, 이런 상태는 고립이다. (반대로 사랑은 상대방이 거기 있을 때조차 그가 그리운 상태를 말한다.) 고독 속에 있다는 것은 상대방이 거기, 내 안에 있다는 확신을 느끼는 것이다. 그런가 하면 상대방과 내가 모두 결핍되어 있는 단절도 있다.

사고한다는 것은 고독의 문제이다. 세상이 입을 좀 다물어야 할 테니까. 그런데 고립이 사고의 작업에 치명타를 가한다. 굴드가 완전히 혼자여야 했던 순간은, 그가 '인 온 더 팍(Inn on the Park)'의 자신의 스튜디오에서 푸가의 제2 주제 도입부를 어떻게 프레이징할 것인가를 생각할 때가 아니었다. 오히려 그의 연주를 듣고 몹시 만족한 팬들이 무대 뒤 휴게실로 몰려 들어올 때였다. 악마를 두고 성녀 테레사가 '문 밖에서 짖어대는 개'라고 말했듯이, 그 역시 악마에 대항하기 위해 비슷한 초조함을 느끼고 있었는지 모른다.

필론, 플로티노스, 성 아우구스티누스 이래로 수세기를 내려오며 재생되곤 했던 내적 삶의 큰 윤곽들이 이렇게 위그 드 생 빅토르에 의해 재정리된 것이었다. 이 길은 '성찰,' 즉 주변의 세계와 나, 하느님에 대한 주시라는 상호 모순적인 탐구에서 시작되어 '관조,' 즉 진실에 대한 확고하고도 고통이 배제된 개념으로 이른다. 관조는 동의로 이루어진다. 굴드가 연주를 할 때면 일종의 '긍정'이 끊임없이 문을 열며 자라나는 것이다. 대상이 몸을 숨길수록 더한층 팽팽해지고, 충분히 무르익은 감동에서 솟아나므로 보다 강력해지는 동의. 굴드는 사랑하지 않을 수 있는 자유를 이미 얻었으며

(모차르트, 낭만주의자들, 그리고 피아니스트들의 피아노), 따라서 그가 애정을 가졌던 것들(기번스, 슈트라우스, 둔주곡 형식)도 매우 경쾌한 강도를 띠게 되었다. 그리고 '황홀경'으로 들어갔다. 영혼이 육신과 분리되고, 일종의 눈이 없는 시선을 갖게 된다. 영혼은 신의 향락으로까지 실려 간다.

관조의 첫 단계는 명상이다. 삼원의 공식을 좋아하는 생 빅토르는 '명상'을 모든 사물의 '양상과 원인, 이유를 탐구하는 집요한 반성'이라고 정의 내린다. "양상이란 사물이 있는 그대로의 모습이며, 원인이란 그것이 어찌 있는가이고, 이유란 그것이 왜 있는가 하는 것이다."

그리고 세 종류의 명상이 있다. 즉 피조물·성서·풍속에 대한 명상이다. 첫번째는 감탄으로부터 생기며, 두번째는 독서에서, 세번째는 신중함에서 기인한다. 굴드에겐 피조물에 대한 명상과 죽음에 대한 명상이 분명 고통스러웠을 것이다.

그가 어렸을 때, 어머니는 아들이 지치지 않도록 피아노 연습을 제한하려고 했다. 피아노 교사도 같은 생각이어서 하루 4시간 이상은 피아노 앞에 앉아 있지 못하도록 했다. 하지만 그러려면 아이를 피아노에서 억지로 떼어 놓다시피 하고, 피아노를 연주하지 않는 데 대한 보상을 약속해 주어야 했다. 그렇지 않으면 연주를 하면서 홀로 밤을 지새울 테니까. 10세 때 그는 바흐의 《평균율 클라비어곡집》 1권을 모두 연주해 내었으며, 12,3세 때에는 《파르티타》를 연습하기 시작했다. 원치 않은 일이었지만 머지않아 그는 엄청난 소질을 지닌 아이임이 밝혀지며, 자유자재로 건반을 통제하며 악보를 읽고 생각하는 대단한 능력을 지니게 된다. 그리고 13세에 토론토 음악원의 가장 나이 어린 졸업생이 된다. 짐처럼 여겨졌던 이 재능을 떨쳐 버리려고 애쓰면서도 이따금 만족해했던 순간도 있었다. 어머니는 그에게 '평범한' 친구들, 다시 말해 음악가가 아닌 친구들이 있기를 바랐지만 그에겐 친구가 하나도 없었다.

이 당시에 찍은 놀랍도록 얌전한 모습의 사진, '신동'이라고 하기엔 좀 어이없는 사진이 한 장 있다. 사진 속의 굴드는 피아노 앞에 앉아 있다. 그의 앞에는 셔머(Schirmer)판의 《평균율 클라비어곡집》 1권과 《파르티타》 한 권이 놓여 있다. 손에는 횃대에 앉은 앵무새 한 마리가 들려 있다. 1949년──17세 때──에 찍은 또 다른 사진에서도 굴드는 피아노 앞에 앉아 있다. 이번에는 손에 어떤 연탄곡의 1부가 들려 있는데, 2부는 그의 영국산 사냥개 니키가 물고 있다. 그의 손과 개의 발이 피아노 건반 위에 함께 놓여 있다. 개는 슬픈 표정으로 악보에 눈길을 준다. 굴드는 마치 다른 세계 사람처럼 차가운 모습이다. 넥타이 차림의 예의바른 청년이지만 어쩐지 유감스러워 보이는 표정. 그는 악보를 보고 있지 않다. 이 사진은 굴드 자신이 애써 구상한 짓궂은 장난에 불과할는지도 모른다. 하지만 곧이곧대로 받아들이면 음악 수련생의 모습을 그대로 담고 있다. 사람들이 바라는 대로 자신의 임무를 꼼꼼히 완수해 내는. 그렇긴 해도 한쪽 눈은 먼 곳을 바라보며 그곳에 없는 것, 음악 속에서 표현되지 않는 것을 꿈꾸고 있다.

그의 가족은 조촐하지만 아름다운 집에 살고 있었다. 부모는 근처 교회에서 음악을 연주하고 노래를 불렀다. 조용하고 나무가 많은 경사로를 향해 나 있는 그의 집은 온타리오 호숫가에서 멀지 않은 곳에 있었다.

굴드는 윌리엄슨 가에 있는 공립초등학교에 다녔다. 천장이 높은 3층 벽돌 건물인 학교는 정면에서 바라보면 그다지 쾌적하지 못한 모습이었다. 학교에 가려면 집에서 절반쯤 내려와 오른편으로 꺾어진 다음 다른 거리를 절반쯤 올라가야 했다. 학교에 다니는 일은 그에게 크나큰 고통이었다. 교사들·급우들과도 한심하기 짝이 없는 관계를 맺고 있었기 때문이다.

그에겐 하나같이 지루했던 수업을 듣고 있는 동안, 그는 자신이 위대한 솔리스트가 되어 전 세계를 누비는 꿈속에 잠기곤 했다. 같은 반 급우였던 로버트 풀포드의 기억에 의하면, "글렌은 위대한 사람이 되기 위해 미친 사람처럼 노력을 했기 때문에 외로웠다. 그는 음악에 대해 부드럽고도 열정적인 엄청난 사랑을 지니고 있었다…… 그건 절대적이고도 완전한 감정이었다. 그는 자신이 누군지, 어디로 가고 있는지 알고 있었던 것이다."

그는 곧잘 학교를 빼먹곤 했으며, 피아노를 칠 수 없을 때면 머릿속으로 음들을 그리며 집에 남아 있었다. 그는 자신이 위대한 음악가임을 알고 있었다. 어느 날 그는 풀포드에게 바흐 음악의 거장이 연주하는 《파르티타》 음반을 들려준 다음 자신이 피아노 앞에 앉아 같은 곡을 연주했다. 그리고 나서 자신의 연주가 훨씬 아름답고 정확하다는 결론을 내렸다.

굴드는 1945년에서 1951년까지 맬번대학에서 공부를 한다. 그러나 열의 부족으로 졸업시험에서 떨어지는데, 이는 전문가로서 음악을 계속하기 위해 굴드 스스로 일과표를 짜두었기 때문이다. 대학 생활은 그에게 고통스러운 시련이었던 것 같다. 스포츠를 좋아하고 여자들 꽁무니를 쫓아다니고 수

학에 좋은 점수를 얻어야 했는데, 이 모두에 굴드는 무능했기 때문이다. 그가 즐겨 하는 스포츠는 하나도 없었다. 어느 날 한 급우가 장난 혹은 실수로 그에게 야구공을 던진 적이 있었는데, 그는 급히 양손을 등뒤로 빼고 공이 떨어지도록 내버려둔 다음 한마디 말도 없이 가버렸다고 한다.

급우들의 저속성으로 다소 상처입긴 했지만 인정받길 원했던 한 청소년의 모습을 나는 상상해 본다. 그를 급우들과 다르게 보이게 했던 것은, 그들을 경멸해서가 아니라 그들과는 달리 호기심보다는 진실에 대한 갈구의 부추김을 받았기 때문이다. 그의 지적 탐구, 그가 끼지 못한 놀이 앞에서도 그런대로 아름다울 수 있었던 순진무구함, 그의 미덕, 이 모두는 그가 친구를 사귈 수 없도록 한다. 무리 속에 섞인다는 것은 잊어버림을 의미한다. 한여름에도 겨울을 예고하는 큰 호수들에서 불어오는 매서운 바람을. 아니면 가을날 진흙투성이의 좁은 길을 걸어가다 잠시 멈추어 땅에 들러붙은 장화를 보면서 땅이 장화를 잡아두려는 것은 아닌가, 밀려드는 불안을.

그 다음 그는 사방에서 찾고 발견했다. 고함소리로 가득 찬, 철책을 두른 운동장에서조차 그는 이처럼 빈 장소를 찾아내곤 했다. 그가 일찍이 발견한 이 유일한 사랑의 형태에 자신을 내던질 수 있는 장소. 미지수가 제로가 되는 길고 무용한 방정식을 풀려고 애쓰듯이 끈질긴 생각들을 엮었다 풀었다 하면서. 종종 그는 아무것도 하지 않고 자신의 사고를 그저 따라가다가 등심초 위에서 머뭇거리는 기중기의 낮은 비상이 때론 스벨링크의 엄격한 〈환상곡〉의 제2 주제보다 더 큰 정밀도를 지녔음을 보고 놀라기도 했다.

가끔 어머니는 그의 단 하나 소망이 소망을 갖지 않는 것처럼 보여 놀란 눈으로 아들을 바라보곤 했다. 그녀는 이미 한 남자를 보고 있었다. 그의 유일한 결심은 매끈한 삶과의 관계들을 조금씩 떨쳐 버리고 긴 여행을 준비하는 것이었다. 음들과 형태, 관계, 보이지 않는 세계가 든 가방만을 챙겨들고 떠나는 여행을. 그는 도시에서 사는 것을 좋아하지 않았으며, 전원주택과 그 침묵, 세상의 끝에 매달려 시벨리우스의 음악처럼 아무데도 없는 곳을 이야기하는 그 하잘것없는 외관을 더 좋아했다. 그곳에서 겨울이고 여름이고 그는 혼자 자신의 피아노 치커링(Chickering) 앞에 앉아 '무한'을 물으며 연주를 반복했다.

요컨대 무대를 떠난 뒤에도 그는 이전의 그와 다를 것이 없었다. 즉 말할 수 없는 것에 대해 이야기하는 것만큼 좋아하는 것이 없었으면서도, 그가 견딜 수 있는 대화 상대자를 찾아야 했다. 활기는 그를 피곤하게 했고, 감정의 표명은 그를 녹초로 만들었다. 포기를 체득하며 자라 자신의 내부에 아주 작은 자로 남아서 자신과 다른 이들 사이에 벽을 세우지 않을 수 없는 이들에게 숨겨져 있는 상냥함을 그는 지니고 있었다.

따라서 그는 아주 일찌감치 '글에 대한 명상'에 몰두했다. 청소년 시기에 니체와 토마스 만의 책들을 읽었다. 그리고 1955년 8월 12일 토마스 만이 죽은 날, 그를 추모해 베토벤의 〈소나타〉 작품 제111번을 연주했다. 니체의 글 속에서 굴드는 자신이 늘 확신해 온 바, "음악이 없다면 인생은 하나의 오류이다"라는 사실을 발견하고 놀란다. 하지만 그밖의 학업은 그에게 어려운 것이었다. 평생을 통해 음들에 대해 신기한 기억력을 지녔던 그였지만 시구를 암기한다는 일은 쉽지 않았다. 그러려면 시에 곡을 붙여 피아노로 반주하며 노래하는 길밖에 없었다.

피아니스트 굴드는 글로 씌어진 것들에 대한 명상을 한시도 게을리하지 않았다. 자신이 읽은 성스런 텍스트들에 대한 생각들을 그가 은밀히 털어놓거나 했던 것은 아니다. 하지만 우리는 그가 위대한 문학 작품이나 철학서 읽기를 좋아했다는 사실을 아는데, 이는 솔리스트들에게는 매우 드문 현상이다. (일반적으로 음악가들은 독서를 거의 하지 않는다.) 무엇보다 그의 연주 자체가 건반 위에서 손가락으로 이루어지는 것이 아니고 손 안에 든 텍스트, 하나의 독서가 되었다. 텍스트를 너무 열심히 명상하다 보면 때론 피아노를 칠 필요가 없어질 때도 있었다.

하지만 굴드 자신이 글을 쓰기도 했다. 그의 녹음이 비평가들의 호평을 받든 악평을 받든 굴드는 개의치 않았지만, 자신이 쓴 글에 대한 공격에는 매우 민감하게 반응했다. 그의 천재성이 종이가 아닌 피아노 건반 위에서 발휘되긴 했지만, 또 그가 꿈꾸었던 것처럼 기분 내키는 대로 글을 쓰는 피아니스트가 될 수는 없었지만, 그래도 음악에 관해 그가 쓴 것들은 연주가에게서 나온 드문 이론적 시도들 가운데 하나로 남아 있다. 엄밀히 말해 그가 남긴 많은 글들을 작품으로 간주할 수는 없다 하더라도, 그것들은 그의 연주와 똑같은 내적 긴장, 까다로운 명철성, 불과 얼음, 모순과 감수성의 혼합을 보여준다.

음악을 주제로 하지 않은 미간행된 그의 글들은 한층 더 기묘하다. 굴드는 피아노를 연주하지 않았다. 거의 연주하지 않았다. 그 자신도 그렇게 말했으며, 그건 거짓말이 아니었다.

하지만 그가 날마다 손가락과 손·눈으로 항상 하던 일이 있었다. 즉 페이지에서 페이지로 쉬지 않고 써나가는 일이었다. 그렇게 해서 그가 쓴 수만 장의 글에는 의학적 성찰, 단편적인 이야기들, 지어낸 이야기들이 들어 있다. 그는 브루노 몽생종에게, 1985년에는 음악을 완전히 그만두고 글쓰기에만 몰두할 것이라는 결심을 털어놓기도 했다.

분류되지 않고 해독되지 않은, 그렇다고 언젠가 해독되리라고 기대할 수도 없는 이 원고들의 일부를 나는 언젠가 본 적이 있었다. 어떤 글씨체와도 닮지 않은 글씨체였다. 큼직하고 폭이 넓은, 강한 에너지가 들어 있는 글자와 글자, 단어와 단어, 문장과 문장이 마구 뒤섞여 있었다. 마치 여러 개의 손이 동시에 겹쳐쓰기를 한 것 같았다. 오로지 스타인버그(1914- ; 루마니아 태생, 미국의 풍자만화가·삽화가. 정교하게 편집된 낙서를 연상시키는 선묘로 유명하다)의 낙서를 통해서만 짐작이 가능한 문체, 모든 것을 뚫고 들어오며 스스로 산정되고 봉인된 채 남아 있는 문체. 그러면서도 급한 몸짓이 종이에게 모든 것을 말하고 있는 문체. 검은 표징들의 안개에 싸여 '깨끗한' '오보에' '어둠'이라는 몇몇 단어들이 읽혀진다.

이 글을 쓰고 있노라니 프리츠 랑(1890-1976 ; 오스트리아 태생, 미국의 영화감독)의 영화에 나오는 미치광이 의사가 왠지 모르게 생각난다. 그는 요양소에 갇혀 쉴새없이, 누구에게 읽히겠다는 생각도 없이 글을 써나간다. 매일 저녁 흩어져 있는 종잇장들을 주워 모으는 수고는 다른 사람들에게 맡긴다. 그것을 내다 버리든, 어찌하든 상관 않고. 굴드는 이렇게 무작정, 마치 어둠 속, 추위 속에 있는 사람처럼 글을 써나갔다. 보다 정확하고 보다 빠른 동작이 되기 위해 경련이 이는 손, 이 재난의 삶 속에서 유일하게 살아 있는 손으로. 그는 불면증 환자의 맑은 정신으로 빈정거리며 삶을 거부했다. "산다는 것은 기쁨의 일부라고 누가 말했단 말인가?" 하고 물으면서.

빅토리아 시대 명상의 개념은 삼위일체적 양식(세 가지 양상, 세 가지 종류, 세 가지 형태)을 강조하는데, 이는 그리스도교의 기본 교리와도 무관하지 않다. 3단 구성으로 이루어진 〈골트베르크 변주곡〉에서도 이같은 논리를 읽을 수 있다. 도입 부분의 세 곡(아리아와 변주 1, 변주 2), 그리고 각각 3개의 변주(카논, 자유 형식, 비르투오소)로 이루어진 9개의 3단 구성, 그리고 결론 부분의 세 곡(마지막 변주, 쿠오들리베트, 아리아 주제의 재현).

명상 다음에 오는 내면 생활의 두번째 단계는 '독백'인데, 이를 통해 '내면의 인간'이 자신 안으로 파고 들어간다.

혼자라는 것은 우선 자신을 대면해 혼자 있다는 것으로서, 이는 유쾌한 일이 아닐뿐더러 심지어 견딜 수 없는 일이기도 하다. 굴드에게 있어서 이 독백은 스튜디오 작업, 수많은 녹음, 형태와 사상에 대한 자신과의 대화이다.

세번째 단계는 '주위 관찰' 즉 감각적인 행복과 그 유혹을 향해——그것으로부터 되돌아서기 위해——돌아서는 것, 그리고 세상에 대한 집착들을 참을성 있게 끊어 나가는 것이다. 굴드가 무대를 떠나고, 친지를 떠나고, 자신을 떠나고, 재를 뒤집어쓴 건 이를 위해서였다. 자신도 모르는 그 무엇을 해결하기 위해 해질녘이 되어서야 서둘러 자신의 검정 링컨 콘티넨털로 외출한 것 역시.

네번째 단계인 '승화' 즉 고양의 단계는 세 등급으로 나누어진다. 행동에 있어서의 승화, 말하자면 행동과 고백·적선·물질에 대한 경멸을 통해 이 땅으로부터 벗어나는 것. 그리고 사랑에 있어서의 승화, 즉 여러 애정을 실추시켜 아무것도 아닌 것, 그 누구도 아닌 것이 되겠다는 소망. 그리고 이에 도달한 이들에게 남은 마지막 단계로서 하느님을 알아가는, 지성에 있어서의 승화가 있다.

굴드 연주의 신비는 연주의 질, 어느 음을 들어도 인식되는 강렬함에 있다. (음색은 분석하기 어려운 무엇이다. 그렇기 때문에 같은 피아노에서 같은 크기로 같은 음을 연주하는 두 명의 피아니스트가 내는 음향이 서로 다른 것이다.) 굴드의 음색은 겸손한 자, 헐벗은 사물, 집착하지 않는 낮은 상태의 음색이다. 이 음색은 하느님을 알고자 한다. 아니면 이 말 대신 음악이라고 해도 좋겠다. 그의 마지막 녹음인 〈골트베르크 변주곡〉의 '아리아'에서 굴드는 그 누구보다도 이에 다가갔다고 하겠다.

3

키케로의 글에는 카토(B.C. 95–B.C. 46; 로마의 정치가. 그
가 남긴 글 가운데 키케로에게 보낸 편지만이 유일하게 남아 있
다)가 말한 것으로 보이는, 여러 차례 되풀이되는 이상한 문
구가 있다. "아무것도 하지 않고 있을 때보다 사람이 더 활동
적인 순간은 없으며, 고독 속에서 만큼이나 혼자가 아닌 순간
도 없다."

하지만 굴드의 고독 속에는 또 다른 무엇이 있었다. 그
는 토론토의 파크 레인에 있는 자신의 아파트 문에서 문패
를 떼어냈다. 그의 소일거리 가운데 하나는 밤에 자신의 차
를 몰고 삭막한 대로를 따라 들어서 있는 바나 카페에 들어
가는 것이었다. 그곳에서 그는 식사하는 사람들이 나누는 대
화나, 벽을 대면하고 네온 불빛에 잠겨 재빨리 식사를 끝내
는 사람들에게 귀기울였다. 그가 집에 걸어둔 에드워드 호퍼

[1882-1967; 미국의 화가]가 그린 〈밤을 지새우는 사람들〉 속에는 미국의 이 창백한 외톨이들의 모습이 담겨 있다. 그는 가명을 사용하면서 희열을 느꼈고, 다국어를 사용하는 데 소질이 있어 이디시어나 독일어로, 혹은 엘리자베스 여왕 시대 영어를 부활시키거나 속어를 사용하여 가상의 상대자들과 대화를 나누기도 했다. 또 셰익스피어 작품 속의 대화를 즉석에서 만들어 내기를 좋아했다. (그가 좋아하는 역은 리처드 2세였다.) 그와 가장 친밀했던 '이국풍 분신'들은 에드워드 시대풍의 반현대주의자 니겔 트윌트 손웨이트, 충실한 스코틀랜드인 덩컨 헤이그 기네스, 독일인 음악이론가 클로플바이서, 그리고 브롱크스의 택시 운전사 테드 슬로츠였다. 전화 수화기 너머로 그는 자신을 피에르 불레즈, 레오나드 번스타인, 캐나다 수상, 라디오 국영방송 사장, 혹은 당신이 사는 아파트 소유주라고 소개했다. 아니면 새벽 4시에 친구들에게 전화를 걸어 어떤 음악의 아홉 소절을 연주해 들려주면서 곡명을 맞춰 보라고 했다.

그는 사랑받지 않기 위해 눈물겨운 노력을 기울였다. 그에게는 교활함과 동물성이 깃들여 있어, 그는 곰인 동시에 곰의 조련사이기도 했다.

자신을 내준다는 것은 그에게 자신을 잃는 것, 유혹하기,

지옥에 떨어지는 것을 의미했다. 하지만 그는 알고 있었다. 쉽게 믿는 순진한 이들을 농락하기를 거부하고 이들을 불쾌하게 만들 때, 이는 종종 끝없는 지배의 야심을 가리고 있음을. 그렇게 하기가 결코 쉽지 않기 때문에, 또 헐벗음 자체가 은밀한 치장이 될 수 있는 까닭이다.

방법론적으로 자신을 증오하고, 보호책으로 우선 자신들의 것을 무효화시키고자 하는 모든 이들처럼 그 역시 자신의 자아와 심리 상태——결점과 기벽들이 스스로의 부인을 통해 용의주도하게 보존되면서——에 대해 대중 사이에 더 많은 호기심을 부채질했다. 그렇게 눈부신 익명을 자처하지도 않고, 대중 속에서 자신의 영혼에 상처를 입히지도 않은 채 그대로 받아들이는 이들에 대해서 보다 더한 호기심을 말이다. 1층 뒷좌석 청중의 마음을 사로잡겠다는 생각은 그에게 끔찍하게 여겨졌지만, 상대방이 더 잘 귀기울이도록 하기 위해 입을 다무는 기술은 알고 있었다. 여자들이 나체가 되기 위해 옷을 입듯이.

굴드는 고독을 마치 선택된 누이처럼 택했다. 그녀로부터 구조되기를, 어쩌면 구원받기를 기대하면서 말이다. 고독은 그에게 심미적 방법이었는데, 그의 글에서 이에 대한 수많은 인용을 끌어낼 수 있다. "예술가는 고독 속에서만 진정으로 일할 수 있다. 외부 세계에 대한 지식이 끊임없이 통제되는 그런 환경 속에서만. 그것이 없다면 관념과 이 관념의 실현 간의 불가분의 통일성이 외부의 침입에 의해 깨어질 수도 있다." 그는 또 다음과 같이 쓰고 있다. "어떤 비율이 적절한지는 모르겠지만, 다른 사람과 함께 보낸 매시간에 대해 X시간을 혼자 보낼 필요가 있다는 사실을 나는 늘 직감적으로 느껴 왔다. 이 X가 무엇을 의미하는지, 얼마만큼을 의미하는지는 모르지만 그것은 중요한 시간이다. 아무튼 어린 시절부터 라디오는 내게 매우 친근한 의사소통의 수단이었으며, 나는 거의 중단 없이 라디오를 들어왔다. 내게 라디오는 벽지와도 같았다. 나는 라디오와 함께 잠이 들었으며, 넴뷰탈을 포기한 후로는 라디오 없이는 잠을 이룰 수가 없었다." (고독의 메타포인 라디오는 여러 유리한 점을 지니고 있다. 마음 내키는 대로 켜거나 끌 수 있으니까. 우리가 원할 때 자리에 없고, 없어도 좋을 때 곁에 와 있는 타인들과는 달리.)

캐나다 라디오 방송사가 창설된 것은 1936년, 굴드의 나이 4세 때의 일이다. 어린 시절 내내 그의 가족은 라디오를 무척 많이 들었으며, 바그너와 리하르트 슈트라우스——그가 끝까지 애착을 버리지 않은──의 곡이 곧잘 흘러나오곤 했다. 또 영국에서처럼 시벨리우스는 라디오 프로그램에서 중요한 자리를 차지하고 있었다. 토요일에는 뉴욕 메트로폴리탄 오페라의 공연이, 일요일에는 뉴욕 필하모닉의 연주가 방송되었다.

일요일이었던 그날, 그는 토론토에서 북쪽으로 140킬로미터 떨어진 곳, 심코 호숫가에 있는 업터그로브 시골 별장으로부터 양친과 함께 차로 돌아오고 있었다. 차 안에 줄곧 켜둔 라디오에서 흘러나오는 연주회를 들으면서. 오후 4시면 벌써 캄캄했지만, 그들이 있던 위도에서는 해가 진 후에도 한참 동안 빛이 완전히 사라지지 않고 머물러 있었다. 얼어붙은 호수, 끝없이 펼쳐진 헐벗은 지평선, 희거나 잿빛을 띤 눈 내린 경사지. 그리고 두 개의 눈더미 사이로 난 길가에 멈추었을 때 더러운 눈덩이 속에서 경이로운 무지갯빛을 내는 기름 자국. 이 순간만큼 베토벤의 음악이 또렷하게 들렸던 적은 없었다고 굴드는 기억하게 된다.

어느 날 그는 우연히 라디오에서 흘러나오는 〈트리스탄과 이졸데〉를 듣게 되었다. 15세 때의 일이었다. 그때 그는 눈물을 흘렸다. 훨씬 나중에 41세가 되었을 때, 굴드는 그 특유의 자조적 태도로 말한다. "두말할 필요 없이 지금은 내 눈물샘도 말라 버렸다. 심리적으로 유감스럽고 의학적으로 불건전한 금지 사항들, 서구 남성들로부터 존경받는 감정적 태도의 유형들을 지배하는 이 금지 사항들이 그렇게 되도록 신경을 썼기 때문이다. 그렇긴 해도 고된 하루를 보내고 난 늦은 밤시간, '이졸데의 죽음'의 한두 소절을 듣고 나면 등줄기를 따라 전율이 퍼져 오르며 목이 메어 온다. 기번스의 〈찬가〉말고는 어떤 음악도 그만한 강도와 예측 가능성을 지니고 파고들어올 수 없을 것이다."

라디오를 통해 그에게 전달되는 또 다른 무엇이 있었으니, 그것은 전쟁이었다. 굴드는 유럽과 아시아에서 일어나는 모든 일들에 귀를 기울였다. 공포는 영상이 없는 소리로서 그에게 전달되었다. 전 생애를 통해 그는 확고한 평화주의자였다. 그리고 제1차 세계대전의 끔찍한 상황들을 주제로 한 캐나다 영화 〈전쟁〉의 음악을 작곡하기도 했다.

어린 시절 내내 그는 얌전한 아이로 통했다. 늘 조심스럽고 예의바른 아이였다.

1950년 12월 24일, 18세에 굴드는 첫 라디오 독주회를 갖는다. 곡목은 모차르트의 〈소나타〉 Bb장조, K. 281과 힌데미트의 〈소나타〉 제3번이었다. 바로 이때부터 마이크와 자기 테이프 조작대에 대한 그의 사랑이 시작되었다. 20세가 되었을 때에는 벌써 그의 연주 녹음이 예닐곱 차례 라디오로 방송된 바 있었다. 그리고 CBC를 위해 총 열일곱 차례 라디오 방송 녹음을 했다. 첫번째 녹음은 1962년의 '음악을 바꿔 놓은 사람, 아널드 쇤베르크'였고, 마지막 녹음은 1979년 '부르주아 영웅, 리하르트 슈트라우스'에게 바쳐진 것이었다.

60년대, 미국과 달리 캐나다에서는 라디오가 여전히 매우 널리 이용되는 의사 전달의 수단이었는데, 굴드는 CBC 방송을 위해 라디오 다큐멘터리를 만들기로 결심한다. 그래서 1967년 실험적 프로그램을 시도하게 된다. 즉 '북극에 대한 개념'이라는 제목으로 '대위법적인 라디오 방송'을 처음으로 시험해 볼 수 있게 된 것이다. 서로 모르는 사이지만 북극에 대한 공통된 경험을 갖고 있는 사람들의 이야기를 혼합한 방식으로 프로그램은 이루어졌다. 방송사측에서는 다소 우려를 하면서도 1967년 12월 28일, 방송을 내보내기로 했다. 그리고 이 방송은 성공을 거두었다. 그후에도 굴드는 1969년과 1971년에 다른 두 프로그램을 만들어 첫번째 프로그램과 함께 '고독의 삼부작'이라는 제목으로 묶었다. 총 4년에 걸친 작업 끝에 나온 결실이었다.

"라디오는 의당 그래야 하는 방법으로 사용되지 않고 있다"고 1968년 그는 존 매클루어에게 털어놓은 적이 있었다. 뉴스, 보도, 기상일보, 내용을 담은 이 모두는 '인간 목소리의 매우 순수한 신비'보다는 덜 중요한 것이라고. 말을 하고 있는 목소리에서 중요한 점은 그 목소리가 말하는 것, 말하는 방식, 말하는 내용이 사실인지 아닌지 하는 것이 아니다. 파도처럼 우리에게 밀려드는——'파동'이라고 일컬어지는——목소리, 공간을 가로질러 오면서도 마치 다른 시간으로부터 오는 듯한 목소리가 중요한 것이다.

무대를 떠나고 나서 굴드가 고독을 맛보기 시작한 것은 아니다. "내가 기억하는 한, 나는 대부분의 시간을 늘 혼자서 보냈다. 그건 내가 비사교적이기 때문이 아니고, 예술가가 창조자로서 작업하기 위해 머리를 쓰기 바란다면 자아 규제——바로 사회로부터 자신을 절단시키는 한 방식——라는 것이 반드시 필요하기 때문이다. 관심의 대상이 될 만한 작품을 산출하고자 하는 예술가라면 누구나 사회 생활면에서 다소 뒤떨어진 존재가 될 수밖에 없다."

피아노 연주와는 때로 아주 동떨어진 다른 활동에 전념하기 위해 무대를 떠났던 피아니스트가 굴드 혼자뿐인 것은 아니다. 요제프 호프만은 하루 종일 시계추나 다른 정밀 기계들을 분해하고 재조립하는 데 시간을 바쳤으며, 에두아르트 에르트만은 자전거를 타고 하늘을 쳐다보다가 최후의 재정적 수단으로서만 악기에 손을 내밀었다.

굴드는 세상과 자신으로부터 완전히 돌아선 이 사람들 중 한 명이라고 나는 보고 싶다. 그에게 있어 음악은 독주자의 '비르투스'(기교)를 과시하기 위한 수단도, 자기 훈련의 기분 좋은 전시도 아니었다. 바흐에 대해 언급하면서 그의 곡 속에는 세상으로부터의 후퇴감이 스며 있다고 말했을 때, 굴드는 또한 자기 자신에 대한 이야기를 하고 있었던 것이다. 피아노 연주에 반드시 따라다니는 실제적인 관심사들에서 물러서서 비타협적인 엄격한 창작의 세계에 온전히 머무르는 자신에 대하여.

그는 또한 '익명'을 구한다고도 말했다. 이는 초연한 정신이 품게 되는 당연한 소망으로서, 유아독존적인 솔리스트가 으레 처하게 된다고 그가 믿었던 낭만적인 이미지로부터 음악가를 구하기 위한 것이기도 했다. 그는 음악의 두 가지 형태를 대치시켰다. 우선 '나폴레옹적' 음악 형태들이 있는데, 이는 연주가에게 후기 베토벤의 음악에서 구현되고 있는 오만한 조물주의 태도(소나타 형식, 교향곡, 협주곡)를 부추긴다. 그런가 하면 특히 바흐에서 볼 수 있는 대위법적 형태들에서

는 작곡가와 연주가가 마치 음악 속으로 사라지듯이 부드럽
게 둘 사이의 '정체성의 혼동'에 이르게 된다. "전자는 모든 주
제를 한데 모으는 영웅, 지휘관의 태도를 드러내며, 후자는 불
가피한 것 앞에서의 일종의 신비적 동의를 보여준다."

그렇지만 그는 다음과 같은 꿈을 짓궂은 어조로 털어놓
는다. "어떤 다른 행성에, 심지어는 어떤 다른 태양계에 있는
나 자신을 발견하는데, 그때 난 그곳의 단 한 사람의 거주자
처럼 여겨진다. 그러면 엄청난 환희를 느끼게 된다. 이 땅 위에
존재하는 모든 형태의 생명에 나 자신의 고유한 가치 체계를
내세울 수 있는 가능성——권위——이 내게 주어지기 때문
이다. 또 나 자신의 형상에 따라 전 세계적인 완전한 가치 체
계를 창조해 낼 수 있다는 느낌을 갖게 된다."

익명의 예술가로 돌아가기, 1백50년 동안 이어져 온 기
교주의에 대한 재고, 솔리스트의 이미지에 고독한 자의 이미
지를 대치시키기. 이는 심미적인 선택에 의해 낭만주의 이전
의 음악 속에 자신을 두기 위한 것이었다. 이런 선택이 없다
면 적어도 예술가로선 살아남을 수 없다고 그는 생각했다.

이것은 분명 자아의 죽음을 통해서만 도달 가능한 진리
들의 차원에 속한다. 하지만 굴드는 때로 그의 '부재의 재능'
(자신이 직접 그곳에 있진 않지만 또 다른 방식으로 존재함으로

써 너무도 뚜렷이 존재하게 되는)을 남용했다. 우리는 그의 삶이 던진 그림자 속에 들어 있으며, 시간과 명성이 그에게 부여한 일련의 가면들에 의거해 그의 음악의 위력을 평가하고자 한다. 토마스 베른하르트(1931-; 오스트리아의 작가)는 굴드의 이름을 빌려 그와는 조금도 닮지 않은 피아니스트의 초상을 그려냈지만, 사실 굴드 자신은 '피아노의 천재 중에서도 천재'가 결코 아니었으며, '행복한 인간'도 아니었고, '타고난 피아노의 명인'은 더더욱 아니었다.

4

1957년 1월의 어느 날 저녁, 뉴욕에서 오케스트라와 데뷔 무대를 가졌을 때 굴드는 레너드 번스타인이 지휘하는 뉴욕 필하모닉과 베토벤의 〈협주곡 제2번〉을 연주하여야 했다. 연주회는 9시 30분에 시작될 예정이었는데, 피아니스트는 자신이 등장하지 않는 연주회 첫 부분은 들으려 하지 않았다. ("바흐를 연주하기 전에는 슈트라우스, 프랑크, 시벨리우스, 아니면 주크박스, 아무 음악이든 들을 수 있다. 하지만 베토벤을 연주하기 전에는 아무 음악도 들을 수 없다. 연주에 들어가기 전, 나는 일종의 고치 속에 나 자신을 감싸야 한다.") 오후 내내 잠을 자고, 그는 저녁 7시 30분에 일어나서 방에 남아 협주곡을 두 차례 연주했다. 아주 이상한 방법으로. 그는 늘 끼고 다니는 두 켤레의 장갑을 벗은 후, 방 안에 피아노가 있었음에도 불구하고 손가락 끝으로 허공에 대고 연주했다. 방 안을 걸어다니고, 오케스트라를 턱으로 지휘하고, 두 개 악장을 목청을 다해 노래 부르면서. 그리고 8시 30분에 따뜻한 물속에 거의 한 시간가량 양손과 팔을 담그는 의식을 치르기 시작했다.

연주 2분 전에 도착한 그는 마치 북극 탐험대원 같은 차림을 하고 있었다. 서너 겹으로 된 모피 외투 아래 헐렁한 옷에다, 안에는 또 올이 굵은 모양 없는 스웨터를 껴입고 있었다. 대중 앞에 서야 하는 연주회 복장치고는 너무도 상식에서 벗어난 모습을 보고 깜짝 놀란 번스타인은 "청중 앞에서 이 스웨터를 벗을 생각은 아니겠지요?"라고 그에게 물었다. 굴드가 아무 대꾸도 하지 않고 스웨터를 벗자 그러잖아도 좀 얽혀 있던 머리카락이 온통 헝클어져 얼굴을 가렸다. 그러나 빗을 달라고 하지도 않고 손으로 머리를 쓸어올리지도 않은 채 그는 무대 쪽으로 걸어갔다. "내 앞을 지나가는 그의 모습은 마치 양치기개와도 흡사했습니다. 일어나서 그를 피아노까지 데려다 주고 싶은 생각이 들 지경이었으니까요. 그가 어떻게 피아노를 찾아낼 수 있었는지 모르겠군요"라고, 오케스트라 뒷열에 앉아 있던 한 바이올린 주자는 회상한다.

굴드는 청중 쪽으로 등을 반쯤 돌린 채 다리를 꼬고, 거의 비스듬히 앉은 자세로 첫번째 악장을 연주했다. 그리고 나서 느린 악장에 이르자 입이 반쯤 벌어지고, 무대 천장에 눈이 고정된 그의 모습은 황홀경에 빠진 사람과도 같았다. 그다음 마지막 악장에 이르러 거의 뒤로 나자빠진 듯한 자세가 된 그의 머리는 건반에서 너무도 떨어져 있어, 자신의 손을 마치 자기 것이 아닌 양 바라보는 것 같았다.

굴드의 첫 오케스트라 협연은 1946년 5월 8일 왕립음악원 주최로 학생 오케스트라와 함께 토론토의 매시 홀에서 이루어졌다. 그는 베토벤의 〈피아노 협주곡 제4번〉을 연주했다. 리허설을 위해 굴드가 피아노 앞에서 보낸 시간은 극히 적었다. 하지만 2년 전부터 그는 프레데릭 스톡이 지휘하는 시카고 심포니 오케스트라와 슈나벨의 연주로 RCA에서 녹음한 음반을 매일 들어온 터였다. 그는 템포의 미미한 변화와 표현 방법의 미세한 뉘앙스까지 알고 있었지만, 이처럼 뚜렷한 기억력의 흔적을 드러냄으로써 교수가 불쾌해지지 않도록 리허설이 있을 때면 짐짓 서킨식의 생기와 활기에다 카자드쉬식으로 격정이 자제된 표정이 되곤 하였다. 하루 종일 비가 내리고 난 뒤 연주회가 있던 저녁, 잠깐 동안 햇빛이 나면서 하늘이 안개 낀 오렌지색으로 물들었다. "내밀한 감흥을 위해, 참으로 개인적인 무엇을 말하고 순간을 포착해 자신의 것으로 삼기 위해, 적절한 순간이었다"라고 굴드는 나중에 말하게 된다. 세 차례의 커튼콜이 있었다. 하지만 관중에겐 보일락말락 머리를 약간 끄덕였을 뿐이다.

비평가들은 슈나벨을 파흐만에 비교했다. 굴드는 오스트리아 출신의 지휘자 버나드 하인츠가 지휘하는 토론토 심포니 오케스트라와 함께 이듬해 1월 14일 이 협주곡을 다시 연주했다. 이 연주에 대해 《글로브 앤드 메일》지는, 이 젊은 이가 "오케스트라 동료들이 연주하고 있는 동안 그렇게 거북한 몸짓을 해대지 않는다면 훨씬 나을 것"이라는 평을 썼다. 《텔레그램》지는 그를 '스승들 사이의 어린아이'로, 또 '자신을 완전히 망각한 모습'으로 묘사했다. 굴드는 자신의 길을 일찌감치 선택한 것 같았다. 가능하면 자신에게서 멀리 떨어져 연주할 것을.

14세에 그는 첫번째 독주회를 가졌다. 왕립 음악원 학생들의 연주회였는데, 여기서 그는 몇 곡의 푸가와 하이든·베토벤·멘델스존, 그리고 대중 앞에서 처음이자 마지막으로 리스트의 곡을 연주했다. 그리고 나중에 빈센트 토벨에게 다음과 같이 털어놓는다. "그건 정말이지 놀이나 다름없었다. (…) 그땐 다행히도 자신에 대한 책임감 같은 건 몰랐으니까. 똑같은 기분을 다시 맛볼 수만 있다면. 지금이라면 진정제를 먹지 않으면 불가능한 일이다"라고.

하지만 대중 앞에서의 첫 독주회는 1947년 10월 20일, 이튼 홀에서 열렸다. 한 비평가는 그를 두고 "건반에 닿을 듯한 코. 마치 요란한 음악의 연회에 푹 빠져 있는 노인을 연상시켰다"라는 묘한 말을 하게 된다. 20세가 되었을 때 굴드는 이미 토론토 심포니와 네댓 차례 연주회를 가진 바 있었고, 왕립 음악학교 오케스트라와 두 차례, 해밀턴 오케스트라와 한 차례, 온타리오 오케스트라와 한 차례, 그리고 벤쿠버에서 영국 콜롬비아 오케스트라와 한 차례의 연주를 가진 뒤였다. 아직 젊고 어렸던 자신이, 특히나 협주회를 연주하기 위해 무대 위로 나갈 때면 어떤 힘이 느껴지긴 했다고 나중에 엘리즈 마흐에게 그는 털어놓게 된다.

여러 연주회와 라디오 방송을 통해 알려져 있던 굴드는 1955년 1월, 캐나다에서 이미 스타가 되어 있었다. 그는 1952년 9월 8일, 텔레비전으로 방영되는 연주회에서 연주한 캐나다 최초의 피아니스트였다. 그 다음으로 연주가 이루어져야 할 곳은 당연히 미국이었다. 1947년에서 1967년까지 그의 매니저였던 월터 홈버거의 생각으로는 그랬다. 미국에서의 초연은 1955년 1월 2일 오후, 워싱턴의 필립스 갤러리에서 열렸다. 굴드의 나이 22세였다. 그는 관례를 깨고 미국에서는 처음으로 베르크의 〈소나타〉를 연주했다. 그리고 함께 연주한 베버른의 〈변주곡〉 작품 제27번은 그때까지 거의 알려져 있지 않던 작품으로서, 굴드는 곡에 대한 설명을 곁들였다. 1957년 5월 12일 모스크바에서 열린 그의 연주회 실황 녹음은 아직 남아 있다.

이미 이 '데뷔 무대'에서 그는 그후로도 지켜 나갔던 선택을 하게 된다. 즉 연주회에선 자기가 연주하고 싶은 곡목만 연주할 것, 또 놀라운 기교를 발휘하는 소절을 듣고 싶어 안달하는 청중의 기대에 굴복하지 말 것. 연주 프로그램 가운데는 베르크의 〈소나타〉말고도 바흐의 〈파르티타 G장조〉와 〈3성 인벤션〉, 기번스의 〈파반〉, 스벨링크의 〈환상곡〉, 베토벤의 〈소나타 E장조〉 작품 제109번이 포함되어 있었다.

1월 11일 저녁, 뉴욕에서의 데뷔는 타운 홀에서 있었다. 이 피아니스트의 출현을 두고 《뉴욕 타임스》는 "굴드 씨의 연주의 가장 뚜렷한 특성은 우리를 음악을 들을 수 있는 상태에 둔다는 점이다"라는 비평을 썼다. 〈뮤지컬 쿠리에〉의 비평은, 그를 "다른 세계에 대한 느낌에 사로잡혀 있다"고 묘사했다. 이튿날 그는 컬럼비아 레코드사와 처음으로 음반 녹음 계약을 맺고, 평생 80장이 넘는 음반을 녹음하게 된다.

이 연주회를 마치고, 그는 곧장 토론토로 돌아왔다. 그와 동행했던 아버지, 소중한 계약서를 손에 쥔 매니저, 그리고 이 후로 늘 그의 곁을 따라다니며 그의 전설의 일부를 이루게 될 접이식 작은 의자와 함께.

컬럼비아사에서 한 첫번째 녹음은 1955년 뉴욕 CBS 방송 스튜디오에서 이루어진 바흐의 〈골트베르크 변주곡〉이었다. 컬럼비아사의 소식지는 이 예술가를 피아니스트의 삶의 모든 단계를 거친 '상냥한 미치광이'로 우선 묘사했다. 사실적 요소들로 이루어진 이 끈질긴 풍문을 그는 저편에 숨겨진 것, 그가 보존하고자 했던 실체를 은폐하기 위해 유지해 나갔다. 그것은 다름 아닌 비참과 기적 사이를 오가는 예술의 황홀경, 고독이었다.

이 소식지에는 다음과 같은 글이 담겨 있다. "컬럼비아사에서 첫 녹음을 하기 위해 자신의 '녹음 장비'를 가지고 도착한 이 젊은 피아니스트를 보고 녹음실의 엔지니어들과 기술자들은, 웬만한 일에는 놀라지 않는 이들이었음에도 불구하고 어안이벙벙해지지 않을 수 없었다. 그날은 6월의 아주 따뜻한 날이었는데, 굴드는 외투에다 모자·머플러·장갑 차림으로 도착한 것이었다. '장비'로는 그가 늘 들고 다니는 악보 가방은 물론 타월 한 무더기와 큰 생수병 2개, 알약병 5개 (색깔과 처방이 모두 다른), 그리고 아주 개성적으로 특수 제작된 그의 의자가 있었다.

사실 여러 장의 타월이 필요했는데, 이는 글렌이 피아노에 앉기 전 20분 동안 더운 물속에 팔꿈치까지 손과 팔을 담그고 있었기 때문이다. 이 절차는 곧 명랑한 기분이 감도는 그룹의 의식처럼 되어 '담금질'이 이루어지고 있는 동안 그의 주변에선 모두 음악이니 문학이니 하는 것들을 두고 떠들어대며 농담을 했다. 생수도 필요했는데, 글렌이 뉴욕의 수돗물을 마시려 들지 않았기 때문이다. 그밖에 알약은 두통, 긴장 완화, 혈액순환 등 여러 가지 이유 때문에 필요했다. 실내 온도 조절을 맡은 기술자는 녹음 제어 장치를 운전하는 기사만큼이나 애를 먹어야 했다. 글렌이 아주 미미한 기온 변화에도 매우 민감했기 때문에 넓은 스튜디오 안의 온도 조절에 끊임없이 신경을 써야 했던 것이다."

그후 몇 개월 동안 굴드는 다시 연주회를 가졌으며, 그러고 나서 두번째 음반으로 베토벤의 마지막 소나타 3편(작품 제109, 110, 111번)을 녹음했다. 그는 다른 피아니스트들이 만년에 이르러서야 시도하게 되는 작품들에서 출발해 음반 녹음을 시작했다.

1956년 3월, 굴드는 미국에서 오케스트라와 첫 협연을 가졌다. 여기서 그는 디트로이트 심포니를 지휘한 폴 파레와 함께 베토벤의 〈협주곡 4번〉을 연주했다.

1957년 5월 3일, 그는 매니저와 함께 유럽 첫 순회 공연을 떠났다. 공연은 우선 소련에서 2주간의 연주회를 가짐으로써 시작되었다. 연주는 모스크바에서 네 차례, 레닌그라드에서 네 차례 있었다. 첫 연주는 5월 7일 모스크바에서 있었다. 바흐의 〈푸가의 기법〉 가운데 네 곡과 〈3성 인벤션〉 전곡, 베토벤의 〈소나타〉 작품 제109번, 베르크의 〈소나타〉 작품 제1번이 연주되었다. 미국 신문들은 그를 '데탕트' 시기의 일종의 문화 사절로 소개했다. 그는 URSS를 방문한 최초의 북아메리카 피아니스트이자 최초의 캐나다 음악가였다. 그 자신은 스스로를 그때까지 소련에서 금지되어 있던 후기 빈악파의 대표자이자 새로운 지지자로 여겼으며, 사실 연주회에 와 있던 음악 아카데미 회원들은 중간에 보란 듯이 홀을 떠남으로써 그의 연주에 대한 비난의 뜻을 표명했다. 하지만 청중은 그를 열렬히 환호했다.

잇달아 독일에서 헤르바르트 폰 카라얀이 지휘하는 베를린 필하모닉과 데뷔 무대를 가졌는데, 프로그램에는 베토벤의 〈협주곡 3번〉이 들어 있었다. 이 피아니스트의 출현을 두고 유명한 음악이론가이자 베를린의 작곡가인 H. H. 슈투

켄쉬미트는 굴드를 완벽한 천재로, '부소니 이후 가장 위대한 피아니스트'로 묘사했다. 캐나다로 돌아온 그는 오려낸 신문 기사를 친구들에게 보여주면서, 부소니는 1924년에 죽었다고 자랑스럽게 말했다. 두 사람의 연주 기법에는 분명 유사한 점이 있었다. 부소니는 연주자가 '사라져야 한다'고 생각했으며, '주관성의 포기'라는 신고전주의 개념을 옹호했던 것이다. 그는 피아노 연주의 기본 조음으로 '스타카토'와 그밖에 여러 등급의 '비(非)레가토'를 고수했다. 그리고 '음색의 몰개성화'에 대해 말하면서 '음악의 비물질화'를 꿈꾸었다. 이 모든 특징이 굴드의 연주에서 체계적으로 드러난다.

6월에는 빈에서 독주 무대가 있었다. 굴드는 열 차례의 연주회를 성공리에 마치고, 6월말 캐나다로 돌아왔다. 그후 한 해 동안 그는 여러 음반을 녹음하고, 수차례에 걸친 연주회를 가졌다. 1958년 5월에는 유진 오먼디가 지휘하는 필라델피아 오케스트라와 베토벤의 〈협주곡 4번〉을 협연하기도 했다. 같은 해 8월에 두번째 유럽 순회 공연을 떠나 잘츠부르크에서 디미트리 미트로풀로스의 지휘로 바흐의 〈d단조 협주곡〉을 연주하지만, 사흘 뒤에 잡혀 있던 독주회는 취소한다. 잇달아 그는 독일·이탈리아·벨기에·스웨덴 공연에 나서며, 스톡홀름에서는 베토벤의 〈소나타〉 작품 제110번을 포함한 놀라운 연주를 들려준다.

　1959년 2월, 런던에서 그는 헤리엇 코헨 음악상의 바흐 상을 수상한다. 그리고 5월과 6월에 다시 런던으로 돌아가 로열 페스티벌 홀에서 요제프 크리프스가 지휘하는 런던 심포니 오케스트라와 베토벤의 협주곡들을 연주한다. 그러나 굴드가 병이. 나 〈협주곡 5번〉은 루이스 켄트너가 대신 연주한다. 《뮤지컬 타임스》 기사에서 헤럴드 러틀랜드는 굴드의 무대 매너를 혐오스럽다고 썼지만, '지극히 명쾌한 테크닉과 균형 있는 음색'에 대해서는 감탄해 마지않았다. "굴드는 이 협주곡을 자신이 어떻게 연주하고 싶은지를 정확히 알고 있었고, 그것을 정확히 연주해 냈다. 뿐만 아니라 그가 통념을 훨씬 뛰어넘어 곡의 전체적 맥락 속에서 솔로 부분을 생각하고 있음을 분명히 느낄 수 있었다. 그는 온 정신을 집중하여 오케스트라에 귀기울였다."

　연주 활동을 하던 시기, 굴드는 이 활동을 극한까지 밀고 나갔다. 마치 자신의 한계를 알고자 하는 사람처럼 그는 연주 요청이 있는 곳이면 어디나 가서 연주를 했다. 그래서 언젠가는 뉴욕 시외의 한 주택가 웨스트체스터에서 그 지역 오케스트라와 함께 베토벤의 〈5번 협주곡〉을 연주한 적도 있었다. 그런데 지휘자가 너무 엉망이었던지라 굴드는 한 손에 악보를 들고 반쯤 누운 자세로, 독주 부분이 허락하는 대로 자신이 오케스트라를 지휘하기로 마음먹었다. 그때까지 눈 하나 깜짝 않고 허공 속에 팔을 흔들어 대는 지휘자를 보면서 갈피를 못 잡던 단원들은 마침내 도입과 프레이징 부분의 지시를 피아니스트로부터 받을 수 있었다.

비르투오소——그가 연주한 슈트라우스의 〈부를레스카〉를 들어 보면 이 말이 과장이 아님을 알 수 있다——로서의 활동이 지속된 9년 동안 그는 사람들의 기대에 어긋나지 않게 많은 연주 여행을 다니고, 그보다 더 많은 녹음을 하고, 연주회를 가졌다. (하지만 나머지 생애 동안에는 쓰거나 기술적 문제를 탐구하는 데 두 배로 많은 시간을 들였다.) "이처럼 연주회를 가졌던 해들은 죽은 시기, 끔찍하고 불안정하고 불쾌한 시기였다"고 그는 1968년 존 맥클루어에게 털어놓게 된다. 그는 나중에 자신이 녹음하게 될 음반의 청중을 확보하려면 이 과정을 거쳐야 한다고 스스로를 타이르며 이 시기를 견뎌냈다. 그리고 결정적으로 중단할 수 있기까지 남은 일수, 달수를 헤아리며 잘 버텨냈다. 그가 혐오했던 것은 두려움이나 긴장이 아니라 이 흥분——맥박이 몹시 빨리 뛰는——과 무관심의 혼합이었다. 긴 유럽 순회 공연을 다니던 내내 그는 비참한 심정이 되어 있었다.

그토록 자주 사람들이 제안하듯이, 다시 시작할 것인가?
"그건 퇴보가 될 것이다. 평생을 하룻저녁은 포우키스피에서,
다른 저녁은 나야크에서 베토벤의 〈4번 협주곡〉 대신 〈3번 협
주곡〉을 연주한다든지 하면서 보낸다면 말이다." 연주회를 그
만두면서 그는 음악의 영역이 더 넓어지고, 자신이 듣고 분석
해야 할 작품도 더 많아지는 걸 경험했다. "80대 노인──정
신적 좌절과 신체적 질병을 앓는 이들──을 제외하면, 실제
로 난 무대를 저버린 첫사람이 될 것이다"라고 그는 말하게
된다. 어쩌면 이 일을 감행하는 데 필요했던 건 용기가 아니
라 단지 두려움이었는지도 모른다. 음악이라는 표지들 밑에
서 음악이 사라져 가는 것을 보는 깊은 두려움.
　　연주회는 음악을 현재형으로 만들려고 하지만, 사실은
청중을 그들이 듣는 것에서 멀어지도록 한다고 굴드는 믿었
다. 연주회에서 연주를 할 때, 그는 음반이나 텔레비전 연주
와 가까워지기 위해 자신이 애쓰고 있다는 느낌을 종종 받
곤 했다. 사람들이 가장 생생하고(실황 녹음된 레코드 재킷에 씌
어진 '라이브') 가장 직접적이라고 믿는 것이 사실은 스튜디오
안에서 이루어지는 빛나는 아름다움의 탐구의 죽은 그림자라

는 듯이. 절단, 동시 녹음, 반복 녹음이 만들어 내는 아름다움. 보들레르라면 '화장의 아름다움'이라고 말했으리라. 보다 노골적으로 굴드는 상궤를 벗어난 아름다움, 임상실험, 해부를 원했다.

하지만 오해하지 않도록 하자. 그가 연주회를 반대한 궁극적인 이유는 정신적인 차원에 있었다. "음악은 청중을, 또 연주자를 명상으로 인도해야 한다. 하지만 2천9백99명의 다른 사람들에게 둘러싸여 명상에 잠길 수는 없는 법이다."

순회 공연과 연주회로 점철되었던 시기, 병과 우울증으로 간간이 끊기기도 하고 실천에 옮긴 경우보다 더 많은 연주회를 취소하기도 했던 이 시기 내내 굴드는 청년 시절 자신에게 보냈던 메시지를 잊어버리고자 했었다. 청년 시절이 끝나갈 무렵 심코 호숫가에서 혼자 보내면서 언젠가는 이 모두를, 이 광대놀음과 겉치레에서 오는 피로를 청산하리라고 다짐한 적이 있었다. 시카고에서 연주회가 있던 저녁, 청년 시절의 그가 다시 쫓아와 다정하게 어깨에 손을 올려 놓으며 말했다. "이제 시간이 되었으니까 돌아가자"고.

5

굴드는 피아노를 연주하듯이 질병을 이용했다. 병은 고독에 이르기 위한 수단이었던 것이다. 어찌 보면 프루스트가 병을 이용한 방식으로, 그는 병으로 강요된 은거 속에서 창조적 자원과 정신적 기회를 찾을 수 있었다. 1959년 1월 순회 공연 때, 함부르크의 '호텔 피어 야레스자이텐'에서 그는 한 달 동안 요통 때문에 꼼짝할 수가 없었다. 그러나 그는 이 한 달을 자신의 인생에서 가장 아름다웠던 시기, 또 '가장 고독하였기에 가장 중요했던 시기'로 여겼다. 그는 여기서 일종의 고양된 상태——이런 용어를 사용하기가 망설여지긴 하지만, 이처럼 특별한 고립 상태를 표현할 수 있는 유일한 말이다——에 들어 있었다. 이것은 대부분의 사람들이 감히 알려고 하지 않는 경험이다. 굴드 자신도 이처럼 세상과 벽을 쌓는 고독은 무언가 병적이며 또한 은둔자들이 빠져들기 쉬운 죄,

비현실적으로 방황하는 정신적 무기력증의 죄를 은밀히 내포하고 있음을 알고 있었다. "녹음 스튜디오와 그 안에서 느낄 수 있는 모태의 안전은 나의 생활 스타일과도 아주 일치한다. 내밀한 생활을 극단까지 밀고 나가는 것, 이는 내가 꿈꾸는 환상의 일부라 생각한다." 그는 절대로 신문을 읽지 않았다. 또 암에 걸리지 않기 위해 높은 곳에서 살기를 원했다. 그는 스스로 혈압을 재고, 수많은 약을 처방했다. 또 몸의 흥분 상태에 따라 이런저런 일들을 하거나 하지 않았다. 동물원에 가서는 곰과 코끼리에게 말러의 곡을 노래해 주었다. 그리고 반드시 이스라엘 항공을 이용한 것은, 이 항공사는 항공기가 몇 대 안 되기 때문에 정비가 더 잘 이루어진다고 믿었기 때문이다. 나중엔 어떤 비행기도, 어떤 항공사도 이용하지 않게 되지만. 그는 탄탄한 구조를 지니고 있는 것들을 좋아했다. 또 호사스런 미제 차를 좋아했다. 다른 사람들은 '어떻게?'를 물으며 음악을 연주하는 듯하지만, 그는 '왜?'를 물으며 연주했다. 사람들이 자원을 고안해 내듯이 그는 고통에 대한 조처를 미리 강구했다. 그리고 아이들이 변장을 하듯 경멸을 길러 나갔다. 자신이 육신을 가졌다는 사실을 잊을 만큼 자신의 영혼에 의해 사로잡히기를 바랐다. 죽기 얼마 전엔 카네기 홀에서 10만 달러 출연료를 받고 연주해 달라는 요청을 거절했다. 그는 텔레파시를 믿었으며, 숫자나 우연의 일치 등에 의미를 부여했다. 고양된 상태에 있기 위해, 혹은 안정된 상태에 있기 위해 알약을 복용했다. 밤을 낮처럼 살았고, 사람들이 모두 잠자러 갈 때 피아노 앞에 앉았다. 그를 금욕자로 혹은 수도복을 입은 은둔자로 그릴 수도 있겠지만, 그는 또한 상장된 주식 가운데 상승가의 주식을 찾아낼 줄도 알았고, 자신이 주식을 보유하고 있는 금광의 투자 상태를 탐지하기 위해 북극을 방문하기도 했다. 무대 위에서 9년이라는 이 타락한 세월을 보낸 유일한 이유는 그것이 돈을 버는 가장 편한 수단이었기 때문이라고, 이 갈망엔 면역이 되지 못했노라고 언젠가 털어놓은 적이 있었다. 그가 매일 전화를 걸었던 세 사람은 사촌누이 제시와, 그의 물질 생활 일체 및 물품 구입·세금 정산·소송 등을 돌봤던 레이 로버츠, 그리고 그의 증권 중개인이었다. 《피아노 쿼털리》의 발행인 로버트 실버맨은 만년의 그의 주요 관심사는 돈에 집중되어 있었으며, 그에겐 돈이 특별한 의미를 지니고 있었다고 말한다. 그가 주식 시장에 그토록 관심을 두었던 것은 돈을 소유하기 위해서가 아니라, 돈이라는 이 범접 불가능한 혐오스런 대상은 또한 추상적인 대상들 중에서도 추상적인 것, 포착되지 않는 것, 비물질적인 것을 나타내기 때문이었다. 실제로 그가 돈 자체에 대해서말고 다른 이유로, 돈이 제공하는 행복 등의 이유로 돈에 관심을 가졌다면 그는 돈을 소비할 줄 알아야 했을 것이다. 외출을 한다든지 즐긴다든지 하면서. 뿐만 아니라 그는 돈을 쌓아두기도 원치 않았다. 자신의 모든 재산을 구세군과 동물 보호단체에 기증했으니까. 그는 관대했다. 전문적·도덕적·재정적으로 사람들을 도울 줄 알았다. 루체른에서 그의 연주에 심취한 한 늙은 클라브생 연주자를 알게 되었을 때, 그는 이 여자에게 10통가량의 편지를 썼고, 캐나다에서 그녀가 연주회를 가질 수 있도록 힘써 주었으며, 그녀가 겪고 있는 물질적 어려움에 대해서도 걱정해 주었다. 돈은 단지 체스의 말들이나 음악의 악보처럼, 특별히 묘한 형상들을 취할 수 있는 어떤 형태로만 그의 관심을 끌었다. 그것은 어떤 게임의 대상이었지 즐기기 위한 대상이 아니었다.

그는 옷을 헐렁하게 입고 다녔다. 신발도 거의 신지 않았다. 어머니는 늘 불안해했으며, 그의 건강에 몹시 신경을 썼다. 더위나 추위, 이 모두가 질병이나 위험의 원인이 될 수도 있다고 여겨졌다. 이미 나이가 든 부부에게 생긴 이 아이에게 죽음이 닥치지 않도록 끊임없이 보살펴야 했다. 1959년 2월 8일 《헤럴드 트리뷴》지와 가진 회견에서 굴드는 감기에 걸릴까 봐 정말로 걱정되며, 그가 연주회에 가지 않는 것도 통풍으로 가득 찬 이 연주 홀들이 두렵기 때문이라고 밝혔다. 그리고 냉방 장치를 싫어해서, 냉방이 된 레스토랑에서——아직 레스토랑을 드나들던 시절——나가 버린 적도 있었다. 그는 어머니보다 단지 7년을 더 살았다. 협주곡을 연주하다가 악장과 악장 사이에, 혹은 오케스트라의 전원 합주가 있는 동안 물을 마신다든지 잡지를 들춰 보는 경우도 있었다. 피아노 연주를 위해 종종 신을 벗는다든지 손가락 끝만 나오는 장갑을 끼기도 했다. 지역 브라스 밴드에선 하프를 연주했다. 어렸을 땐 학교에서 심하게 두들겨맞기도 했다. 사람들이 그를 쳐다보지 않으면 큰 몸짓을 해대며 어떤 내면의 심포니를 지휘했다. 그에겐 '아르놀트 쇤베르크'라는 배도 있었다. 열의에 대해서도 언급해야 할 것 같다. 그는 거의 잠을 자지 않았다. 목욕을 할 때도 반드시 장갑을 끼었다. 또 손으로는 아무것도 잡으려 하지 않았다. 특히 다른 사람의 손을 잡으려 하지 않았다. 1959년 11월 저녁, 클리블랜드 오케스트라 여성위원회가 연 칵테일 파티에서 사람들은 그가 파티 내내 유창하게 이야기를 나누며 웃음을 잃지 않으면서도 오른손에 커피잔——물론 빈——을 쥐고 있는 것을 보았다. 한번은 누가 손을 너무 꽉 쥐었다고 고소를 한 적도 있었다. 때로 먼저 손을 내미는 적도 있었지만 상대방이 손을 내밀기 전에 치워 버렸다. 피아니스트 타티아나 니콜라예바는 1957년 모스크바에서 열렸던 굴드의 연주회에서 그에게 소개되었던 일을 기억한다. "우리가 악수하는 모습이 사진으로 찍혔지요. 사진을 보면서 날씨가 몹시 추웠겠다는 생각과 굴드가 아팠을지도 모른다는 생각이 들더군요. 그가 장갑을 끼고 있었거든요"라고 그녀는 말한다. 굴드는 왼손잡이였다. 그리고 모차르트에서 낭만주의 음악가들에 이르는 여러 피아노곡, 예견할 수 있는 몇몇 화음으로 왼손이 노래를 '반주'하는 '오른손을 위한 음악' 쪽을 좋아하지 않았다. 그는 똑같이 중요한 양손간에, 또 양손이 서로에게 작용하며 서로를 결정지으면서 끌어 나가는 성부들간에 내적·구조적 연결성이 있기를 바랐다.

1939년 어느 여름날, 한 이웃이 호숫가로 자기 아이들과 함께 그를 낚시에 데려간 적이 있었다. 맨 먼저 물고기를, 작은 농어를 잡은 것은 글렌이었다. 그러나 낚싯줄에 매달려 팔딱거리는 물고기를 그는 잡지 않고 호수에 놓아 주고 싶어했다. 배 안에서 어찌나 법석을 떨어댔던지 배가 뒤집힐 뻔했다. 그러자 남자는 그를 거칠게 밀어 배 한구석에 앉혀 놓았다. 한순간 글렌은 자신이 물고기가 되어 죽어가며 질식당하고 찢기는 경험을 했다. 물고기와 그 사이에 더이상 거리는 존재하지 않았다. 그는 아버지가 낚시를 완전히 그만두도록 하기 위해 애썼다. 그러는 데 10년이 걸리긴 했지만, 결국은 그의 뜻대로 되었다. 어른이 되어 유명해진 뒤에도 그는 발동기가 붕붕거리는 보트를 타고 심코 호수를 온통 휘저어 놓으면서 물고기들과 낚시꾼들을 놀래키곤 했다. 수영복 차림으로 배 안에서 낚시를 하던 낚시꾼들은, 외투와 모자에다 머플러까지 두른 이 남자에게 욕설을 퍼부어댔지만 그는 아랑곳없다는 듯 알 수 없는 노래를 큰 소리로 불러대곤 했다. 굴드에게는 많은 동물이 있었다. 바흐·베토벤·쇼팽·하이든 등등 음악가의 이름을 지어 준 금붕어들과 개·토끼·거북, 심지어 악취를 풍기는 족제비까지 있었다. 그런데 굴드가 연주하는 것을 보고 있노라면 동물들의 모습이 떠오르는 이유는 무엇일까? 숲속에서 펄쩍 뛰어나오는 놈, 정확하고 느린 발걸음을 떼어 놓는 곰, 햇빛에 기분이 상한 부엉이. 청중은 숭고한 날갯짓을 보고 싶어할지 모르지만, 대신 몸을 수그린 이 남자가 거미가 실을 잣듯 허공 속에 음표들을 던지는 것을 본다. 그가 생각하기에 예술의 목표는 아드레날린의 순간적인 분비로 인한 촉발이 아니라 전 생애에 걸쳐 점차 경이와 평정의 상태를 구축해 나가는 것이었다. 1962년, 아직 연주회에서 연주를 할 당시 그는 '일체의 감정의 표시 및 박수의 폐지를 위한 굴드안(案)'을 작성한 적도 있었다. 그가 가지고 다니는 의자는 자기 가족의 일부이며, 바흐보다 더 가까운 친구라고 말하기도 했다. 또 그의 동료 음악가들의 아들들과 〈매드〉지의 지난호들을 교환해 보기도 했다. 어쩌면 텔레비전 뉴스 해설자가 되고 싶어했는지도 모른다. 그는 록 음악을 아주 싫어했으며, 바보 같은 짓거리로 여겼고, 이해할 수도 없었다. 그리고 베토벤의 〈바이올린 협주곡〉이나 〈열정 소나타〉를 높이 평가하지 않았다. 비록 리스트의 편곡을 피아노로 녹음하긴 했어도 〈5번 교향곡〉 역시 마찬가지였다. 한편 〈전원 교향곡〉에 대해서는 글자 그대로 격분할 정도여서, 그는 첫 악장을 황홀경에 빠진 듯한 뛰어난 솜씨로 녹음했다. 그리고 모차르트의 〈피아노 협주곡〉을 두고는, 음계와 아르페지오의 철저한 연습을 위해 건반 위에 손가락을 달리게 하는 즐거움이 만만치 않다고, 생상스의 곡을 연주할 때처럼 촉각적인 즐거움을 맛볼 수 있노라고 말했다. 이에 대해 브루노 몽생종이 그런 선동적인 발언은 못 들은 척하겠다고 반박하자, 굴드는 "아! 피아노곡이 아니라면 생상스를 좋아한다"고 그를 달랬다. 실제로 그는 모차르트가 너무 젊은 나이가 아닌, 너무 늙어 죽었다고 생각했다. 〈아이의 탄생〉을 부르며 바브라 스트라이전드가 두 음계를 굴러 내려오는 것을 듣고는 어안이벙벙한 듯

입을 다물어 버렸다. 도시를 싫어한 그였지만, 대부분의 생을 토론토와 뉴욕에서 보냈다. 또 겨울 한철을 극권 너머 어두운 땅에서 보내기를 꿈꾸었던 그가 죽음을 맞은 것은 불을 모두 켜둔 채 잠을 자던 토론토의 찌는 듯한 아파트에서였다. 둘 이상 되는 관계를 좋아하지 않았지만, 1 대 1이 되었을 땐 가장 깊은 관계를 맺을 수도 있었다. 그는 정상이 아니라는 말을 듣곤 했다. 사실 그는 어디가 중심인지, 사물들의 핵심인지, 중도인지 잘 몰랐다. 그의 중심은 자신의 내부가 아닌 다른 곳, 다른 사람들이 기대하는 곳이 아닌 다른 곳에 있었다. 한 피아노 제조업체를 대상으로, 이 업체의 한 직원이 무람없이 자신의 등을 툭 치려 했다고 고소를 하기도 했다. 그는 교체도, 언쟁도, 대안도 좋아하지 않았다. 다른 사람들을 별로 좋아하지 않았거나, 아니면 지나치게 좋아했는지도 모른다. 그는 푸가, 도주, 사라져 가는 것을 좋아했다. 어린 시절, 그는 늘 아픈 표정을 짓고 있었으며, 어머니는 그에게 여러 식이요법을 따르도록 했다. 평생 그는 아주 조금밖에 먹지 않았으며, 거의 먹지 않았다고 해도 좋았다. 고기는 손도 대지 않았다. "야채는 끝장이다"라고 말했으며, 야채도 먹지 않았다. 순회 공연이나 녹화 기간 동안에는 더더욱 먹지 않았다. 열흘 동안 단단한 음식은 전혀 먹지 않았다고 말한 적도 있었다. 아직 그가 사람들을 만나고 있었을 당시, 밤새 이야기를 나누고 녹음을 하고 난 다음 새벽녘에 사람들이 각자 냉장고에서 먹을 것을 찾아 먹어야 할 때가 있었다. 그들은 난처한 표정이 되어 돌아오곤 했다. 냉장고에는 과일 주스밖에 없었기 때문이다. 실제로 그가 먹은 것은 과일 주스와 크래커·비스킷 정도였다. 자리에 앉을 때면 자신의 무게에 짓눌린 사람 같은 모습이었다. 늘 아주 창백하고, 아주 피곤한 기색을 하고 있었다. 그는 연주하고 있는 동안 사람들이 보는 걸 좋아하지 않았지만, 비디오 카메라의 무수한 차가운 눈길은 좋아했다. 굴드가 죽고 나서 그의 아버지가 털어놓은 바에 따르면, 할머니의 무릎에 앉아 처음으로 피아노를 접하게 되었을 때 어린 굴드는 건반을 하나씩 차례로 누르며(대부분의 아이들이 주먹으로 여러 건반을 두드려 대는 것과 달리) 소리가 완전히 사라져서야 손가락을 떼었다고 한다. 점점 작아져 가는 소리에 매료당한 듯한 표정을 짓고서. 1955년 뉴욕에서의 첫 연주회의 마지막 곡은 피아니시모에서 디미누엔도로 끝나는 베르크의 〈소나타〉였다. 연주회의 활기와는 반대로 이같은 작품을 선택한 데 대해 이미 어리둥절해 있던 청중은, 그같은 '소멸'과 들리지 않는 음에 대한 몹시도 경건한 집중을 보고서 깜짝 놀랐다. 그는 글자를 읽기 전에 악보를 읽을 수 있었다. 음들의 이름을 가르치기 위해 어머니는 그를 피아노에서 멀리 떨어진 곳, 다른 방에 가 있도록 했다. 어머니가 살롱의 피아노 건반을 누르면 곧 굴드가 그 음이름을 알아맞혔다. 틀릴 경우엔 피아노 곁으로 돌아올 수 없도록 되어 있었다. 하지만 그가 잘못 말한 적은 한번도 없었다.

우리는 그를 두고 미쳤다고 할 것인가? 그렇다면 광기라는 말은 무엇을 의미하는 것일까?

6

    그는 혹한 속에서 열기를 찾아내었으며, 허공에 기대고 있었고, 넘을 수 없는 거리 속에서 가까움을 갈망했다.

    뉴욕 필하모닉과 함께 토론토에서 순회 공연중이었던 레너드 번스타인이 어느 날 그를 방문했다. 굴드는 자신의 아파트에 함께 남아 있으려 하지 않았고, "제가 가장 좋아하는 일을 하러 갑시다" 하고 제안했다. 두 사람은 자동차를 타고 떠났다. 모피와 털로 안을 댄 외투, 머플러 속에 파묻힌 굴드는 얼굴과 손이 보이지 않았다. 창문이 굳게 닫힌 차 안에는 난방이 최고도로 틀어져 있었으며, 라디오가 악을 써댔다. 그들은 몇 시간 동안 도시 주위를 돌았다. 소음과 땀에 젖어 수시간을 그렇게. 더이상 견딜 수 없게 된 번스타인은 이런 일이 잦은지 물었다. 황홀경에 빠진 굴드는 '매일'이라고 대답했다. 이처럼 숨막힐 정도의 열기를 찾으며 감기에 걸릴까 봐

강박증적으로 두려워하면서도 북극과 북극의 추위를 열렬히 사랑하는 분명한 모순 앞에서 우리는 놀랄 수도 있다. 신체적으로 추워하는 것이 감정적으로 차갑다는 말은 아니다. 스스로 차갑고자 하면서 추운 것은 싫어할 수도 있듯이.

또 다른 모순들도 있다. 가장 '스타카토'를 지향하는 피아니스트, 음들이 연결되고 융해되는 연주의 적인 그가 지휘자들 가운데선 가장 체계적으로 '레가토'를 지향하는 스토코프스키나 카라얀을 좋아했다. 또 순화된 거리를 광적으로 추구하며 화장의 미학에 열중했던 그가 자신의 피아노 연주 주변에, 녹음 기술로 제거될 수 있는 몸동작의 자취, 잡음, 찌꺼기들을 기꺼이 남겨두었다는 사실도 있다. 그의 녹음 속에는 목소리, 삐걱거리는 의자 소리, 피아노에서 나는 덜컹거리는 소리가 그대로 들어 있는 것이다.

다음과 같은 질책 역시 굴드의 입에서 나온 것이라면 어쩌겠는가? "태양의 열기에 달아오른 이 사회의 천박한 예술적 적대 행위. 자신들의 원초적인 본능을 승화시키기 위해 우아하고 은폐된 방식으로 오페라의 전통을 구축한 사회. 바로 이 본능은 그들에게, 다름 아닌 검투사들의 전투를 치르도록 한다"고. 꿈속에서 그는 대오페라의 무대 뒤편 분장실로 매니저가 달려 들어와 자신에게 말하는 소리를 들었다. "굴드 씨,

당신이야말로 제게 필요한 사람입니다." 이렇게 말하며 병든 바리톤 가수를 대신해 벨리니의 어떤 오페라에 출연할 수 있는지, 마리아 칼라스에게 전할 수 있도록 즉석에서 답변해 달라고 요청하는 것이었다.

굴드는 도살장으로 끌려 갈 운명인 송아지들이 품위 있고 평화롭게 생을 마치도록 농장을 세우고 싶다는 소원을 매우 진지하게 토로한 적이 있었다. 이처럼 동물의 권리를 무턱대고 옹호한 사람을, 가장 인위적으로 조작된 방식으로 테크놀로지를 조작했던 사람, 가장 복잡한 형식적 구조들을 기억했던 사람과 동일인이라고 볼 수 있겠는가?

하지만 그에게서 우리 자신의 삶에서 찾을 수 있는 것보다 더한 일관성을 기대하게 되는 이유는 무엇인가? 도살당한 동물들을 생각하면 가슴이 찢어지게 한, 살아 있는 것에 대한 관심. 이는 또한 부딪치거나 구기거나 상처내지 않도록 극도의 신경을 써서 자신의 손가락 아래 형성해 놓은 바흐의 〈파르티타 6번〉의 첫 소절, 경이에 사로잡힌 그를 이에 집중하게 만드는 똑같은 관심이 아닌가? 똑같은 '연민'이 아닌가 말이다.

굴드 자신의 피아노 교사조차 참을 수 없어 했던 그의 연주 자세, 그의 과장되고 부자연스런 무대 매너와, 과시와는 거리가 먼 지극히 절제된 연주 사이의 모순도 표면적인 것에 불과하다. 또한 밤을 사랑했던 그의 연주의 음향과 조음이, 페달의 사용으로 흐려지거나 울림으로 어두워지는 일이 결코 없었다는 사실——마치 맑은 시야에 의해 자신이 볼 수 있는 곳 너머에 신(神)을 두려 한 듯이——역시 모순이 아닐 수 없다.

은둔자였던 굴드만큼 음반과 라디오 텔레비전 방송을 통해 그토록 많은 사람들에게 자신의 진실을 전달할 수 있었던 경우도 드물었다는 사실 역시 모순에 속한다. 그가 우리 각자에게 말한 것은 자신의 고독에 대해서였다. 또 테크놀로지 덕분에 그는 외부 세계로부터 가능한 한 멀리 떨어져 살면서도 세상과 접촉을 갖고, 시간과 공간을 넘어 수많은 개인들에게 말을 걸 수 있었다. 그의 부재는 보다 강렬한 현전이라 할 수 있다. 굴드는 청중을 원했으며, 더 많은 사람들이 열정적으로 그에게 올 수 있도록 거리를 유지할 줄 알았다.

음악의 핵심 속으로의 온전한 칩거, 모든 것으로부터의 결별, 성급한 떠남, 이 모든 일은 굴드가 무대를 떠난 순간 이미 일어나 있었던 일이었다. 1964년의 사건은 그의 긴 탐구의 첫 단계가 아니고 마지막 단계였다. 후퇴 혹은 은거는 결렬이라기보다 음악과 이 반복되는 실종 간의 해묵은 내밀한 공모였다. 이미 오래전부터 음악은 그에게 참으로 존재하며, 그를 사로잡는 유일한 것이었다. 그밖의 것은 모두, 연주회는 한층 고통스럽게 그를 음악으로부터 갈라 놓는 것이었다. 집착하는 모든 것, 만남, 아이들, 일상의 작업들과 같은 기쁨과 고통의 이 매듭들은 늘 그에게 탈주를 꿈꾸게 했다. "아무곳이든지, 세상 밖으로."

'들어야 하는 것이 아니라 거의 읽어야 하는 이 소리 역시 모순이다. 프루스트는 러스킨이 한 권의 책은 '씌어진' 것이라는 사실을 모른다고 비난했다. "책은 대화의 음성을 지속시키기 위한 것이 아니다. 이것이 단지 같은 종류의 음성——'말하여진' 말들에 불과한——이라면, 이 음성을 지속시키는 일은 이것을 전달하거나 늘리는 것과 마찬가지로 경박한 일이 되어버리고 말 것이다"라고 말하면서. 굴드의 생각에 녹음은 보급이나 보존을 위한 수단이 아니고, 연주회라는 이 '대화'와는 다른 성질의 창조——다른 음악적 수단을 필요로 하며 다른 청취에 호소하는——이다. 굴드의 음반들은 '씌어진' 것이다.

또 다른 모순으로서 '접촉'을 들 수 있다. 다른 사람과의 접촉을 몹시도 싫어한 굴드(그는 이 접촉이 죽음·감염을 가져올까 봐 두려워했다)는 자신의 피아노와의 가까운 접촉을 좋아했다. 의자를 바싹 끌어당겨 앉는 아주 낮은 자세, 손목의 움직임이 거의 없이 건반에 밀착된 손가락, 놀라운 통제력을 지닌 연주. 그를 결벽증 환자, 추상적인 피아노의 이상을 섬기는 자로 보는 것은 잘못이다. 그보다는 자신만의 고유한 특징을 찾았다고 보아야 한다. 자신의 기호와 자신의 테크닉에 적합한 것만을 연주하며, 끊임없이 재료를 제 것으로 만들면서만 연주한다는 것.

하지만 굴드가 연주하는 모습을 보면, 그가 자신의 피아노와 묘한 관계를 맺고 있음을 확인하게 된다. 그는 거의 피아노——클라브생이 아니라——연주만을 녹음했다. 뚜렷한 강약의 차이와 페달을 이용해 지속되는 화성적 울림이 피아노로만 가능했기 때문이다. 그러나 그는 의도적으로 '반(反)피아노적' 방법을 사용했고, '피아노에는 적합하지 않은 음향'을 몹시 좋아했다. 피아노는 그에게 감옥이었다. 다른 피아니스트들이 하루에 2시간 내지 5시간 연주하는 데 비해, 그는 1주일에 몇 시간 정도밖에 연주하지 않았다. 설령 굴드 자신이 피아노를 선택한 것은 아니라고 해도——어머니가 피아니스트이고, 3세 때 피아노 앞에 앉는다면 참으로 자신이 선택했다고는 할 수 없으니까——다른 악기로 눈을 돌린다거나 오케스트라 지휘, 음악학에 몰두하지 않고 그는 마지막까지 피아노를 연주

했다: 이유가 무엇이었을까? 그런데 피아노는 동시에 모든 악기가 될 수 있는 가장 비악기적인 그런 악기가 아니고, 그 자신이 거부한 악기였다. 다른 악기에 비해 피아노는 혼자 연주될 수 있다는 유리한 점을 지니고 있었다. 피아노만큼 일체가 연주자에게 달린 연주의 분야는 존재하지 않는다. 지휘자는 물론 다른 연주가들과 다른 음악가들은 다른 성격의 악기와 조화를 이루어야 하지만.

마지막으로 또 하나의 모순을 든다면, 주관성의 적이자 '익명'을 열렬히 찬미한 굴드였지만 그의 연주를 듣노라면 두 소절만 들어도 다른 피아니스트가 아닌 그임을 알 수 있다는 사실이다.

굴드가 굴드와 모순되는 것일까? 그가 자신의 음악 활동에 대해 스스로 제시한 해석은 가슴속에 품고 있던 하나의 환상일까?

그가 연주회에서 연주한 동일한 곡들의 녹음을 들은 사람이라면 그의 스튜디오 예찬을 이해할 수 없을 것이다. 1959년 8월 25일 잘츠부르크에서 연주된 〈골트베르크〉와 1957년 5월 12일 모스크바에서, 혹은 1958년 6월 10일 스톡홀름에서 연주된 베르크의 〈소나타〉, 베토벤의 〈소나타〉 작품 제110번 등은 스튜디오에서 녹음된 같은 곡들과 비교할 수 없을 만큼 더 아름답기 때문이다.

스튜디오 녹음의 절대적 우월성을 주장하며, 굴드는 착각을 하고 있는 것이다. 예를 들어 스톡홀름의 연주회에서 녹음된 〈소나타〉 작품 제110번에서는 어떤 밀도, 시간과 맞서는 긴장감, 도난당한 듯한 무엇이 느껴진다. 그렇다면 그의 마지막 연주회 바로 전의 시카고 연주회에서 연주된 같은 곡이 어떠했을지 짐작이 간다. 시간 부족으로 신경질적인 몸짓이 되고, 생각이 가속화되는 체스 게임에서처럼 어떤 절대적인 필연성이 느껴진다. 그러나 스튜디오에서는 시간이 모자라는 법이 없으며, 사방으로 시간을 거슬러 올라갈 수 있다. 그것은 하나의 자유이다. 대가를 치러야 하는 자유이긴 하지만.

외면에 치중하는 연주회 연주를 비판하기 위해서 굴드가 늘 예로 들었던 곡을 우리는 안다. 1957년 URSS 여러 곳에서 자신이 연주했으며, 또 여름이 끝나갈 무렵 돌아오자마자 녹음한 바흐의 〈파르티타 5번〉이다. 그는 이 연주가 자신이 녹음한 파르티타 가운데 가장 나쁜 연주, '가장 피아노다우며' '바흐가 아닌 리스트-바흐'의 연주라고 주장했다.

말하자면 대중 앞에서 연주를 할 경우 연주가 지니게 되는 왜곡이 잘못이라는 것이다. 즉 구와 절로 이루어진 악보의 음들을 뚜렷이 구분하기 위한 지나친 리듬의 강조나, 크레셴도와 디미누엔도, 강약의 불연속성이 자신의 연주를 '더럽혔다'는 것이다. '차이코프스키 홀의 2층석까지 음악이 들려야' 했으니까. 장소에 따라 연주가 달라진다는 것은 사실이다. 호로비츠 역시 자신의 피아노 연주 기법은 큰 연주홀에서의 연주를 위해 다듬어졌음을 인정한다.

그렇긴 해도 악보의 몇 소절을 두고 두 연주 방식을 비교해 보면 당황하게 된다. 분명히 곡의 구조들은 스튜디오의 '차가운' 연주에서 더 잘 드러나지만 도약과 시간의 요청, 불가피성은 '대중' 앞에서의 연주에서 더한층 긴박하게 드러나기 때문이다.

그런가 하면 낭만주의에 대한 경멸——19세기 피아노곡 레퍼토리나 전통적인 연주법에 대해——에도 불구하고 굴드가 수많은 낭만주의, 후기 낭만주의 곡들을 녹음했다는 사실을 잊을 수 없다. 슈만의 〈사중주〉, 브람스의 〈간주곡〉〈광시곡〉〈발라드〉, 베버의 피아노와 오케스트라를 위한 〈소협주곡〉, 비제의 〈야상곡〉〈반음계 변주곡〉, 쇼팽의 〈소나타 b단조〉, 스크랴빈의 몇 곡과 두 편의 〈소나타〉, 슈트라우스의 〈부를레스카〉〈소나타〉〈엘렉트라〉 편곡 등.

"나는 피아니스트가 아니고, 한가한 시간에 피아노를 연주하는 작가·작곡가·방송인이다"라고 그는 말했지만, 그의 연주 녹음을 들어 보기만 하면 곧 이 말의 모순성이 드러난다. 실제로 자크 드리옹은 그의 피아노 연주가 얼마나 '정열적이고 유혹적이며, 감각적이고 격렬한지'를 증명하기도 했다. 사실 굴드는 피아노를 자주 연주하지 않았고 나중에는 거의 연주하지 않았지만, 그래도 피아노는 그의 삶의 본질이다. 이 '한가한' 순간들에 체험되는 우리 삶의 소중한 일부처럼. 테크놀로지에 대한 신앙 고백이 잊혀질 때 남게 될 본질, 다만 연주자의 위치를 더 잘 가늠하게 해줄 따름인 작곡가, 그가 취입하는 음악과의 관계 속에서만 읽혀지는 작가, 이것이 굴드이다.

요컨대 단순한 사람들만이 굴드가 이웃의 눈과 귀를 카메라의 눈과 마이크의 귀로 대치하기를 더 좋아했다는 사실에 놀랄 것이다. 또한 심술궂은 인간들만이 그를 비웃으며 어릿광대적 이중성을 비난할 것이다. 클리블랜드 오케스트라의 제1바이올린 주자인 쿠르트 뢰벨은 굴드에 대해 이렇게 말하였다. "누가 진짜 굴드이고, 누가 연극을 하고 있는 굴드인지를 확실히 안다는 것은 절대로 불가능했다. 그래도 나는 항상 그에게서 진실성과 타고난 품위를 느꼈다. 의도적인 과시가 잇따르는 순간들도 있었지만."

그의 모순, 일관성의 결핍, 자가당착, 이런 것들이 우리를 자극하고 화나게 만든다. 그는 가장 상반되는 반응을, 역정 아니면 우상 숭배를 끌어내거나 했다. 하지만 그에 대해 공정하려면 그가 우리 안에 불러일으키는 감탄과 동시에 짜증과 거부감 역시 받아들여야 하리라. 또한 조지 셸처럼("이 바보는 천재이다"라고 말한) 그가 지나갈 때 느끼게 되는 불편함을 인정해야 하리라.

우리는 이 불가능한 초연(超然)을 비웃을 수 있다. 이 도주의 수단들은 도주의 방향에 거스르는 것이었다고 말할 수도 있으리라. 그가 지향했던 이름도 형태도 없는 이 세계가 이제는 전 세계적으로 팔린 수없이 많은 음반으로 경표(警標)가 설치된 영토가 되었음을 확인할 수도 있다. 유한한 사물의 연속과 전개 외에 무한한 것은 아무것도 없노라고, 회색 역시 색이라고, 굴드의 은둔은 잘못된 것이며 아무도 누군가가 될 수는 없노라고 생각할 수도 있다.

그러나 타인과 나눔을 갖지 않기 위한 방도, 사람들을 향한 이 적개심, 공동 생활에 대한 이 무관심, 멀고 신비로운 세계에 대한 귀속, 이런 것들을 적어도 어떤 순간 그에게서 느낄 수 있었다. 그에게 물음을 던지는 이에게 성급히 답변하는 모습에서, 카메라 앞에서 서둘러 만족스런 표정을 지으려 할 때, 놀랄 만큼 빠른 속도로 말을 할 때, 그리고 견딜 수 없는 상냥함을 섬광처럼 드러낼 뿐 결코 자신을 드러내지 않는 먼 눈길에서!

굴드에게는 또한 엄청난 조심스러움이 있었다. 그의 감정이 가장 잘 드러나는 대화의 순간은 상대의 공격을 살짝 피해가는 순간이기도 했다. 그순간 상대방이 고통의 지대로 접근하고 있음을 느끼면서. 그런가 하면 아이러니와 기술적인 정확성이 잇달았다. 어느 날 존 매클루어가 그에게 왜 북극에 가는지, 그곳에 고독과 야생성을 찾으러 가는지 물었을 때, 그는 말을 돌려 "내 라디오 프로그램의 등장 인물들을 찾으러 간다"고 대답했다. 또 어둠 속에서 한겨울을 보내고 싶어하는 그의 갈망에 대해 언급하자, 그는 쾌활한 목소리로 그 방의 냉방 상태에 대한 불평을 털어놓았다.

한 인물의 통일된 면모는 어느 정도 그의 대화의 능력에 있다. 혼자 연주를 하든, 피아노 앞에 앉아 설명하거나 연주로 보여주거나 예를 들거나 하면서 상대방과 함께 이야기를 나누든, 인터뷰 기자에게 대답을 하거나 자기 자신과의 인터뷰를 가장하든 굴드는 언제나 다른 사람과, 혹은 마치 다른 사람처럼 자기 자신과 대화를 나누고 있었다. 둘이 함께하는 연주(레너드 로즈와 함께한 바흐의 첼로와 피아노를 위한 소나타나 하이메 라레도와 함께한 바이올린과 피아노를 위한 소나타)나 리트를 반주할 때면 그는 자신이 드러나지 않도록 했으며, 그의 피아노 음향은 섬세해지며 상대방에게 자리를 양보했다. 자신의 생각들과 함께 혼자 있을 수 있는 능력, 어렵지 않게 침묵을 공유할 수 있는 능력, 상대방을 괴롭히지 않고 그의 공격을 살짝 피해 갈 수 있는 능력, 이런 것들이 우정의 본질이 아닌가?

음반을 듣는 사람의 집중에 비해 연주회의 청중은 아주 부주의하게 흘려듣는다는 이유로, 또 20만의 청중을 얻을 수 있는데 2천 명의 청중 앞에서 연주할 필요는 없지 않은가고 물으면서 제한된 연주홀을 거부하는 이 고독은 분명 오만한 것이었다. 굴드는 사람들과의 의사소통을 거부했지만, 그가 거부한 것은 '커뮤니케이션 시대'라는 명목으로 팔아먹는 이 텅빈 말, 비의사소통이었다. 그의 고독은 고독 속에 있는 각자를 만나려는 수단이었다. 굴드는 우리에게 우정을 증명해 주었다. 아니면 우리가 그의 연주를 들을 때 그 자신은 그곳에 없는 조심스러움을.

7

촬영된 필름이 돌아간다. 때는 1966년 5월이다. 굴드가 예후디 메뉴인과 함께, 쇤베르크와 그의 바이올린과 피아노를 위한 〈환상곡〉 작품 제47번에 대해 이야기를 나누는 모습이 보인다. 그들은 함께 연주할 준비가 되어 있다. 텔레비전 자료 보관실에서 찾아낸 이 흑백 프로그램에 의해 불쑥 재현된 몹시도 아름다운 그의 눈, 그의 얼굴이 지나간 것은 한순간, 섬광과도 같은 순간이다. 전신 촬영, 그리스풍 실내 장식, 딱딱한 대화. "쇤베르크에 대해선 더 많이 알고 계시며, 그의 음악을 다른 누구보다도 정확히 이해하시지요." 마치 무언가를 보려고 애쓰는 사람처럼 찌푸린 눈. 얼굴에는 침해할 수 없는 초연하고 나른하며 좀 서툰 상냥함이 깃들어 있다.

때로 입술엔 후회의 미소가 떠오른다. 그곳에 있는 것이, 너무 큰 자리를 차지하는 것이 당혹스럽기라도 한 듯이. 큰 피아노의 검은 몸체에서 울려 나오는 노래를 갈라진 목소리로 흥얼거리는 켄타우로스. 때로 그는 자신의 낡은 스타인웨이를 현까지 닳도록 사용하느라 녹초가 된 모습이다. 턱이 건반까지 닿은 모습의 그는 마치 그것을 먹어치우려는, 아니면 토해 내려는 사람처럼 보인다. 비인간적인 시대 속에서 길을 잃지 않기 위해, 어린아이 혹은 개처럼 자신의 상아탑을 직감적으로 알아채던 순간이 분명 그에게 있었을 것이다. 난쟁이 요정인 동시에 왕자이기도 한 그의 내부에는 괴물이 살고 있었다. 간혹 침울한 가면을 쓴 그의 눈만이, 음악이 그를 온통 사로잡았노라고, 내부에서 그를 갉아먹고 있노라고 말하는 것 같았다. 그를 삶에 붙들어매고 있는 것은 눈길밖에 없었다. 다른 사람의 눈에서 표식을 구하다가는 다시 침잠해 버리고 마는 눈길.

　　그의 눈이 무슨 색인지 알아맞힐 수 없을 것 같다. 그의 모습이 담긴 몇 안 되는 컬러 사진들을 들여다보기도 하고, 비디오테이프를 정지시켜 그의 눈을 포착해 보려고도 했다. 환상을 버린 이 눈 속에서 순간적으로 이루 형언할 수 없는 섬광이 빛난다. 미지의 대상을 향해 눈을 크게 뜨거나, 아니면 자주 눈을 감는 이들에게서 볼 수 있는. 그 눈은 녹색, 아니면 강렬한 회색이었다고, 쓸쓸한 꿈들로 흐려진 거의 잔인한 색조를 띠고 있었다고 말할 수 있을 것 같다.

메뉴인은 그의 얼굴을 두고, 거기에 자신을 비춰 보는 이를 환히 드러내 보이는 거울이라고 말했다.

그 다음 필름은 1981년 봄에 촬영된 것이다. 몽생종은 굴드가 〈골트베르크 변주곡〉을 연주하는 모습을 담고 있다. 얼굴은 알아보기 힘들고 텅비어 있다. 그가 연주하는 음악이 물질적인 모습을 갖추어 감에 따라 그 자신은 반대로 비물질적인 모습을 띠게 되는 것 같다. 몸은 이상하게도 둔중한 느낌을 전해 준다. 회색의 어두운 옷은 형태도 없고, 형언할 수도 없다. 그는 자신의 시간과 내면의 공간 속으로 물러난, 역사를 갖지 않은 일종의 덩어리가 되어 있었다. 아주 나이가 많은 노인의 모습. 하지만 아주 이따금씩 어떤 생각이——음이 아니라——떠오를 때면 그는 내심으로 미소를 지었고, 그러면 아름다운 청년인 자신의 모습을 되찾곤 한다. 이처럼 평생 자신의 얼굴을 찾아다닌 사람들이 죽는 순간에야 그 얼굴을 만날 수 있다는 사실은 감동적이고 조금 어이없는 일이기도 하다.

굴드는 자신의 몸에 대해, 또 그것을 때려눕힐 수 있는 다양한 병들에 대해 여러 강박증을 갖고 있었다. 특히 두 가지가 그랬다. 우선 혈압에 대한 강박증 때문에 하루에도 수없이 혈압을 쟀으며, 또 대기중에 가득 찬 병원균이 언제라도 그를 덮칠 태세가 되어 있다고 생각했다. 혹자는 그가 이렇게 늘 두려워한 병들이 결국은 그를 죽였다고 믿는다.

1960년 1월, 굴드는 미국에서 레너드 번스타인과 함께 첫 텔레비전 방영물에 출연한다. 바로 이 시기에 어깨 통증이 나타나기 시작하여, 그후 여러 달 동안 거의 마비 상태에 있어야 했다. 당연히 연주회와 녹음을 중단하여야 했고, 지휘자 유진 오먼디가 소개해 준 정형외과의에게 치료를 받기 위해 필라델피아로 갔다. 그곳에서 여러 주 동안 간이침대에 꼼짝 않고 누워 치료를 받았지만, 일시적인 차도밖에는 보지 못했다. 그리고 봄에 다시 순회 공연에 나섰다. 시벨리우스를 녹음하고 나서 1977년에 다시 오른쪽 어깨에 근육 위축이 생겨 1979년 초, 바흐의 환상곡들을 녹음하기까지 약 2년 동안 일체의 녹음 활동을 중단할 수밖에 없었다. 또한 몽생종과의 인터뷰 촬영도 연기되었다. 이렇게 더이상 피아노는 연주할 수 없었지만, 이 통증의 경과를 그는 수첩에 날마다 기록해 나갔다. 몸의 작동 및 손과 손목, 팔뚝, 팔의 공간성, 그리고 이들이 어깨에 미치는 영향력 및 어깨에서 찾아지는 기원, 또 피아노 연주라고 하는 신경과 기억, 계산과 눈물의 이 조합의 모든 변화 과정을. 그 자신이 '쇼크'라는 신비로운 말을 붙인 병에 걸린 굴드는 매시간, 자신의 몸의 상태에 대해 더없이 소중한 기록을 해나갔다. 그리고 악기에 대한 몸동작의 조심스런 적응도 상세히 기술해 놓았다.

한번은 CBC 스튜디오에서 특수 제작된 의자 등받이에 머리를 아주 가볍게 부딪힌 적이 있었다. 순간 고통으로 마비된 그의 얼굴이 공포로 질리는 바람에 주위에 있던 사람들은 그가 발작을 일으키는 줄 알았다.

우리는 굴드에게 여러 대의 피아노가 있었음을 알고 있다. 첫번째 피아노는 1894년에 제작된 미국제 치커링이다. 이 피아노는 손끝에 즉각적으로 반응하는 성질을 지니고 있었는데, 이것은 그후로도 굴드가 이상적인 피아노를 찾는 과정에서 내내 중요하게 여겼던 점이다. 하지만 이 피아노에서 그가 무엇보다 좋아했던 점은, 건반을 누를 때 느껴지는 단단함과 화성적 울림이 많지 않다는 두 가지 특징이었다. 바로 '청교도적 피아노'가 되게끔 한 이 특징들이야말로 다른 피아노에선 찾을 수 없는, 그가 두고두고 아쉬워한 특징들이기도 하다.

콘서트 피아니스트로서 연주를 하는 동안 그는 그때그때 주어지는 피아노에 적응하여야 했으며, 아르투로 베네데티 미켈란젤리처럼 연주회마다 자신의 놀라운 피아노를 끌고 다니지도 않았다.

굴드가 음반 녹음을 위해 평생 사용한 피아노 스타인웨이 CD318은 1938년 혹은 1939년에 제작된 것이었다. 하지만 1960년에 굴드는 피아노 수리에 들어가고, 이 수리는 7년이나 걸려 완성된다. 그가 찾는 피아노는 수직으로 건반을 눌렀을 때 단단함이 느껴지는 한편, 수평적 연주에서 손가락의 떨림으로 건반의 울림이 보존될 수 있는 그런 피아노였다. 그런데 스타인웨이로는 이 둘을 양립시킬 수 없었던 것이다.

그는 미국과 캐나다를 다니며 피아노 제작자들이 권하는 모든 피아노를 연주해 보았지만 마음에 드는 피아노를 찾지 못했다. 볼드윈도 시도해 보았지만 건반을 눌렀을 때의 느낌이나 음향, 둘 다 만족스럽지 못했다. 말하자면 '볼드스타인'이나 '윈웨이'를 원했는지 모른다. 그러다가 1955년 1월의 어느 날 카네기 홀 맞은편 웨스트가 57번지에 있는 스타인웨이 판매점에 다시 들렀을 때, 그가 보지도 연주해 보지도 않은 커다란 피아노가 눈에 띄었다. 의자를 호텔에 두고 오긴 했지만 이 피아노의 소리를 정말로 듣고 싶었던 그는 무릎을

꿇은 채 자신의 평상시 연주 자세와 가장 가깝다고 생각되는 자세로 연주를 했다. 그렇게 바흐를 연주하다가 그는 깜짝 놀라 멈추었다. 바로 그가 찾던 피아노였던 것이다. 피아노는 174 라는 제작 번호를 달고 있었다.

그는 이 피아노가 바흐와 영국 튜더 시대의 곡들을 연주해 내기 바랐다. 리스트가 편곡한 베토벤의 〈5번 교향곡〉을 연주하자 피아노는 부드럽고 열에 들뜬 음향까지 낼 수 있었다.

사람들은 그의 편집증을 조롱했다. 그러나 지나치게 까다롭게 소리의 균질성과 완벽성을 요구하여 기술자들을 경악케 한 피아니스트가 굴드뿐이었던 것은 아니다. 피아노를 연주하지 않는 사람들은 피아니스트를 자신의 피아노와 하나 되게 만드는 사랑──뒤섞인 감정──을 이해하기 어렵다. 피아노가 말을 하거나 입을 다문다는 사실, 제구실을 못하고 늙고 죽는다는 사실을 말이다. 1957년 3월, 스타인웨이 174는 클리블랜드에서 열린 연주회에서 돌아오다가 트럭에서 떨어져 산산조각이 나고 말았다. 굴드는 상(喪)을 당한 사람의 의기소침 상태로 들어갔다. "치커링은 병이 나 있고, 스타인웨이는 떠나고 말았다. 몇 년 후엔 나도 물러날 것이다"라고 그는 말했다.

스타인웨이 174는 완전히 수리되어 이름도, 원래의 음향도 잃고 말았다. 일종의 림보를 지나온 것이었다. 현과 해머·공명상자를 다시 만들었지만, 굴드는 그것이 회복되었다고 생각지 않았다. 불구가 되어 버렸다고 생각했다. 그는 다시 예전의 치커링에 적응해 보려고 애썼다. 몇 달 지나 한 전문가가 굴드에게, 그의 치커링 같은 음향을 내는 스타인웨이를 결사적으로 찾을 것이 아니라 치커링이 스타인웨이처럼 울리도록 변형시키는 게 낫지 않겠느냐고 조언해 주었다. 그래서 굴드는 이 옛 피아노의 기계 장치를 완전히 바꾸도록 했다. 그러나 이번에도 완전히 실패하고 말았다. 건반을 눌렀을 때의 새로운 느낌에 적응할 수가 없었던 것이다. 그후로 그는 순회 공연마다 만나는 미흡한 피아노들 사이사이 그가 함께할 수 있는 피아노를 갖지 못하게 되었다.

그러나 1960년부터 굴드는 또 다른 스타인웨이 CD318을 갖게 되었으며, 이 피아노로 브람스의 〈간주곡〉을 비롯해 대부분의 음반을 녹음하게 된다. 1981년과 1982년 사이에 이루어진 마지막 네 편의 녹음, 즉 하이든의 〈소나타〉, 〈골트베르크 변주곡〉, 브람스의 〈랩소디〉와 〈발라드〉, 리하르트 슈트라우스의 〈소나타〉와 젊은 시절의 작품들을 제외하고 말이다. 이 곡들은 모두 1980년 뉴욕 웨스트가 56번지 오스트로프스키

판매점에서 우연히 구입한 야마하로 연주, 녹음되었다.

　　스타인웨이는 바흐의 '비(非)레가토' 연주에 필요한 밀도 있는 음질과, 클라브생처럼 각 음마다 내재된 '비브라토'를 갖추고 있었다. 하지만 완벽하지는 않았는데, 특히 중음(中音)에서 일종의 단속음이 바흐의 〈인벤션〉의 2,3성과 뒤섞여 느린 악절에서 피아니스트의 신음 소리와 의자 삐걱거리는 소리 사이사이에 들려왔다. 때론 그의 피아노가 추워하는 것 같기도 했다. 전율을 하거나 덜덜 떠는 듯싶었다.

　　피아니스트들에게 피아노는 그들의 몸이 사용하는 도구가 아니다. 피아노는 그들의 몸 자체이며, 몸을 갖기 위해 피아노를 필요로 하기도 한다. 그렇다면 이 몸의 약점과 한계에 대해 지칠 줄 모르는 의문을 갖고 세밀한 주의를 기울인다고 놀랄 필요는 없지 않을까? 한편 글렌 굴드만큼 여러 몸을 가진――그 자신은 이 몸을 증오했지만――피아니스트도 드물었다. 자기 몸의 신비 앞에서 그렇게 철저히 주의를 기울이고 과학적으로 분석하고 두려움을 지녔던 피아니스트도 없었다. 그가 연주하는 모습, 혐오스럽기까지 한 이 모습을 볼 때뿐 아니라, 눈을 감고 그의 연주를 들을 때에도 이같은 강렬함이 느껴진다. 몸 끝까지 전달된 음악을 상상하게 되는 것이다.

굴드가 대단한 심기증 환자였으며, 가벼운 스침을 부딪침과 혼동하고, 건드리기만 해도 고통스러워할 만큼 예민했고, 1미터나 떨어져 지나가는 기술자가 곁으로 다가올까 봐 두려워 의자에서 벌떡 일어나거나 했다고 해서——마치 타인의 몸이 그에겐 오로지 상처나 감염의 원인에 불과한 것처럼——이것이 뭐 그리 대단할까? 그렇다면 이 예술가의 이 같은 별난 행동들을 기인(奇人)의 전설로 치부해 버리고 용서해 주어야 한다고 말할 것인가? 나는 반대로 이 육신의 병, 이 공포가 음악가에게 기계의 작동에 대한 극도의 예민함과 섬세한 조음(調音) 감각, 그리고 그의 세련된 연주를 가능케 했다고 믿는다.

그의 피아노 연주를 접촉에 대한 병적인 공포와 완전히 분리시킬 수 있을까? 이 공포는 그와 친구가 될 수 있었던 이들, 즉 육체적으로 그에게 접근한다든지 그를 '건드린다든지' 유혹할 생각을 해서는 안 된다는 사실을 이해했던 이들과의 아주 드문 허물 없는 순간에도 그들에게 겨우 손끝으로 스치는 정도의 접촉밖에는 허락하지 않았다. 그것도 아주 짧은 순간이었고, 우정이 지속되는 동안 한두 번밖에 주어지지 않는 일이었지만, 이것이 그에게는 다른 사람들의 가장 격정적인 포옹만큼이나 격렬하고 관대한 것이었는지도 모른다.

아마도 그의 손가락과 손끝에는 탁월한 감수성과 날카로운 변별력이 부여되어 있었기 때문에, 쾌락을 찾는 우리의 몸이 추측할 수 있는 것과는 별개의 에너지와 표층들에 대한 본질적인 지식을 건반 위에 펼칠 수 있었을 것이다. 연주회가 있는 저녁 들뜬 대기실에서, 반죽이 잘된 빵 같은 자신의 손을 너무 들여다본 바람에 싫증이 나버린 피아니스트가 손에 대해 느끼는 혐오감을 누군들 이해 못하겠는가?

그런데 〈소(小)프렐류드와 푸가〉를 연주하는 데 이처럼 음산한 실내 장식과 발밑까지 큰 얼룩이 져 있는 타일 깔린 바닥, 휑한 방, 우중충한 하늘을 향해 열려 있는, 밖으로 사무실 건물 두 채가 내다보이는 창문, 두 개의 창문 사이에 있는 이 벽을 택한 이유는 무엇인가? 귀퉁이가 큼직하게 떨어져 나간 석고상이 있는 빛바랜 푸른 벽면, 또 이렇게 밖으로 드러난 콘크리트 이음돌은 뭔가? 죽은 사람의 낯처럼 턱수염이 자라난 이 얼굴은? 음반 재킷 사진 속에서 그의 손은 어김없이 무언가를——머리카락, 턱끝, 모자, 관자놀이, 안경, 의자의 조각된 등받이, 피아노 뚜껑 가장자리를——건드리고 있거나 아니면 얌전한 아이처럼 팔짱을 끼고 있는데, 그건 왜일까?

그는 자주 모피——아스트라한산 모피——모자를 쓰고 있었다. 심지어 여름철에도. 어느 날 레너드 번스타인의 집에 식사 초대를 받았을 때(이 당시만 해도 그는 아직 외출을 하고, 대화를 나누고, 접촉도 하고, 저녁 식사도 했다), 번스타인의 아내 펠리시아는 그를 욕실로 데려가서 기름이 끼고 엉겨붙은 머리를 감기고 잘라 주고 싶어 못 견딜 지경이었다고 한다. 더럽고 해어진 옷차림에다 구멍 뚫린 양말도 여느 때와 다름없었고, 그는 면도도 가끔씩만 했으며, 이따금 거지 취급을 받기도 했다. 1957년 7월말, 뉴욕에서 녹음이 한창 진행되고 있던 당시 식사 시간에 도착한 그에 대해 요셉 로디는 이같이 묘사한다. "그는 베레모과 귀마개·머플러·외투, 그리고 질긴 가죽 장갑 차림이었다. 레스토랑에 들어와 이 모두를 벗어 놓은 다음에도 여전히 두꺼운 양모 셔츠와 무거운 스웨터, 털이 긴 트위드 천의 큼직한 저고리, 양모 바지와 신발 덮개, 뜨개 장갑을 착용하고 있었다."

"울리는 전기 태피스트리처럼 음악이 나를 사방에서 둘러쌌으면 좋겠다. 그러면 우리는 따로 보호와 피난처를 제공받을 수 있게 된다."

그는 음악에 옷을 입히기를 좋아하지 않았다. 그는 음악이 옷을 벗기를 원했다. 또한 음악이 우리를 헐벗게 하고 살

가죽을 벗기는 것을, 털을 곤두서게 하는 것을 알고 있었다. 마지막 사진들 속의 그는 몹시 마른 모습이다. 뼈의 열기를 식히기 위한 살의 부드러움은 찾아볼 수 없다. 하지만 이 몸에는 엄청난 힘이 배어 있다. 일상의 과육이 해체되는 이 순간, 푸가의 골격에서 찾아지는 그런 힘이.

8

굴드에겐 '난파당한 사람'과도 같은 점이 있다. 토마스 베른하르트의 《난파당한 사람》이란 책 속에서, 굴드는 물결치는 대로 표류하는 나무판자에 의지한 사람의 모습으로 등장한다. 그에게 세상은 이 목제, 혹은 손가락 밑의 이 상아에 지나지 않는 것 같다. 그가 자유롭게 제어할 수 있었다기보다는 이방인처럼 주시했던 음악. 이 음악에 대한 극도의 기대 속에 있던 그를 단지 주의가 깊었다고만 말할 수는 없을 것이다. 그는 완전히 다른 무엇을 노리는 감시병, 약탈자였다.

몸짓을 할 때 이따금 자유로운 손이 묘하게 빠져나온다. 모두어진 손가락들이 새의 떨리는 큰 날갯짓처럼 활짝 열려선 허공 속에 무슨 자국을 그리려는 것 같다. 또 그가 목을 구부리고, 일그러진 얼굴로 허공에 입을 맞추고, 흐릿한 눈에다 땀에 전 머리칼을 한 모습도 볼 수 있다. 기쁨이 인간의 얼굴에 새겨 놓는 과도한 고통의 표정.

그는 자신의 손으로 음악을 연주했다. 피아니스트였으니 당연히 그래야 했다. 하지만 턱으로 도입부를 지시하고 가상의 기악 편성을 예고했으며, 후두부를 한껏 젖혀 템포를 보다 강조하면서 박자를 맞추며 입을 벌렸다 다물었다 했다.

그의 안에 기묘하게 결집된 온몸의 폴리포니. 그는 자신을 조지 산타야나〔1863-1952; 스페인 출신의 미국 철학자, 작가〕소설 속의 인물처럼 '마지막 청교도'라 부르기를 좋아했다. 음악이 잊기를 원했던 성(性)이 보복해 와 그의 자세를 포위하고, 전신을 소유한다.

그는 음악이 그에게 화상을 입히거나 물어뜯으려 노리고 있기라도 하는 듯 음악을 연주했다. 가장 먼 곳에 있는 것(어린 시절)은 늘 손과 코·입 닿는 곳에 있었다. 이 시절을 건반에 묶어두어야 했다. 피아노의 음향판에 그렇게 가까이 있음은, 늘 너무 높기만 한 피아노 앞에 어린아이로 남아 있는 것이었다. 몸들은 접근할 수 없는 것들이었다. 예전엔 학교에서 돌아오는 그가 두 팔로 허공을 쳐대며 바람, 혹은 이슬비의 오케스트라를 지휘하는 모습이 보이곤 했었다.

그의 태도나 비정상적인 몸짓을 보면서, 정신의학에서 자주 취급되는 상동증(常同症)을 의심해 볼 수도 있을 것이다.
오로지 두 손만이 생기에 넘쳐 보일 때가 있다. 몸에서 분리
되어 나온 물체와 한가지로 뒤편에 남아 있는 사람과는 아무
상관 없이, 지칠 줄 모르는 생명을 부여받은 부분처럼 보일
때가 있는 것이다. 여러 다른 피아니스트들처럼 그 역시 이 손
들을 마치 몸에서 분리된 이해할 수 없는 무엇처럼 바라보았
다. 손은 피아니스트가 아니라 피아노에 속해 있었다. 그가 건
반 위로 쓰러질 듯 몸을 숙인 모습을 보면, 그는 마치 자신과
음악 사이에 더이상 피아노가 존재하지 않기를 바라며 피아
노 속에 자신을 지우고 융해시켜 버리려는 것 같다. '피아노
앞에 앉은 글렌 굴드'가 아니고, '글렌 굴드, 피아노 솔로'인
것이다. 피아노가 되는 것. 그것이 잘못 제어되었을 땐 마치
자신의 몸에 탈이 난 것처럼 고통스럽다. 그러나 그 음색 속
에서 자신의 기분의 건반을 되찾아내고, 눈을 감고 그것을 바
라보며, 자신에게만 던질 수 있는 형언할 수 없는 이 남모르
는 미소를 짓기도 한다. 간혹 그는 비스듬히 물러앉아 악보대
너머로 바라본다. 빛바랜 금빛 액자 속에서 어떤 알 수 없는 바
닥을 눈으로 헤치면서 잃어버린 무언가를 찾는 듯하다. 아직
그곳에 없는 누군가를.

〈파르티타〉의 첫 부분. 마치 세계가 거기서 시작되거나,

아니면 이 순간이라도 정지할 수 있다는 듯 주제를 드러내면서 그는 자신의 피아노 위로 몸을 기울인다. 마치 어머니가 아이에게 무언의 이야기를 하듯이 목소리로 어루만지면서.

굴드는 바흐가 대위법의 모티프로서 자기 이름을 사용하고 있는 〈푸가의 기법〉을 연주한다. 그는 머리를 돌리고 카메라가 그를 바라보지 않는 왼편을 본다. 음악이 없는 건반 아래쪽을 본다. 그리고 왼손으로 허공에, 자신에게만 의미를 지니는 소용돌이를 그린다.

나는 베토벤의 〈영웅〉의 느린 변주를 연주하는 그를 다시 본다. 파닥이는 음들을 입술이 덥석 물어 잡는다. 가슴·목·머리를 한 축으로 완전한 소용돌이가 그려진다. 처음엔 촘촘하다 점점 성글어지는 나선은 올라가는지 내려가는지 알 수 없고, 다만 잇달은 변주가 시작될 때 이 둥글게 말린 곡선이 끝나리라는 것만 알 수 있다. 제자리를 빙빙 돌며 춤을 추는 이슬람 수도승이 자신의 선회에 취한 모습이다.

하지만 그의 과장적인 자세는 음악적 성찰에서 기인했을 따름이라는 사실을 지지할 수도 있다. 극도의 접근을 통해 조음의 정확성과 균일성을 용이케 할 수 있다는. 바흐를 연주할 때에는(리스트나 스크랴빈은 이처럼 가까운 위치론 접근 불가능하다) 이렇게 함으로써 음향을 가볍게 하고, 피아노 고유의 음색을 제거할 수 있다. "상체를 바로 세워라, 글렌. 상체를 바로 세워" 하고 플로렌스는 피아노 앞에 앉은 아들을 볼 때마다 주의를 주었다. 이것말고 그녀가 아들에게 원했던 또 한 가지는 청중 앞에서 연주를 하는 것이었다. 그가 이 둘을 하나씩 차례로 거절하는 데에는 어느 정도 시간이 걸렸다. 때론 건반 위로 몸을 너무 숙인 자세로 연주를 해서, 마치 자신의 피아노 위에 누워 버리려는 건 아닌가 싶었다. 아니면 거기에 매몰되려 했거나.

9

　　1957년 7월말, 굴드는 뉴욕 이스트 가(街) 30번지 컬럼비아 스튜디오에서 바흐의 〈파르티타 5번〉을 녹음하고 있었다. 둔주곡 형식의 악절로 들어가려는 순간 피아니스트는 녹음 담당 책임자인 하워드 스콧이, 그렇게 목청을 돋우어 노래하지 말아 달라고 애원하는 소리를 들었다. "그렇게 큰 소리로 노래를 부르니까 피아노 소리가 잘 안 들립니다." "이봐요, 하워드. 내가 아니라 피아노 잘못입니다. 피아노 소리가 충분히 크지 않아서 그래요." 그리고 나서 그가 묘안을 생각해 냈다. "연주할 때 입에 방독면을 쓰고 있으면 내 노랫소리가 들리지 않을 겁니다." 바로 이렇게 해서, 굴드가 때로 이 괴상한 물건을 착용하고 연주했다는 이야기가 생긴 것이다. 피아니스트와 그의 피아노 간의 경계의 불확실성, 이 특징을 기억하기로 하자. 하지만 피아노 연주에 자신의 목소리가 함께 녹음되지 않을 수 있었으면 좋겠다는 의사를 굴드 자신이 분명히 한 적도 있었다. 이렇게 연주를 하면서 노래를 부르는 이유에 대해선 지나치게 생각해 보려 하지 않았다. 이 질문은 그를 두렵게 만든다고, 그러다가 연주를 할 수 없게 될지도 모른다고, 노래를 멈춘다면 더이상 집중할 수 없을지도 모른다고 그는 말했다. "방심. 나는 이것을 혐오한다. 다른 예술가가 이런 방탕에 빠진다면 난 그를 비난할 것이다. 내가 아는 한, 이렇게 목소리를 내는 것이 내겐 필요하다. 노래를 하지 않으면 연주가 더 나빠진다."

이 노래에 대해 좀더 가까이서 살펴볼 필요가 있다. 3세 된 아이, 작은 손을 가진 어린아이, 그런데 이 아이가 굴드라면, 음악에 대한 대단한 이해와 엄청난 기억력을 지닌 그라면 어떻게 하겠는가? 아마도 아이는 자신의 손이 닿지 않는 음들을 대신해 노래를 부르거나 흥얼거려야 할 것이다. 굴드 자신도 이것을 피아노로 말미암은 난점들과 기계적인 결함들을 보완하고 그 대신 완벽하게 만들어진 소리, 듣고 싶은 소리를 내기 위한 무의식적인 노력이라고 보았다. 노래는 또한 테크닉적 한계로 인해 피아니스트가 해내지 못하는 이상적인 연주를 상징한다. 말하자면 창조의 몸짓의 일부인 것이다. 한 악절을 두고 어떤 식으로 연주하고 싶다는 욕구와 함께 이런저런 생각을 하게 되지만, 현실적으로 피아노는 절대로 이것에 완벽하게 도달할 수 없기 때문이다.

동양인들은 음악을 연주하기 위해 악보를 읽을 필요가 없다. 악보는 눈으로 전달되지 않고 귀로, 입으로(구전으로) 전달되기 때문이다. 그들의 연주는 마치 내면으로부터, 선행된 시간으로부터 오는 것 같다. 인도의 음악가들은 '탈라(tala)'를 입으로 부를 수 있기 전에는 연주하지 못하도록 되어 있다. 굴드도 어찌 보면 그들처럼 내면에서 음악이 춤추었을 것이다. 필름 속에서 우리는 그가 〈파르티타〉를 연주하다말고 갑자기 멈추는 것을 본다. 그는 일어나서 창가로 가 하늘을 바라보며 흥얼거리면서 입술과 호흡으로 박자를 맞춘다. 입 안에 리듬을 만들어 숨을 내쉬며 음정을 가다듬는다. 그리곤 다시 피아노로 돌아온다. 마침내 그 소절을 연주한다. 이제 거침없이 연주를 해나간다.

하지만 흥얼대는 노래는 또한 다른 이의 거래로부터 자신을 떼어 놓기 위한 수단이기도 하다. 콧노래, 머리나 배, 중심에서 나오는 목소리, 이 소리는 시간 밖에 있기 때문에 우리는 이것을 공간 속 어디에 두어야 할지 모르게 된다. 굴드의 흥얼거림은 정말로 적절하지 못한 것이다. 늘 한 박자 앞서가는 목소리. 피아노 연주가 거부하고 추방하고 뒤덮어 버린, 악기의 울림 이전의 목소리. 그럼에도 불구하고 이 목소리는 다시 들려오곤 한다. 굴드의 이 노래는 말하자면 자신을 흔들어 달라는 가련한 몸짓이다. 그의 노래는 엉망이었으니까. 그렇긴 해도 손가락의 스타카토적 연주와 놀랄 만한 대응을 이루며 밀접히 연관되어 있다. 악기의 노래에 비하면 참으로 하찮은 부분이다. 너무도 적나라한 잉여물, 내면을 향하지도 외부를 향하지도 않은 자신을 위한 노래, 리듬이 될까말까한 것, 규칙적인 흔들림이다.

　약간의 시간적 간격과 짧은 기대로, 곡에 대한 기억이 연주되는 음악을 앞서간다. 악보를 읽느라 지친 머리가 미리부터 다가올 음들을 찍찍거리게 하듯이. 각각의 음마다 기대가 선행한다. 그의 그림자는 음을 따라가지 않고 앞서간다. 이 그림자야말로 음의 반향의 반향이다. 음악은 늘 반복된다. 음악 안에서는 출현과 소멸이 동일한 것 같다. 굴드는 음악을, 음악보다 앞서 와 음악을 수행하며 조여 오는 자신의 목소리(플로렌스는 성악 교사였다)와 더이상 구분할 수 없었다. 말과 그 말을 구현하는 목소리를 분리시킬 순 없는 것이다. 다른 물건들처럼 자신의 목소리를 내다 버릴 수도 없는 법이다. 자신

안에서 이 목소리를 소멸시켜야 한다. 음악은 그러려고 애쓰지만 늘 성공하는 것은 아니다.

음들을 손가락으로 치면서 동시에 소리내어 노래한 음악가가 굴드뿐이었던 것은 아니다. 지휘자들 중에는 토스카니니·셀·바비롤리가 있었고, 제르킨 같은 연주가도 자신의 숨소리와 목소리가 새어 나오도록 내버려두었다. 카잘스는 나무꾼이 통나무를 베며 헐떡이듯이 활을 움직였다. 하지만 굴드의 막을 수 없는 이 노래는 큰 골칫거리였으므로, 피아노 주위에 설치되어 있는 마이크와 머리 사이에서 목소리를 흡수할 수 있도록 일종의 막을 두게까지 되었다. 구조적인 약점들을 보완하고, 진짜 피아노의 실제 소리를 잊기 위해 노래를 불렀던 것만은 분명 아니었다. 피아노가 그에게 낯설게 여겨질 때 노래를 부르기 시작하며, 또 피아노가 적이 되어 버릴 땐 고래고래 악까지 쓰게 된다는 사실을 굴드는 알고 있었다. 반면 스타인웨이 174로 연주할 때에는 그의 목소리가 거의 들리지 않는다. 그래서 음악이 마치 자신의 환영과 자신의 영상, 숨겨진 자신의 기억을 가지고 놀고 있다는 느낌도 거의 들지 않는다.

굴드를 좋아하는 것은 또한 피아노 선율에 음영을 드리우고 있는 이 오블리가토, 때론 애원하거나 황홀경에 든 듯한 목소리, 기도자나 신들린 자의 이 목소리를 좋아하는 것이다. 음악은 단어들에 대한 우리의 보복이다. 익사한 말엔 더이상 울림이 없다. 단지 목소리를, 말이 없는 목소리를 우리는 기쁨 속에서, 혹은 고통중에 들을 따름이다.

10

조지 셀이 지휘를 맡았던 클리블랜드 오케스트라와 함께 베토벤의 〈협주곡 2번〉을 연주하게 된 첫 미국 공연에서, 굴드는 늘 지참하고 다니던 짧은 다리 의자에 앉아 연주를 했다. 그런데 연주를 하려고 보니 자신의 몸이 건반에 비해 몇 센티미터 높다는 걸 알게 되었다. 하지만 의자를 낮추면 다리의 자세가 불편하게 되고 말 형국이라, 그래서 생각해 낸 해결책이 피아노를 높이는 것이었다. 굴드는 작은 나무 굄목을 만들도록 해 홈 속에 피아노 바퀴를 끼워넣었다. 그런 다음 바닥에 엎드려 자신이 직접 의자 다리를 조절하느라 투티의 일부를 빼먹었다. 환경에 적응하기보다는 변화시키려 하며, 자신들의 갈망을 바꾸기보다는 차라리 세상의 질서를 바꾸어 놓으려 하는 미친 자들의 이야기라고나 할까? 아니면 피아노를 의자에 접근시키는 서커스의 장면이라고 할까?

그의 모든 점을 비난할 수 있을지 몰라도 그를 경박하다거나 우유부단하다고 비난할 수는 없을 것이다. 극도로 균등한 연주와 손가락의 움직임, 관행을 무시한 채 매 연주마다 달라지지만 한 연주 안에서는 절대로 달라지지 않는 템포('루바토'의 부재). 중력으로부터도, 중력의 중심으로부터도 멀어지지 않는 소리의 외관. 어느것 하나 그같은 비난의 대상이 될 수는 없다. 그의 중력은 더 낮은 곳, 피아노에 있었다. 더 낮게, 마치 외부에 있듯이. 황홀경은 중력의 중심점을 갖지 않는 것이 아니고, 그것이 외부에 있음이다.

〈골트베르크〉 제25번 변주를 들을 때마다 T. S. 엘리엇의 〈네 개의 사중주〉의 첫 시 '번트 노턴(Burnt Norton)'의 일부가 떠오른다.

Descend lower, descend only
Into the world of perpetual solitude,
World not world, but that which is not world,
Internal darkness, deprivation
And destitution of all property,
Dessication of the World of sense,
Evacuation of the world of fancy,

Inoperancy of the world of spirit; [···]

내려가라, 보다 낮은 곳으로, 오직

영원한 고독의 세계로,

세계가 아닌 세계, 아니 세계가 아닌 그것에로,

내면의 어둠, 모든 것이 박탈되고 결핍된 곳,

감각의 건조 지대,

공상의 철거 지대,

정신의 비활성 지대. [···]

굴드에게 있어 음악은 일종의 '아래'에 대한 사랑이다. 음향은 아래로부터, 피아노에서 오는 것이지, 몸으로부터 오는 것이 아니라는 것. 손가락은 단지 이 음향을 해방시키기 위해 있다는 생각. 아무리 낮게 내려가도 지나치지 않다는 것이다. 마치 음악의 중력의 중심은 크리스털 샹들리에보다는 무대 위의 먼지와 더 가까운 곳에 있다는 듯이. 베토벤을 연주할 때조차도 그는 몸의 상체·팔·어깨·등으로(예를 들면 아라우처럼) 연주하지 않고, 거의 피아노의 가장자리에서 연주했다. 음향이 밖에서 전달되어 오지 않고, 마치 악기의 내부로부터 추출되는 것 같다.

여기에 하나의 메타포가 있다. 진중함, 무게, 좌절의 이 경험――공동(空洞), 수직적으로 끌리는 힘이라는 의미에서 ――이 없이는 어떤 창조 작업도 그 밀도에 도달할 수 없다. 피아노 앞에 앉아 스크랴빈을 연주한다고 해보자. 양팔을 내리고 공허, 죽음의 불가피성, 추락하는 것들 끝에서 소리를 만나야 한다. 바라지도 갈망하지도 않은 악절에서는 우리 자신을 무효화시키고, 몸의 원리에 자신을 내맡겨야 한다. 그때 소리는 두드려서 나는 것이 아닌 온전한 것이 되고, 화음은 살아 있는 것이 된다.

굴드는 다른 방식으로 접근했다. 보통 피아니스트들보다 훨씬 낮은 자세인 그에겐 공백에 대한 생각이 떠오를 수 없었다. 내면의 공백을 밖으로 내던질 수도 없었다. 그는 일종의 역(逆)중력에 자리를 잡고, 공백(음악은 허공의 떨림이다)이 밑으로부터 전해져 오는 중량처럼 올라오도록 한다. 손은 그곳에서 이 공백들을 나누고, 구성하고, 계층화한다. 그것을 우리는 악절, 노래라고 부른다.

일설에 의하면, 의자 다리를 자르고 조절 가능한 잭을 넣어 피아노에 맞춰 의자의 높이뿐 아니라 앉는 각도까지 선택할 수 있도록 한 사람은 굴드의 아버지였다고 한다. 또 다른 설에 의하면, 그의 피아노 교사가 젊은 제자의 등과 어깨를 힘껏 누르는 습관이 있어서 그는 건반으로부터 거리를 유지하기 위해 역방향으로 힘을 주어야 했는데 보통은 그러지 못했다고, 그래서 차츰 몸을 완전히 수그린 자세가 되어 버렸다고도 한다.

겸손. 땅을 받아들여 귀기울이고자 하는 갈망.

굴드에게 음악은 또 다른 침묵의 상태였고, 빛은 암흑이 주는 교훈이었다.

11

　음악에 있어서 기술적인 문제는 명백히 윤리적인 문제가 될 수 있음을 우리는 다음의 질문들을 제기하면서 확신하게 된다. 작곡가의 지시 사항을 지키지 않아도 되는 것일까? 음을 첨가하거나 제거할 수 있는 걸까? 음반 녹음을 위해 여러 차례의 녹음에서 발췌된 부분들을 짜맞추어 '창조적 위조 행위'를 해도 되는 걸까? 이 모든 질문에 굴드는 그럴 수 있다고 단언했다. 그러나 그는 훨씬 폭넓은 방법으로 기술을 윤리에 완전히 종속시켰다. 1) 손가락은 사고(思考) 다음이다. 근본적인 문제, 즉 '음악에 의미를 부여한다'는 이 문제에 비하면, 촉각적인 양상들은 무한히 부차적이다. 2) 피아노보다 음악이 먼저이다. 3) 음악은 공명체나 물리적인 현상들에서 말미암은 산출물도, 심리 상태에서 유래한 산출물도 아니다. 그것은 영적인 완전성의 탐구로서 무형성을 지향한다. 이상이 이 윤리의 몇 가지 원칙이다. 좋은 연주는 영혼에서 나온다. 굴드는 로 잘린 튜렉의 연주나 전례 음악을 논하면서 '도덕적인 엄정성'이라는 말을 한다. 그는 스토코프스키의 '황홀경에 빠진 듯한' 측면을 좋아했다. 그리고 바흐를 연주하면서 페달을 사용하는 것은 일종의 '신성모독'이라고 여겼다.

이 문제들을 하나씩 짚어 보기로 하자. 우선 악보의 문제부터 보면, 굴드가 예기치 않은 효과를 노렸던 것은 아니다. 단지 전대미문의 일을 시도했을 따름이다. 그는 망설이지 않고 악보를 고쳤다. 모스크바 연주회에서 연주되었던 베베른의 〈변주곡〉 작품 제27번의 10소절에서처럼 실수인지 고의인지 분명치 않은 경우는 제쳐 놓고(굴드는 C#음 대신 C♮음을 연주했다) 분명한 예들만 들기로 하자. 바흐의 〈파르티타〉 g단조의 〈부를레스카〉에서 그는 악보의 8도 음정들을 화성적으로 너무 밋밋하다고 판단해 그대로 연주하지 않고 6도 음정이나 10도 음정으로 연주했다. 또 〈파르티타〉 Bb장조의 '미뉴에트'에서 첫번째 반복부를 한 옥타브 높여 연주하기로 한다. 또 다른 예로 라벨의 〈왈츠〉를 편곡하면서 놀랍게도 원래의 '피아니시모' 대신 '포르티시모'를 넣는다.

때론 이보다 더 멀리 나아가 자기 마음대로 모차르트를 다중적이며 다성적이고 살점이 제거되고 본질만 남은 형태로 연주하기도 했다. 이파리들이 떨어져 나간 헐벗은 나무, 두께도 색깔도 없는 선율들의 얽힘으로.

하지만 그의 이런 불성실을 논하면서 우리는 무엇을 꾸짖고 있는 것일까? 악보에 명시되어 있는 것 외에 다른 것이 드러나도록 악보의 의미를 파헤친다고 꾸짖을까? 분명 그럴 것이다. 하지만 어떤 피아니스트, 어떤 연주가가 후자를 위해 전자를 희생시키지 않고, 드러난 의미에서 잠재적 내용으로 들어가는 작업을 거치지 않을 수 있겠는가?

이것을 작품과 작품의 독자성 대신 자신의 자아를 들여놓자는 유혹에 넘어간 결과라고 할까? 하지만 이런 꾸지람을 굴드에게 할 수는 없다. 그렇다면 그가 지시 사항들을 몰랐던 것이라고 할까? 그런데 지시 사항들이란, 그 이름이 말해 주듯이 따라야 할 행보를 명령하는 신호가 아니고 표지들이다. 물론 작곡가가 원하고 명시한 표지들이지만 자유롭게 무시하고 위반하고, 심지어 뒤집기까지 할 수 있는 그런 것이 아닐까?

굴드가 연주한 피아노를 위한 〈변주곡〉에 대해, 캐나다의 작곡가 자크 헤튀가 한 말이 우리의 이해를 도와준다. 한 소절에서 굴드는 원래의 지시 사항을 체계적으로 뒤집어 '포르티시모, 크레셴도, 포르티시시모' 대신 '포르티시모, 디크레셴도, 피아노'로 연주했는데, 그 결과는 "아주 논리적이고, 음악적이며, 아름다운 것"이었다고, 헤뷔는 굴드의 이같은 연주를 '본래 형상의 음화(陰畵)'라고 표현한다. 음화는 법칙과의 상관 관계에 의해 형상과 연결되어 있으며, 임의적으로 고안해 낸 것이 아니라는 사실을 우리는 주목하게 된다. 굴드는 규칙들을 위반하면서도 자신이 어떤 규칙들을 무시했는지를 정확히 알고 있었던 것이다.

그렇더라도 모차르트와 베토벤을 그처럼 자의적으로 연주한다는 것은 비난의 대상이 될 만했다. 바흐의 곡에서는 프레이징이나 템포의 지시가 거의 존재하지 않으며, 바로크 시대 음악에서는 자의적인 연주가 보다 쉽게 용납되었다. 다성음악은 이처럼 개방된 연주를 요구한다. 반면 선율적인 음악에서는 표현의 '충실성'이 훨씬 강조된다. 그렇긴 해도 악보는 연주의 매개변수들 중 하나에 불과했고, 그밖에 다른 요소들이 있었다. 악기의 질, 연주홀의 음향감도, 그리고 피아니스트의 의도 등등. 그렇다면 피아니스트는 텍스트와 어긋나는 연주도 할 수 있는 것이다. 굴드가 옥타브들을 두 배로 늘이거나 이등분하고, 템포를 변화시키고, 반복을 무시하고, 템포를 약간 변경하거나 강약을 수정하면서 그랬던 것처럼.

종종 그는 같은 페이지를 두고 여러 가능성을 고려한 다음 가장 적절한 형태를 선택하곤 했다. 한번은 10세 된 데이비드 뢰벨에게 〈현악 사중주〉의 한 악절을 자신의 연주와 심포니아 사중주단의 연주로 들려주고 나서, 어느 연주가 더 정확한지 골라 보라고 하기도 했다. 또 한번은 그가 스토코프스키와 함께 녹음하고 있던 베토벤의 〈협주곡 5번〉을 두고 아주 상반되는 두 가지 템포를 제안했다. 첫번째는 빠르고 충동적이고 급한 연주, 두번째는 느리고 장엄한 멜랑콜리가 느껴지는 연주였다. 지휘자는 두번째 방식을 택했고, 디스크도 그렇게 녹음되었다.

한편 굴드는 《평균율 클라비어곡집》 제1권의 a단조 푸가(바흐의 지시 사항이 없는)를 '스타카토'로 연주하여 전반적으로 가볍고 투명하며 장난스런 인상을 주었는가 하면, 또 다른 연주에서는 '치밀한 농도'를 부여함으로써 장엄함과 비극성을 띠게 했다. 결국 두 가지 템포로 연주된 이 두 연주는 음 하나하나가 완전히 겹쳐질 수 있는 것이 되어 최종 편집에서 혼합되었다. 두번째 연주는 원주제가 제시되고 재현될 때마다, 첫번째 연주는 응답과 부주제들이 등장할 때 삽입되는 식으로.

그렇다면 굴드는 위조자인가? 녹음 스튜디오로 들어설 때면 다분히 텔레비전 연속극에 등장하는 연기자——자신의 대사가 뭔지도 모르고, 또 카메라가 멎자마자 대사를 모두 잊어버리는 그런 연기자——같은 심정이 된다고 굴드는 말한 적이 있었다. 그는 네댓 개의 가능성을 지닌, 하나같이 정당한 연주 방식을 염두에 두고 도착했으며, 연주를 하거나 특히 편집하는 과정에서 이 가운데 하나를 선택했다. 그는 '아름다움'을 접합과 절단, 합성과 분해, 외과적인 미의 개념으로 바라보았다. 그리고 기술은 정보를 재생해 내는 도구가 아니고, 예술적 의미에서 정보를 조작하는 도구라고 보았다. 스튜디오는 그에게 피아노와 똑같은 악기였다. 모든 것이 해석이었다.

곡을 녹음하는 데 대한 유일한 변명은 그 곡을 달리 연주하는 것이라고 굴드는 말한 적이 있었다. 무엇과 다르다는 것인지 의문이 생길 수도 있지만, 굴드에 관한 한 일체의 문제가 여기에 있다. 다른 피아니스트들과 다르게 연주한다는 말인가? 작곡가의 의도와 다르게? 전통적인 연주와 다르게? 상식과 다르게? 이전의 자기와 다르게?(그가 첫 녹음한 〈골트베르크〉의 '아리아'의 연주 시간은 1분 51초, 두번째 녹음은 3분 4초이다. 전곡을 연주하는 데는 각각 38분 17초, 51분 14초가 걸렸다.) 사실 굴드는 이 모든 차이들에 관심을 쏟았다. '변명'이라는 말을 눈여겨볼 필요가 있다. 이 말로 그는 늘 다소 악마적이고 위험하며 죄스러운 무엇인 예술에 대한 자신의 청교도적 개념을 표현하고 있는 것이다. 수단이 지니는 현세적 암흑을 그 순수한 목표가 대속한다는.

한 작품이 우리에게 도달할 땐 늘 해석의 몸짓들로 겹겹이 싸여 있거나, 전통이라는 뻣뻣한 옷을 입고 있다. 그러므로 이것들을 벗겨내야 한다. 우상파괴자는 기분 전환을 위해 형상들을 부수어 흩어진 조각들의 참담한 모습을 즐기는 자가 아니다. 그는 신을 만나기 위해 아무것도, 특히 형상이 그를 미혹시키지 않기를 바란다.

굴드는 선동과 도발을 추구하는 초현실주의자가 아니라, 일종의 음악의 카타르파(중세 가톨릭 이단 중의 하나로, 풍속의 극단적 순화를 주장하는 완전주의자들이었다) 신봉자라 할 수 있다. 그가 무대를 떠난 것은 다음과 같은 확신에서였다. 즉 연주홀이 음악을 듣기 위한 최적의 장소가 아니라는 사실이다. 그곳엔 형상들이 현존하며, 따라서 고독이 부재하기 때문이다. 그가 보기에 연주회는 부도덕했다. 하느님과 마찬가지로 음악 역시 공연될 수 없는 것이기에 '쾌락주의'라는 말은 입을 더럽히는 모욕이었다. 예술은 악을 구현할 수도 있다. 대중 앞에서 연주한다는 것은 대중을 위해 연주한다는 것이므로 대중이 가지고 노는, 대중의 도구가 된다는 것이다. 악마의 간계. "예술가는 위험에 처한 존재이다"라고 그는 말했다.

그는 단연코 머리에 리본을 달고 기분에 따라 리듬을 제멋대로 바꾸는 자가 아니다. 그의 피아노는 연주홀이나 살롱, 그밖의 어떤 일정한 장소에도 속해 있지 않다. 스튜디오라는 공간이 임무를 훌륭히 완수하여 우리가 그의 음악을 듣겠다고 마음먹은 장소라면 어디든 적절한 장소가 될 수 있다. 굴드는 밤에 깨어 있는 이들의 예민한 변별력을 지니고 있었다. 그는 미지의 것을 불가해한 것과 혼동하지 않았고, 불확실한 것을 모호한 것과 혼동하지도 않았다.

12

그는 협주곡 연주를 좋아하지 않았다. 카라얀이 지휘하는 베를린 필하모니 오케스트라와 바흐의 〈d단조 협주곡〉을 협연했을 때, 그는 피아노를 무대 위 현악기들 가운데 파묻히도록 했다. 1959년 5-6월에 런던에서 요제프 크리프스와 함께 베토벤의 〈협주곡〉 전곡을 협연했을 때에도 그는 영웅적인 개인과 범용한 대중 간의 갈등이라는 낭만적 메타포인 솔리스트와 오케스트라 간의 전통적인 관계 설정을 무시했다. 1966년 3월, 스토코프스키와 베토벤의 〈5번 협주곡〉을 녹음했을 때도 그는 '피아노가 포함된 심포니'처럼 연주하고 싶어했다.

무대를 떠난다는 것은 음악──연주회에서 연주되든 그렇지 않든──에 대한 일체의 개념을 떠나는 것이기도 했다. 무대 예술로서의 음악, 위기와 결말, 긴장과 이완, 여성적 주제와 남성적 주제, 갈등과 해결, 이 모두를. 이렇게 하여 굴드는 일정한 형식들로부터 멀어지게 된다. 하지만 이렇게 무대를 포기하면서 어쩌면 그 자신이 무대가 된 것인지도 모른다. 황홀경에 빠진 사람처럼 일하면서 신음하고 애쓰고 투덜대는 동안, 그는 자신의 스타인웨이와 하나된 자라는 일종의 신화적 인물이 되어간다. 남자와 여자, 아버지와 어머니, 동물과 인간, 존재와 사물, 부모와 자식, 그는 이들 모두가 된다. (음악의 외설성에 대해, 이 고독한 것에 대해 말해야 하리라. 음악이 아닌 모든 것에 무관심하도록 만드는 일종의 마비 상태 속에서 방향을 잃게 하고, 시야를 가리는 이것. 우리가 손가락으로, 입으로, 숨결로, 아니면 무릎으로 힘을 주거나 발을 구르며 하는 이것.)

그는 매우 가혹한 말로 연주회를 규정짓는다. "도덕적으로 비열한 짓, 속임수, 솔리스트에게 주어지는 권력과 지배의 위치, 대중에 대한 비굴한 의존"이라고. 무대에선 언제나 사형 장면이나 원시적 장면의 기미가 느껴진다고. 거기서 그는 피와 땀을 본다. 그렇다면 독주회는? "2천9백99명의 타인들의 땀냄새가 각자의 콧구멍 속으로 들어가는 동안 그곳에 앉아 있는 사람들의 모임."

그는 충돌을 거부했다. 아마도 폭력은 그의 힘에 부치는 것이었는지 모른다.

13

그는 지나가는 시간을 바꾸어 놓으려 했고, 날씨가 어떤지 잊고 싶어했다. 자신만의 시간을 사용했던 그는 밤에 활동을 했고, 무더운 여름철에도 옷을 껴입고 다녔으며, 자신들의 시대로부터 거리를 두었던 리하르트 슈트라우스·쇤베르크, 심지어 바흐를 형제처럼 사랑했다. 시간을 초월하고, 시간과 어긋나 있는 연주자는 무엇보다 부재하는 것을 드러내고 존재하도록 만드는 자이다. 그는 현전하는 대상(악보)을 넘어서서 그것에 형상을 부여하여 현실화시킨다. 말이 스스로 지칭하는 무엇을 제거하지 않듯이, 그것의 부재를 흩뜨려 버리지 않는 하나의 형상을.

굴드에게 있어서 음악적 시간의 사용 방식은 매우 특이하다. 은밀하고 자만에 차 있으며, 정확하고 신속하며, 지칠 줄 모르는 도약──어떤 고통, 신비한 욕구의 도약과도 같은

——의 인도를 받는 그의 연주는 다른 피아니스트들이 감히 도달하지 못한 특질을 지니고 있다. 쉴새없는 움직임, 하나의 충동처럼 대상에게 강요된 이 박동은 청자에게 필요한 여정을 예측케 해준다. 불가피한 것의 이 박동 밑으로부터 전율——오롯이 사로잡힌, 사로잡는 존재——이 들려온다. 그의 손가락들 밑에서 음악은 앞으로 움직여지고, 밀쳐지고, 던져진다. 원천인 동시에 미래인 앞으로. 굴드는 놀라운 방식으로 시간을 서로 얽히게 하고, 도취 상태에서 기다림을 따라잡는다.

시간, 성 아우구스티누스가 '영혼의 이완'이라고 말한 이 시간을 재료로 굴드는 작업을 했다. 견습생의 초조한 참을성으로, 스승을 두지 않은 지식으로. 아마 그렇기 때문에 그는 우리 시대의 사람이 아닌지도 모르겠다. 모차르트의 〈소나타 A장조〉 K.331, 1악장에서 굴드는 템포를 약간씩 빠르게 하며 하나의 변주에서 다음 변주로 넘어가면서 여섯 개의 변주를 서로 연결시킨다. 결과적으로 원주제의 템포가 아주 느려져, 다섯번째 변주의 아다지오는 알레그로가 되고 만다. 이같은 착상은 모차르트가 생각한 것, 또 청자가 기대하는 것과는 일치하지 않을 수도 있다. 그렇다고 굴드를 비난할 수는 없는 데, 여기에 내재된 모순이 존재한다. 그가 취한 방법은 임의적이지만, 그래도 조리와 일관성이 있다. 템포는 음악의 여러 양상들——프레이징, 리듬의 엄격성, 조음——중에서 시간성의 양상에 불과한 것이기 때문이다. 중요한 점은 이런저런 악장을 더 빨리, 혹은 더 느리게 연주하느냐가 아니고, 가능한 한 설득력 있는 방식으로 소리를 만들어 내는 것이다. 이것이야말로 악기와 연주 공간의 반향을 고려해 실제로 특정한 템포를 선택하도록 한다.

1972년 11월, 그의 피아노가 수리를 받은 직후 울림이 둔탁해졌을 때 녹음된 바흐의 〈프랑스 조곡〉에서 굴드는 곡을 전보다 느리게 연주하는 편을 택한다. 1959년 가을, 그는 심포니아 사중주단 단원들에게 자신이 작곡한 〈사중주〉를 연습시키고 있었는데, 굴드의 장황한 설명들을 참다 못한 첼로 주자 토마스 리버티가 불쑥 끼어들었다. "알았습니다! 그만하면 됐습니다! 뭘 원하는지만 말해 주세요. 천천히 연주할지, 빨리 연주해야 할지." 이 사실은 굴드가 템포를 그 자체로서가 아닌, 곡의 이런저런 개념에 맞추어 인식하고 있음을 말해 준다. 개념이 템포로부터 나오는 것이 아니고, 그 반대이다. 모티프간의 유기적인 통일만 이루어져 있다면 템포는 그리 중요하지 않은 것이다.

연주회에 대해 굴드가 가장 꺼렸던 점이 어찌 보면 시간성이다. 그는 연주회의 시간을 혐오한다고 말했다. 하나의 축을 중심으로 연주자가 움직이는, 방향지어지고 역전 불가능한 시간. 슈만 역시 대중 앞에서 연주하거나 자신의 연주를 듣는 것을 몹시 싫어했다고 한다. 일단 밖으로 옮겨져 무대 위에서 외재화되면 음악이 사라져 버리지는 않을까 두려워하는 사람처럼. 게반트하우스 오케스트라의 콘체르트마이스터였던 페르디난트 다비드는 1842년 상황에서 이런 그의 모습을 묘사하였다. "어제 슈만은 내 옆에서 한 시간 동안이나 조용히 뭐라 말했는데, 나는 그가 자신의 〈1번 교향곡〉을 한 번 더 청중석에서 듣고 싶다는 말로 이해했다. 그래서 나는 그에게 오케스트라의 금관악기 연습에 오라고 제안했다. 하지만 그는 곡 전체를 연습할 때 단원들에게 급료를 지불하겠다는 의사를 몸짓으로 알려 왔다. 그리고 담배 두 개비를 피운 뒤 무슨 말을 하려는 듯 두 번이나 입에 손을 갖다대더니 모자와 장갑을 집어들었다. 그런 다음 묵례를 하고 잘못된 방향으로 걸어나가다가 다시 문 쪽으로 방향을 틀어 사라졌다."

때로 굴드는 공연 도중에 의자에서 일어나 "연주를 다시 시작하겠습니다" 하고 외치고 싶었을지도 모른다. 그가 '욕구'라고 부른 이 점에 대해 정신분석학에선 분명 할 말이 많을 것이다. 혹시라도 그가 관람객으로 연주회에 가볼 생각이 들었다면 그건 디스크나 라디오로는 들을 수 없는 곡에 한해서였다고 굴드 자신이 털어놓았다. "한두 시간을 거기 있어야 한다는 괴로움, 나 자신의 삶에서 사라져 버린다는 괴로움을 가라앉히기 위해선 진정제를 먹어야 할 것이다"라고 말하면서.

그가 녹음을 좋아했던 이유는 연주를 여러 번 반복할 수 있다는 점이었다. 마치 꿈속의 시간처럼 재배합되고, 거슬러 올라가고, 응축된 시간.

삶은 반복을 허락하지 않음을 그도 알고 있었다. 그러나 이 사실을 인정하려 들지 않았다. (늘 고정관념을 거슬러 템포를 연주하고, 악보의 같은 페이지를 두고 먼젓번 연주와는 상반되는 템포를 잡는 것도 이런 거부의 한 형태였는지 모른다.) 그가 스튜디오를 좋아했던 것은 제자리에서 시간을 돌려세울 수 있다는 가능성이었다. (음악은 바로 시간을 제자리에서 돌려세우는 것이다. 우리가 연주를 할 때면 자신을 시간의 주인으로 만드는 이 광기가 우리를 덮치려고 노린다. 불확실한 시간에서 도망치기 위한 템포의 선택, 루바토, 즉 죽음으로부터 훔쳐 온 시간, 죽음에 되돌려 주어야 할 시간.)

절대로 즉흥적이지 않고 나중에 다듬어지는 그의 연주들은 다른 연주들과는 구별되는 '현재의 힘'을 지닌다. 무엇보다 역사적인 현재. 스벨링크의 〈환상곡〉이나 기번스의 〈파반〉을 연주할 때 굴드만큼 우리를 이 곡들과 동시대에 데려다 놓는 피아니스트는 드물다. 그 다음엔 심리적인 현재가 있다. 그가 연주를 할 때면 우리는 그가 연습을 하지 않았다고, 연습을 하지 않는다고, 그저 거기에 있다고 생각한다. (녹음 전에 그가 곡들을 거의 연습하지 않는다는 사실에서 말미암은 결과일까?) 말하고자 하는 내용은 늘 그 원천, 즉 표현된 일체로부터 오염되지 않은 순수성을 지켜 나가는 지속적인 표현에 있다. 시간을 넘어선 시간. 기다리는 자의 정지된 시간도, 고뇌하는 자의 붕괴된 시간도 아닌 자유롭고 충만한 시간. T. S. 엘리엇의 〈사중주〉의 시간만큼이나 충실하게 살아지는 시간.

아르투로 베네데티 미켈란젤리의 피아노, 다른 시간으로부터 오는 듯한, 언제나 과거 시제로 말하는 듯한 그의 연주를 더 좋아할 수도 있겠다. 아니면 어떤 기다림, 미래에 대한 노스텔지어가 표현되는 듯한 리히터의 최근 연주를(자신의 내부에 문들이 열리며 우리가 알지 못했던 방들이 나타난다) 좋아할 수도 있겠다. 하지만 굴드가 현재 시제로 연주하는 이 방식은 결정적인 빛을 던져 주어 입술에 순진함이라는 낡고 해어진 말, 천사라는 말이 떠오르게 한다.

14

굴드는 자신의 개념들을 가르치겠다는 생각을 늘 거부했으며, 연주 개론 같은 것도 남기지 않았다. 하지만 그의 개념으로 취급할 수 있는 것이 하나 있다면, 그의 첫번째 원칙은 피아노를 연주하고 있다는 사실을 잊어버리라는 것이다. 특별히 피아노적인 그 무엇도 연주에 끼어들지 못하도록 하라는 것. (손가락들은 생각을 하지 않는다. 그것들이 어떤 생각을 하게 될 경우, 그것들은 하나같이 '구역질나는' 생각들이다.)

더 잘 연주하기 위해 거리를 둘 것. 이것이 굴드의 미학이다. 시토회 수도자 토마스 머튼의 개념과도 비슷한 후퇴의 미학. 사람들과 거리를 두고, 피아노 자신과도 거리를 둘 것. 그는 녹음이 있기 전 며칠 동안 자신의 피아노를 건드리지도 않았다. 그러고는 "피아노는 손가락이 아니라 머리로 연주한다"고 말했다. 우리가 연주하는 것의 정신적인 형상과 그것을 실행에 옮기는 순간의 손가락의 속박 사이에 일종의 투쟁이 벌어진다. 그런데 이 손가락의 속박에서 우리가 해방된다. 형상이 그 개념의 순수성으로부터 한눈을 팔아 피아노에 부딪치는 일이 없었던 것이다. 그는 또 "피아노를 연주하는 비결은 어느 정도 자신을 악기로부터 떼어 놓는 방식에 있다"라고 말하기도 했다. 이같은 분리의 순간들, 피아노와 음악을 분리시키는 기술들을 되새겨 보자.

혼자서 연주하는 악기인 피아노를 선택하는 것은 그 첫 단계에 불과하다. 피아노만을 위한 곡을 선택하는 것은 두번째 단계이다. (그는 실내악을 거의 연주하지 않았으며 협주곡을 크게 불신했던지라, 보통은 지휘자의 템포와 오케스트라의 요구를 무시한 채 '혼자' 연주했다.) 피아노에 거슬러서만 피아노를 연주한다는 것은 결정적인 분리를 의미한다. 피아노를 위해 씌어진 곡보다는 스피넷(기번스), 클라브생(바흐), 혹은 오케스트라(베토벤·바그너·브루크너의 5중주, 시벨리우스의 심포니)를 위해 씌어진 작품들을 피아노로 연주한다든지 하면서 말이다. 아니면 위대한 피아노 작곡가들(슈베르트·리스트·슈만·쇼팽──비록 주디스 펄만은 그가 슈만과 쇼팽의 곡, 예를 들면 쇼팽의 〈소나타 b단조〉를 연주하는 것을 들었지만)의 곡은 거의 연주를 하지 않으면서.

하지만 그것만으론 충분치 않았다. 피아노를 마치 피아노가 아니라 현악사중주처럼, 오르간이나 클라브생처럼 연주하고, 피아노 고유의 소리가 어떤지를 잊고, 첼로의 프레이징을 추구해 '활을 움직여' 연결시켰다. 혹은 진짜 피아노 같은 소리를 내지 않는 피아노를 좋아했다. (그의 대부분의 녹음은, 투명한 음향이 거의 피아노 소리를 닮지 않은 스타인웨이로 이루어졌다.) 때로 그는 손을 흔들어댔는데, 이 손은 연주를 하는 대신 한순간 다른 역할을 했다. 즉 오케스트라 지휘자가 되어 첼로 주자가 프레이징을 더 잘할 수 있도록, 또 오보에 주자가 반복되는 음들을 더 또렷이 연주할 수 있도록 했던 것이다.

굴드는 자신의 바그너 편곡들을 '비(非)관현악화'라고 불렀다. 그가 바흐를 '비클라브생화'하길 바랐다고 해서 그를 비난할 순 없을 것이다. 모차르트나 베토벤을 그 정도로 '비피아노화'하는 것을 많은 이들은 참을 수 없는 일로 여겼다.

아주 간결하고, 스타카토적이고, 스타카티시모적인 그의 선택은 일종의 '피아노의 원칙을 넘어선' 음악의 개념에 들어간다. 그가 연주를 하면 소리가 놀랄 만큼 아름다우며 당황할 만큼 독창적인 리듬을 지닌다. 하지만 우리는 곧 우리가 피아노의 중심에 와 있으면서도 어찌 보면 피아노를 벗어나 있음을 알게 된다.

만년의 슈만도 음악을 듣기 위해 음들을 포기하겠다는 유혹을 느꼈었다. "피아노의 도움을 받지 않고 마음속으로 음악을 생각하는 습관을 들이십시오"라고, 그는 1852년 데스브로이스 반 브뢱에게 편지를 쓰기도 했다. "이렇게 함으로써만 정신의 샘이 늘 더 맑고 순수하게 흐를 수 있습니다. 글을 써야 하지만, 아주 조금만 쓰십시오. 음악가에게 가장 중요한 것은 내면의 귀입니다."

불가사의한 소재에 대한 명료한 지식, 이것이 굴드의 연주의 초점이다. 듣기보다 생각하도록 만드는 것. 자신의 몸의 지체들을 분리시키고, 자신을 몸으로부터 분리시키기. 음악가의 시도라고 하기에는 이상한 시도이다. 그렇지만 굴드는 적극적으로 주장했다. "나는 연주를 하는 것이 내 손가락이 아니라고 느낄 필요가 있다. 이 손가락들은 일정한 순간에 나와 접촉하고 있는, 그저 독립된 연장물들에 불과하다는 느낌을 가질 필요가 있다. 내가 하고 있는 일에 온전히 전념해 있으면서도 나 자신과 거리를 두는 방법을 발견해야 한다"고. 그가 연주하는 모습을 보고 있노라면 그의 접근의 직접성에 놀라게 된다. 마치 손가락들이 건반을 건드리지 않고 음악을 건드리고 있다는 인상을 받는다. 위대한 연주가들에게서 볼 수 있는, 오로지 음악과만 관계를 갖고 악기나 오케스트라로부터 해방된 듯한 그런 상태는 악기라는 매개물에 대한 극도의 주의를 기울임으로써만 가능하다는 사실을 우리는 알고 있지만 말이다.

굴드의 미학은 발견을 돕는 미학이다. 본능적으로 연주가들은 제거하기보다는 첨가하는데, 그의 미학은 제거하는 편을 택한다. 영감이라든지 단숨에 해치우는 것을 경계하고, 오랫동안 명상된 해석이 있은 다음의 연주, 분명 이런 것이다. 굴드, 그는 피아노를 연주한다기보다 피아노에 있기 위한 한 방법이다.

하지만 더 나아가 가면을 벗게 한다든지, 직접적인 것을 거부하는 데까지 이어진다. 그의 그같은 직접적인 연주는 매체와 매개물의 놀라운 축적을 통해 이루어진다는 데 일체의 패러독스가 있다.

한 예로서 〈골트베르크〉 첫 부분의 '아리아'를 들어 보자. 그의 연주가 표현하고 있는 것보다 더 헐벗고 멋을 부리지 않은, 그런 연주를 생각해 볼 수 있을까? 이곳에선 미처 생각도 못한 순간에 음악이 태어나고 있는 것만 같다. 그런데 이 순진한 '사라방드'만큼이나 많은 생각과 고려를 거친 녹음은 거의 없다. 우선 굴드는 원래의 순서를 뒤집어 '아리아'를 30개의 변주 다음에 녹음했다. 그리고 몇몇 소절들은 21회나 연주한 다음 마지막 연주만을 택했다. 이처럼 엄청난 노력을 기울인 까닭은 무엇인가? 가장 간결한 것에 대한 추구와 최소한의 것에 대한 욕구라는 예술의 개념을 근거로 삼고 있지 않다면 말이다. 전개되는 곡의 깊이에 대해 속단해서는 안 되었다. 그런데 반복 연주를 통해 불필요한 표현 일체를 '지워 나가지' 않고서는 아주 중성적인 개념들의 질서 속에 '아리아'를 두기가 불가능했을 것이다.

일체를 연주해 보고, 일체의 표현 방식을 알고 있어야 했다. 최초의 몇 마디를 발설할 수 있기 위해서는. 이렇게 해서 그의 연주는 지고한 것이 된다. 그는 우회를 통해 정수에 도달한다. 그리고 욕구의 긴장을 통해서가 아닌(그렇다고 긴박감도, 방법론도 제외시키지 않으면서) 일종의 순화를 통해 미(美)를 건드린다.

굴드는 악기의 고독 속으로 더 깊이 들어가고 싶어했다. 헐벗은 연주. 악기가 미혹시킨다고 그는 말했다. 그래서 장식적인 기능을 삭제하게 된다. 이렇게 해서 바흐의 장식음들을 그는 마치 장식음이 아닌, 악절의 다른 음들과 똑같은 멜로디와 화음의 가치를 지닌 음들처럼 연주한다. 이들의 필연성과 절박함을 발견하기 위해서인 양, 분해되어 나온 뚜렷한 음들로 천천히 연주한다. 그러므로 페달이 사용되지 않는다. 페달은 옷을 입히고 가리기 때문이다. 그는 음악의 몸이 심연 속으로 빠져 들어가기를 원했다. 우리의 몸이 인위적인 장식들을 박탈당한 채 벌거숭이가 되어, 살덩이의 치욕 속에 버려져 죽음으로 가듯이.

15

　연주는 유쾌하다 할지라도 좀 공허하다. 만일…… 만일 화가라면, 그건 뒤러였을 것이다. 손보다는 사고――때론 지나친 사고――의 인도를 받는 선들. 선 하나하나마다 집약되어 있는, 의미로 숨이 막히는 형상의 무게. 그건 초연의 문제인 것이다.

　음들이 마치 우리가 숨쉬지 않고 말하는 한 절의 단어들처럼 서로 연결되어 있다는 느낌(레가토)을 주기 위한 두 가지 방법이 있다. 즉 지속의 레가토(다음 음을 누를 때까지 먼젓번 음을 건반에서 놓지 않기, 혹은 오른쪽 페달을 사용해 공명으로 먼젓번 음을 지속시키기)와 강도의 레가토(예를 들면 앞선 음을 잇달아 오는 음보다 좀더 강하게 연주하기)이다. 후자의 경우, 두번째 음을 첫번째 음을 놓고 나서 연주한다 해도 이 음은 지속성을 띠는 듯이 보이는 것이다. 전자는 실제 레가토이며, 후자는 듣는 이가 복원시켜 놓은 감지된 레가토이다. (그렇다면 연결은 환상이라고, 혹은 환상은 이같은 연결들을 만들어 내는 실이라고 할 것인가? 더 나아가 이 연결들을 거슬러 건반을 눌러 나가는 것은 환상을 거스른 시도들이라고 여겨야 할 것인가? 단절, 공허, 침묵을 넘어서는 공명의 가능성을 거스른 시도라고.)

굴드가 남긴 것은 무게가 없는 거대한 것, 느끼기보다는 명명하기가 더 어려운 것, 가까이 다가갈수록 잡히지 않는 무엇이다. (미(美)는 우리가 건드릴 수 없는 것, 우리를 그 영향력 속에 가두어두는 것이다.)

그의 연주에 대해 말하라면 나는 몇 마디밖에 할 말이 없다. 그의 연주는 멀고 두려움에 사로잡히게 하며, 뭔가 정상을 벗어나 있는 것이라고. 그는 우리를 시험에 부친다. 너무도 투명한 이 소리, 이 정화된 피아노의 음향을 견딜 수 없어 하는 사람들도 있다는 걸 나는 안다. 그들의 피부는 뒤틀리고 손가락은 오그라든다. 시험은 때로 가혹한 것이어서, 그가 우리에게 남겨 놓은 이 허공의 조각품들로부터 한참 동안이나 물러서 있어야만 할 때도 있다.

20년 동안이나 굴드의 피아노 연주를 먼 데서 접하면서 나는 내가 선호하는 피아니스트들이 있음을 알게 되었다. 텍스트의 진실에 보다 가까이 다가서 있는 연주자들. 하지만 그 누구도 굴드처럼, 수없이 연주를 듣고 난 후에도 여전히 불시에 습격을 당하는 듯한 그런 힘을 내게 행사하지는 못했다. 시간이 지나가도 그의 연주가 내게 가져다 주는 고통——이렇게밖에 말할 수 없겠다——은 가라앉지 않았다. 숯덩이가 되어 버린 이 세상, 자신을 지키려 하지 않고 완전한 동의와 상실 속에서 음악이 자신을 사랑하도록 그가 내맡기는 방식.

아름다움은 견딜 수 없고, 냉혹하다. 그것은 무자비하게 우리의 눈길을 후려치고, 귀를 유혹하고, 대기중인 우리의 말들을 낚아챈다. 전광석화의 속도와 느림의 뒤섞임. 스스로 자족하는 그것은 우리를 필요로 하지 않지만, 동시에 견딜 수 없을 만큼 우리를 부르며, 우리도 모르는 답변을 듣고 싶어한다. 〈파르티타 6번〉의 첫 소절들은 이런 고통스런 기쁨을 우리에게 전해 준다. 우리를 분열시키는 순간적인 빛, 릴케가 말한 이 '무서운 것의 시작.' 무언가가 완성되면서 사라진다. 그것은 단순한 분산화음, 그밖에 아무것도 아니다. 엄격하고 메마른, 견고한 구조, 이것이 스스로를 여는 것은 바로 우리를 열기 때문이다. 어떤 의도도 품지 않고 계산도 하지 않는 이 확고한 동작은 메스처럼 무심하게 살을 도려내 곡선을 그려 놓는다. 나의 살이 음악의 살과 뒤섞인다.

굴드는 이 몇 소절을, 연결되어 있는 동시에 분리된 음들로 연주한다. 근심거리를 한참 동안 지켜본 다음 자신의 균열들을 솔직하게 받아들이는 이들의 태평한 무류성(無謬性)으로.

음악에 대해 그가 행사한 지배력은 음악 안에서의 지배력에 지나지 않았다. 음악에 오롯이 사로잡혀 있던 그는 절대로 음악이 그의 수중에 든 것처럼, 자신 안에 축적되고 정리되어 있거나 위협하는 것처럼 연주하지 않았다. 음악을 밖으로 끄집어 내는 것만으로 충분했던 것이다. 그는 예를 들면 아라우처럼 음악이 스스로 다가오도록 하는 식으로 표현하지 않았다. 어린아이를 낳을 때처럼 안에서 밖으로, 위에서 아래로, 음악을 수행하는 식이 아니었다. 그는 그것을 따고, 들어 올리고, 아니면 공중에서 낚아채는 듯했다. 언제나 밖에서. 뒤로 물러서며 끝없이 한계를 넓혀 가는 어떤 공간 속에 있듯이 그는 음악 속에 있었다. 더 가까워질수록, 더 많이 알게 될수록, 그는 그것이 포착되지 않기를 바랐다. 친숙해지면 음악은 꺼져 버리고 만다. 근원은 우리가 그것을 찾아나서면 자취를 감춘다는 것을 그는 알고 있었다. 무서운 것이 잊혀지고 나면 아름다움은 부재한다.

음악을 듣는 이도 마찬가지이다. 아름다움은 승인과 만

족 속에서 소멸된다. 음악을 들을 때 우리는 무엇에 화답하는가? 음악을 들으며 우리는 단지 어둠 속에서 환영을 보는 것일까? 사물들의 저편으로 통과하는 것에 불과할까? 굴드의 연주를 들을 때 우리는 그가 아주 가까이 있다고 생각하지만, 이 가까움은 원경이 멀어져 가는 것에 지나지 않는다. 아무도 그보다 더 멀지는 않다. 그렇지만 그 무엇도 우리를 갈라 놓을 수는 없다. 이것은 기교의 문제이다. 두 가지 논리가 존재한다. 우선 사랑의 논리는 우리가 존재하도록, 우리 자신이 버림받았다고는 믿지 않도록 한다. "우리 음악가들은 모든 사람들이 우리를 개인적으로, 우리의 음악을 듣는 개인으로서 사랑해 주기를 바라는데, 그게 문제입니다"라고 번스타인은 말한 바 있다. 두번째 논리는 주체성이다. 즉 정신분석학자들과 영국의 형이상학자들이 말한 '자아'의 논리인데, 이것은 또 다른 포기를 요구한다. 말하자면 익명으로, 정의되지 않은 자로 돌아가라는 것이다.

굴드는 우리 안의 쾌락의 존재가 아닌 생각하는 존재에게 말을 걸어왔다. 그는 그에게 귀기울이는 사람을 단지 총명한 사람일 뿐 아니라 생각할 수 있는 사람으로 여기는 우정을 베풀어 주었다. 어쩌면 그는 누군가에게가 아니라 오로지 음악에게 말을 걸고 있었던 것인지도 모른다. 청중은 이미 무시했던지라, 연주회에선 종종 청중에게 등을 돌린 모습이었다. 그가 나를 위해 연주하고 있다, 나를 감동시키기 원한다라고는 절대로 생각할 수 없다. 그는 그 누구도 아닌 자기 자신을 위해 연주했으며, 이 사실은 그가 선택한 음향에서도 분명히 드러난다. 이따금 '불시에 사로잡는 듯한' 음향. 먼 데서 오는 이 소리는 우리에게 건넨 소리가 아닌 듯이 들린다. 그의 연주를 들으면서 정신이 혼미해지는 일은 절대로 없다.

그가 말하는 것을 보든지, 그의 연주에 귀기울여 보자. 굴드는 유혹하거나 정중한 모습으로, 혹은 이러한 모습의 이면인 경멸감을 품고 우리를 향해 돌아서지는 않는다. 대신 우리의 원래 모습보다 한발 앞선 곳에서 우리에게 말을 건다.

그의 손가락이 어둠 속에 그려 놓은 아름다움 앞에서 우리가 울고 싶다든지 죽고 싶다는 생각이 들지도 모르지만, 절대로 그가 우리를 산만하게 하거나, 주의를 돌려 놓거나, 기분 전환시켜 주는 일은 없다.

굴드의 연주에는 몹시도 신비한 무엇이 들어 있다. 아주 스타카토적이고 점묘적이라고까지 할 만한 이 세코(secco)식의 연주를 통해 탁월한 밀도와 놀라운 연속성이 드러나는 것이다. 굴드는 페달을 통한 음의 용해나 손가락의 레가토 연주 등 외부적인 무엇으로 연결성을 만들어 내지 않고, 크레셴도와 디크레셴도를 통해 리드미컬하다기보다는 강약이 위주가 된 프레이징을 만들어 낸다. 연속성은 인접성을 통해서가 아니고, 완전히 별개인 음들의 꾸준한 단계적 상승을 통해 이루어진다. 이렇게 해서 재봉틀로 땀을 뜨느냐, 모호한 후광을 만들어 내느냐 하는 딜레마를 비켜 간다.

굴드의 연주에서 연속성을 만들어 내는 것은 손가락이 아니고, 사고·부재·초연함이다. "피아노의 터치와 관련된 정신적 형상은 개별적으로 취해진 음들을 건드리는 방식보다는, 이 음에서 저 음으로 가기 위해 채택된 관례와 음들 사이에서 일어나는 무엇과 관계가 있다."

여기서 귀기울이는 자는 선율(노래)을 들을 수 있다. 굴드의 개념 속에 그것이 들어 있었기 때문이다. 하지만 한 사람이 들은 음악과 또 다른 사람이 생각한 음악, 이 둘은 모두 같은 호흡·중단·구축과 재건으로 연결된다. 사실 굴드가 레가토를 거부했던 것은 아니다. 그러나 레가토는 그에게 피아노 음향의 질감 자체라기보다 이례적인 것이었다. 우리가 끊임없이 감동의 상태에 들어 있을 수는 없으며, 우리가 집착하는 것들이 반향을 전해 오기 위해선 배경의 초연함이 있어야 한다. 마찬가지로 레가토는 서로 연결되어 있지 않은 공간에서만 가치를 지니는 것이다.

16

굴드가 자신과 다른 사람들 사이에, 자신과 사물들 사이에, 그리고 자기 자신과의 사이에 두었던 차폐물을 열거하자면 수도 없이 많다. 우선 촉각적으로 감지되는 차폐물; 겹겹이 껴입은 옷, 장갑, 손가락이 나오는 장갑, 머플러, 마스크, 소매 없는 외투, 코트, 모피옷. 청각적 혹은 시각적 차폐물; 그는 전화로만 인터뷰를 허락했으며, 심지어는 자신의 비서와도 전화나 글로만 대화를 나누었다. 그리고 살과 피로 이루어진 인간들을 아직 만나고 있었을 당시에도 그는 그들의 눈을 똑바로 바라보지 않고 벽이나 천장 쪽으로 몸을 돌리곤 했다. 그는 아주 멀게 느껴지는 그런 사람이었고, 비디오·텔레비전·텔레폰·텔레카피·텔레파시를 좋아했다.

그렇다면 음악은?

1958년 가을, 그는 이스라엘에서 이스라엘 필하모니와 18일 동안 열한 차례의 연주회를 가졌다. 연주회가 있던 저녁, 카프카의 친구이자 카프카의 첫 전기를 쓰기도 한 막스 브로트는 연주회가 끝나고 굴드의 휴게실로 한 여자와 함께 찾아왔다. 여자는 독특한 이디시어 억양으로 말했다. "굴드 씨, 우린 벌써 여러 번 텔아비브에 선생님의 연주회를 들으러 갔었죠. 그런데 오늘 저녁의 연주는 뭔가 아주 달랐습니다. 선생님은 더이상 우리와 같은 사람이 아니었어요. 선생님은…… 마치 사라져 버리고 없는 것 같았어요."

　　바로 이 이스라엘 순회 공연 기간 동안, 흔히 굴드의 신화로 불리는 일화가 자리잡는다. 이 기간 내내 굴드는 그야말로 형편없는 피아노로 연주를 하여야 했다. (굴드는 이 피아노를 괴상망측하고 완전히 제멋대로인데다 자기 가고 싶은 대로 달려나가는 차라고 말하게 된다.) 어느 날 저녁, 그는 연주 곡목을 바꾸라는 통보를 받게 되었다. 곤란한 일이었다. 그는 이 제멋대로인 피아노에 맞추어 머릿속에 연주법을 새겨두고 있었기 때문이다. 그런데 새로 받은 베토벤의 〈2번 협주곡〉을 연주하려면 처음부터 다른 방법을 생각해 내야 했고, 새로운 터치를 발견해야 했다. 오후의 리허설에서 굴드는 피아노를 감당해낼 수 없었으며, '엉망진창으로' 연주를 했다. "나는 피아노의 수준에 맞추어 연주했다"라고 나중에 굴드는 말하게 된다. C 장조 음계조차 정확히 연주할 수 없을 지경이었다. 그는 헤르 즐리야의 바닷가로 피신하기로 마음먹고 모래언덕을 따라 차를 몰면서 자신이 알고 있는 가장 아름다운 연주 경험을 머릿속에서 재조합해 내기로 했다.

그는 작달막하고 나지막한, 양옆이 거의 네모난 자신의 낡은 치커링을 떠올렸다. 어린 시절에 연주하던 그의 피아노, 호수와 무한(無限)의 피아노를 이제 그는 사막과 모래의 피아노로 재생시켜 놓고 있었다. 그는 차 안에서 꼼짝 않고, 3개월도 넘게 떠나와 있는 자신의 집을 상상했다. 그 집의 살롱, 벽, 장식, 그리고 피아노 주위의 모든 것을. 그리고 바다를 바라보면서 보이지 않는 형상, 건반 위에 난 손가락 자국을 찾아냈다. 상아의 차가운 감촉과 건반이 눌러질 때의 저항감이 뒤섞인.

그는 저녁 연주회 시간까지 이것을 마음속에 간직하고 있었다. 그리고 제어할 수 없는 이 짐승의 세력을 피해, 자신이 듣는 대로 연주해 나갔다. 피아노의 실제 조건에 좌우되지 않고, 자신의 기억이 열어 보이는 것들에 따라 손가락을 움직였다. 마침내 그는 일종의 거리감, 초연함에 도달할 수 있었다. 단지 이 끔찍한 악기에 대해서뿐 아니라 악기로 연주되는 음악에 대하여, 또 피아노가 지니는 현재와 과거의 모든 영상들에 대하여. "소리는 아주 작았으며, 거의 없다고 해도 좋았다"
라고 그는 말하게 된다. "나는 놀랐으며, 좀 두렵기까지 했다.
그리고 내게 악기와 주고받는 다른 관계를 부여하고 나를 인
도한 것은 손끝에 느껴지는 터치의 또 다른 영상임을 알게 되
었다." 그가 베토벤을 연주하고 나서 막스 브로트와 함께 온
여자에게서 들은 말은 그를 더없이 기쁘게 했다. 그녀는 "내
가 이제껏 들은 모차르트 중 가장 아름다운 연주였습니다"라
고 말했던 것이다.

그가 처음으로 대위법을 접하게 된 것은 12,3세 때였다.
바흐가 아니라 모차르트의 C장조 푸가 K.394를 통해서였다.
어느 날 그가 이 곡을 치고 있는데 갑자기 가정부가 피아노 옆
에서 청소기를 틀었다. 그러자 자신이 연주하는 소리가 더이
상 들리지 않게 되었다. 하지만 그는 곧 이 상황의 이점을 발
견했으며, 그순간 자신이 하고 있는 것이 무엇인지를 직감했
다. "촉감으로 느낄 수 있는 이 푸가의 현존은 손가락의 위치
로 표현되지만, 또한 우리가 샤워를 할 때 얻을 수 있는 그런
종류의 음향으로 표현되기도 한다. 젖은 머리를 흔들 때 양쪽
귀로 물이 흘러나오면서 나는 소리. 그것은 상상이 미치는 한
가장 근사하고 가장 자극적인 무엇, 가장 특별한 소리였다."

이렇게 모차르트와 자신 사이에 차폐물을 설치하자 푸가가 형태를 갖추고 상승했다. "나와 예술 작품 사이에 기계적인 과정이 끼어드는 것은 좋은 일이다"라고 그는 나중에 말하게 된다. 음악이 그를 흡수하지 않도록 하기 위해서였을까? 아니면 육체와 사고 간에 차폐물이 존재하도록 하기 위해서였을까?

굴드는 이따금 피아노가 진정한 그의 악기는 아니라는 생각을 한 것 같다. 1942년에서 1949년 사이에 그는 오르간을 공부했다. 부모는 그것이 더 위험부담이 적고, 청교도적 전통에도 가깝다고 보았던 듯하다. 1945년 12월 12일(그의 나이 13세 때), 토론토 오르가니스트들의 친선기관인 카자반트협회 주최로 이튼 홀에서 열린 연주회에서 그가 처음으로 대중 앞에 선보인 것도 오르간 연주였다. 나중에 1970년부터 1977년 사이에 이루어지는 컬럼비아사의 음반 녹음도 같은 연주홀에서 이루어졌다. 연주 곡목에는 멘델스존의 마지막 〈오르간 소나타〉의 두 악장과 뒤뤼의 〈협주곡〉, 바흐의 〈푸가〉 g단조와 두 차례에 걸쳐 녹음된 바흐의 〈프렐류드〉가 들어 있었다.

거대한 오르간을 다루는 어린아이의 모습은 상상이 간다. 토론토의 〈이브닝 텔레그램〉은 그의 '눈부신 기교'와 '직관적인 해석'에 대해 언급했다. 홀쭉한 키에 미소를 띤, 매력이 넘치는 이 소년에게서 '천재'를 발견했다고 믿은 기자의 한마디는 이러했다. "그는 오르간이 요구하는 존경어린 태도로 그것을 다룬다."

당시에 굴드는 음악학교 동료들이 피아노로 편곡된 바흐를 연주하는 것을 경멸했다. (그후 1962년에 녹음된 〈푸가의 기법〉의 처음 아홉 개의 푸가를 제외하고는 그 자신도 평생 그렇게 할 것이면서.) 하지만 그의 오르간 연주는 듣지 않는 편이 낫다. 1957년 모스크바에서 열린 독주회에서 그가 피아노로 연주한 몇몇 푸가의 엄격성에 비해 이 푸가들은 믿을 수 없을 만큼 느슨한 느낌을 준다.

그렇다면 클라브생에 대한 굴드의 태도는 어떻게 설명될 수 있을까? 자료로 남게 될 방송을 위해 텔레비전 스튜디오에서 〈평균율 클라비어곡집〉의 몇몇 푸가를 클라브생으로 연주하면서 그 혐오감을 어떻게 견디어 낼 수 있었을까? 자신의 피아노의 기계적 제어에 대해 그토록 까다로웠던 그가 말이다.

그가 믿기에 피아노가 클라브생보다 유리한 점은, 피아노는 클라브생처럼 자신의 모습을 대번에 명백히 드러내지 않는다는 점이었다. 솔직하고 선량한 기계장치인 클라브생은 우리가 그에게 기대하는 바를 신비도 투쟁도 없이 완수하고 반응해 온다. 하지만 피아노와는 타협하지 않으면 안 된다. 피아노는 피하고, 저항한다. 굴드는 피아노가 다음과 같이 말한다고 본다. "네가 정확히 무엇을 원하는지 내가 알려면, 너는 아주 분명한 분석적인 개념을 가지고 내게 접근해야 한다. 그렇지 않으면 나는 더없이 추잡한 것이 되어 버릴 것이다." 피아노는 대답하지 않고 질문한다. "이것이 정말 네가 바라는 것인가?"라고 물으면서 그 너머로 나아가도록 다그친다. 굴드는 피아노의 이같은 점을 좋아했다. 그의 방해물은 바로 자기 자신이었던 것이다.

한번은 굴드가 19세 때 토론토 부근의 킹스턴에서 연주하기로 되어 있었다. 곡목은 베토벤의 〈소나타〉 작품 제109번, E장조였다. 그런데 연습을 하다가 마지막 악장의 몹시 까다로운 다섯번째 변주에서 만족스런 운지법을 찾지 못한 채 막혀 버리고 말았다. 그러나 최후의 수단을 동원해 해결책을 발견했다. 우선 외적인 방책으로서 두 대의 라디오를 최고 볼륨으로 틀어 놓았다. 그리고 피아노 자체에 대해서는, 왼손으로 아주 강하게 악절들을 연주해 나가면서 가능한 한 반(反)음악적 방식으로 강약의 위치를 바꾸었다.

이 두 가지 수법 모두 오른손의 연주로 들리는 음악을 약화시키는 효과를 가져다 주었다. 이렇게 해서 그는 "우리가 더 이상 들을 수 없게 되면 우리의 연주가 실패라는 증거도 찾을 수 없다"라는 교훈을 얻게 된다. 하지만 분명 이것이 진짜 이유는 아니었다. 그보다는 촉각적인 것과 청각적인 것 사이의 관계를 끊어야 했다. 소리와 사고의 관계를 긴밀케 하기 위하여, 또 사고의 고뇌에 촉각적이고 청각적인 형태를 부여하기 위하여.

음악을 연주하기 위해 연주된 음악을 듣지 않기. 자신의 연주를 듣지 않기. 침입해 들어오는 외적인 것에 힘입어 자신으로부터 분리되기. 자기 중심에서 벗어나기. 자신을 둘로 나누기. 나쁜 연주, 반(反)음악, 말하자면 잡음을 주변 환경에 투사하기. 이 모두가 그를 가로막고 있던 장애물을 제거해 주었다.

라디오를 끄고 굴드가 다시 텍스트로 돌아온 순간, 그곳에 음악이 있었다. 이번에도 역시 비물질적인 추상이 아니라 (그가 청각적인 것을 망각하려 했다면 소리가 안 나는 피아노를 사용했을 테니까) 또 다른 물질, 가장 적대적인 물질에 의한 물질로의 회귀가 문제되었다. 이스라엘 사막에서 굴드가 자신의 피아노를 기억으로 찾았을 때와 마찬가지로 그는 또 다른 사막에 있었다. 손가락을 움직여서는 안 되었다.

앞서 말한 두 가지 수법 모두 경험된 것은 지적인 무엇이 아니었다. 이 경험에는 곡을 연주하기 전에 작품을 그 구조 속에서 상상하기 위해 사고가 필요로 하는 '한발 물러섬'이 들어 있지 않았다. 이 경험은 감각적인 인지에 제한되었다. 그런데 모든 해석에 필요한 개념적 물러섬에는 소리의 초월성이 첨가된다. 직접적인 가까운 소리로부터 존재하지 않지만 갈망하는 소리, 상상력이 지향하는 소리로 건너가지 않으면 안 되었다. 실제로 들리는 소리의 장막을 뚫고 들어가 그 뒤에 있는, 기억된 소리의 잔여물들을 접해야 했다. 즉 음악을 건드려야 했다. 이때 소리는 먼 대상, 잃어버린 무엇이다.

굴드는 음악에 대해 청교도적이라기보다는 신비적인 개념을 지니고 있었다. 거의 불가지한 이 음악에, 우리는 그 양 기슭인 잡음과 침묵을 통해서밖에 접근할 수 없는 것이다. 사막, 아니면 요란한 소음 속에서, 오로지 왜곡되고 결핍될 수도 있기에 그처럼 강력하게 존재하는 무엇으로서 음악을 정의내려야 한다.

1963년, 1964년에 무대에 싫증이 난 굴드는 완전히 다른 경험을 시도하여 여러 대학에서 강연을 하게 된다. 신시네티, 토론토, 헌터대학과 보스턴의 가드너 박물관 등지에서였다. 1964년 6월에 토론토대학은 그에게 명예박사 학위를 수여한다. 관례대로라면 굴드는 수여식에 참여하면서 작은 연주회를 마련했어야 할 것이다. 하지만 그는 '음반 녹음의 전망'에 관한 강연을 하겠다고 했다. 같은 해 11월 11일 졸업식날, 같은 청중 앞에 다시 서게 된 그는 다소 생경한 강연을 했다. "현재 여러분이 가지고 있거나 가지게 될 지식의 모든 양상들은 존재하지 않거나 혹은 존재하지 않는 것처럼 보이는 것, 부정(否定)과 관계를 맺음으로써만 가능하다는 사실을 잊지 않도록 하십시오. 인간에 대해 말할 때 가장 놀라운 점, 그의 광증과 야만성을 용서할 수 있는 단 한 가지 사실은 그가 존재하지 않는 것에 대한 개념을 발명했다는 점입니다." 굴드는 음악을 부정어로 묘사했다. 자신을 내주지 않기. 누구도 소유하지 않기. 보여주지 않기. 기울어지지 않기. 강요하지 않기.

그는 또한 음악을 두려움의 원천, '과학 중에 가장 덜 과학적인 것, 실체 중에 가장 실체를 지니지 않은 것'이라고 묘사하며 다음과 같이 말했다. "하지만 그 누구도 우리에게 말해 줄 수 없을 것입니다. 이처럼 과학적이지도 못하고 실체를 지니지도 못한, 우리가 음악이라 부르는 이것이 왜 우리를 감동시키고 그처럼 깊은 영향을 미치는지를."

이 강연중에 굴드는 '소멸'이라는 말을 한번도 사용하지 않았지만, 그가 말하려 한 것은 바로 이것이었다. 부정, 공허 위에 음악은 부각되며, 자신과 무(無) 사이에 얇은 벽을 형성한다. 어쩌면 그 순간 그는 11세 된 아이를 떠올렸는지도 모른다. 베토벤의 〈4번 협주곡〉을 멈추지 않고 들으면서, 전축 바늘이 78회전 음반 중앙으로 접근하며 그 면의 종말로 다가갈 때 맛보는 이 고뇌의 순간을 아이는 몹시 사랑했었다. 4분 25초의 운명의 시간이 지나간 다음 갑작스레 음악 속에 뚫리는 공백, 음표들 사이의 이 작은 죽음.

굴드는 악보 출판사측이나 연주자들이 악보에 필수적이거나 바람직한 운지법을 표시해 놓는 것을 몹시 싫어했다. 1981년 그는 자신이 12세 때 처음 연주했던 베토벤의 〈4번 협주곡〉의 악보를 찾아냈는데, 음표들 위아래로 숫자와 표시들이 잔뜩 들어가 있는 악보를 보고 처음엔 운지법을 표기한 것인 줄 알고 깜짝 놀랐다. 하지만 그건 음악원 친구들의 전화번호들이었다. 굴드의 악보엔 운지법이 한 군데도 들어 있지 않았으며, 그가 가장 열심히 연습했었을 이 악보도 마찬가지였다.

그가 죽기 전 마지막에서 두번째로 녹음된 음반은 브람

스의 〈발라드〉 작품 제10번이었다. 그는 이 곡을 연습하거나 초견으로 연주해 보지 않았으며, 첫번째 발라드를 제외하고는 연주를 듣지도 않았다. 단지 몇 주 동안 악보를 읽는 데 그쳤으며, 그후 녹음이 있기 15일 전부터 하루에 두 번씩 연주했다.

손가락과 곡의 즉각적인 만남에 장애가 될 수 있는 모든 것에 대한 불신 때문은 아니었다. 반대로 그가 거부했던 것은 신체의 무의식적인 자동성이었다. 아직 전개되지 않은 텍스트의 정신적인 형상을 너무 악기에 의거해 바라보아서는 안 되었던 것이다. 이렇게 본다면 강요된 운지법은 생각을 차단하고, 열린 착상이 떠오르는 것을 막는 셈이다.

분리를 이처럼 소중히 여김은 초연(超然)의 또 다른 형태인데, 그는 이것을 손가락의 터치와 그로 인한 음향의 창출을 분리시키는 방법으로 삼았다. "새 악보를 받아 재빨리 터치를 익혀야 할 필요가 있을 때마다 나는 청소기의 효과를 조성해 놓는다. 상반되는 소리를 내는 온갖 잡동사니들을 가능한 한 피아노 곁에 가까이 두고서."

굴드는 치과의들이 행하는 이상한 실험에 대해 익살스럽게 이야기하곤 했다. 통상적인 마취의 수단을 쓰지 않은 채 환자에게 단지 그가 좋아하는 음악을, 하지만 일종의 '화이트 노이즈'로 포장된 상태에서 듣도록 하는 것이다. 그러면 환자는 음악을 듣기 위해 소리와 싸우는 과정에서 자신의 고통을 잊게 된다. 이 방법의 효율성은 별로 중요하지 않다. 하지만 굴드에겐 이것이 일종의 개인적인 비유가 되어, 음악과 고통의 관계를 생각하도록 해주었다.

피아노에 대한 그의 '비심미적인' 개념, 그리고 피아노가 손가락과 귀에 주는 쾌감에 대한 거리감. 이것들 속에는 분명 암암리의 '마취' 차원이 들어 있었다. 감각의 쾌락뿐 아니라 그 이면인 고통까지도 무시하게 되는. 치과적 방법의 경우는 신체의 고통이지만, 음악의 경우는 정신적인 고통에 해당되는 것이다.

그런데 양쪽 다, 방법상 사용되는 차폐물은 하나가 아니라 둘이었다. 잡음이 음악을 은폐하고, 음악이 고통을 은폐하는 식으로. 여러 음이 겹쳐져 스스로 무효화되며, 또 서로를 무효화시키면서 야기되는 화이트 노이즈.

요컨대 굴드도 음악(고통을 잠재우지는 않지만 그것에 형태를 제공하는)에 도달하기 위해 두터운 잡음을 통과하는 이런 방법을 썼다. 여기서 잡음이란 전통적인 해석 방식이라든지 상투적인 표현, 터치, 운지법 등이었다. 이처럼 차폐물을 사용해서 음악을 노출시키는 방식을 그는 끊임없이 시도하게 된다. 그를 음악으로부터 분리시키는 소리, 형상, 기억(낡은 치커링)을 일종의 감각과민증으로 축적해 하나의 덩어리로 만든다. 그리고 그 속에서 최소한의 것을 자신의 가위로 끄집어내는 것이다. 육신의 최소한의 현전에 도달하기 위해, 음악 속으로 흡수되기 위해 더 많은 육신에 의존한다는 식으로.

정신분열증 환자 볼프슨을 언급하기로 하자. 그는 단지 자기 어머니가 하는 말을 듣지 않기 위해서 자신의 모국어를 변형해 놓는 아주 교묘한 방편들을 이용했다. 그 역시 라디오 이어폰과 외국 서적, 단어의 차폐물들을 동원했다. 어쩌면 굴드의 연주와 피아노 음향 간의 관계는 볼프슨에게 있어서 언어적 고안물들이 언어와 갖게 되는 관계와 같은 것인지도 모른다. 말하자면 '병에 걸린 심술궂은 물질'에 대한 승리라고나 할까?

볼프슨이 모국어(영어)의 단어와 구문들 대신 분리된 조각들로 이루어진 새로운 언어를 들여 놓았던 것처럼, 굴드는 씌어진 음들 대신 다른 음들을 들여 놓았다. (같은 음들이지만 달리 연주되고 변형된.) 양자 모두 해석이라는 방식을 거친다. 원텍스트의 구성 요소들과의 등가물을 찾으면서도 구문의 뼈대는 보존하는 식으로. 이들은 구문이 아니라 어휘를 바꾸어 놓는다. 볼프슨처럼 그 역시 의미 작용을 하는 행을 만드는 데 천재적인 '조립공'이었다. 그의 녹음들은 조립물들이다. 열세 번째 연주의 3소절이 두번째 연주의 음색이 좋지 못한 한 옥타브를 벌충해 주며, 각각 다른 여섯 개의 연주를 접합시켜 한 개의 악구를 만들어 내는 식으로. 볼프슨이 프랑스어의 한 관사와 스페인어 부사 사이에 세 개의 러시아 단어를 접합시켜 놓았듯이. (텍스트에 가해진 이 무한히 작은 분할과 상처·유착은 두 경우 모두 언어의 임의성——사고(思考)는 여기서 죽음의 불가피성이 견딜 수 없이 구체화되는 것을 깨닫는다——으로부터 해방되기 위한 시도들이 아닐까?)

간파하기가 좀더 어려운 또 다른 차폐물은 실제 악보의 대체물로 사용된 일종의 상상의 악보——악보의 활자에서 돌아서서 그 정신을 만나기 위한——였다. 예를 들면 자신이 편곡한 바그너의 〈지그프리트 목가〉를 연주할 때 그랬다. 굴드는 바그너가 예민한 피아노 감각(그 울림과 한계에 대한 감각)을 가졌다고 상상하면서, 마치 바그너가 피아노의 특징이 아닌 것을 가지고 피아노를 위해 그 곡을 만든 것처럼 연주를 했다. 스스로 바그너(위대한 관현악 편곡자)가 되기도, 또 바그너가 아닌 것(피아노 작곡가)으로 변모하기도 하면서 연주를 했다. 굴드가 음반으로 남겨 놓은 것은 바로 이 상상의 악보이다. 실제로 편곡된 곡들(리스트가 편곡한 바그너의 곡들)이나 굴드 자신이 편곡한 곡들(그는 피아노곡은 거의 쓰지 않은 시벨리우스와 슈트라우스의 곡 대부분을 편곡했다)이 아니라 해도, 굴드의 거의 모든 연주는 마치 편곡처럼 들린다. 상상의 피아노를 위하여 악기의 재질이 늘 바뀌고, 부정되고, 옮겨지고, 승화된다. 이 상상의 악보는 실제 악보보다 더 사실적이다. 청소기나 최고 볼륨으로 높여둔 라디오의 소음 뒤편에서 그가 만나는 상상의 소리들이 더 듣기 좋은 것처럼. "내면의 귀는, 외적인 관찰에서 유래하는 그 무엇보다도 훨씬 강력한 자극물이다"라고 그는 쓰고 있다.

그는 잊혀지지 않는 음악적 경험을 하게 된다. 베를린에서 카라얀이 지휘한 시벨리우스의 〈5번 협주곡〉을 들었을 때였다. 그때 굴드는 청중석에 앉으려 하지 않았으며, 무대 쪽으로 나 있는 녹음실의 유리 칸막이벽 뒤편에 피신해 있었다. 1960년 1월에는 토론토에서 열린 아르튀르 루빈스타인의 연주회에 참석했었다. 혐오감에 사로잡힌 그는 무대 위쪽으로 올라가 연주를 듣지 않고 무대 뒤편과 복도 사이를 헤매고 다녔다. 연주를 마친 루빈스타인이 그에게, 왜 오케스트라석 의자에 자리를 잡지 않았는지 묻자 굴드는 "아닙니다. 전 항상 무대 뒤편이나 멀리서 듣는 편을 좋아합니다"라고 대답했다.

음악은 분리시킨다. "음악의 동강들이 내 정신 속으로 뚫고 들어오면 나는 신기하게도 나 자신과의 접촉점을 잃고 대화로부터, 또 내 주위에서 일어나는 모든 것에서 초연해진다"라고 그는 말했다. 아마 그렇기 때문에 아무것도 그를 음악으로부터 떼어 놓아서는 안 되었다. 청중도, 악보도(굴드는 악보를 보고 연주하는 것을 몹시 싫어했다), 악기도. 심지어 마지막 차폐물인 소리조차도.

피아노를 연주하는 사람이라면 누구나 굴드가 느꼈던 이 유혹을 받을 때가 있다. 나보코프의 소설에서 루진이 체스를 두듯 피아노를 연주하겠다는 생각. 비물질적이고, 감지되지 않고, 존재하지 않는 것과만 관계한다는 생각. 루진이 체스판 없이 체스를 두려고 했던 것처럼, 굴드는 피아노 없이 피아노를 연주하려고 했다.

그는 글을 통해 이 거절당한 정열의 흔적을 내비치기도 한다. 슈나벨의 연주를 두고는, "피아노 고유의 속성들을 거의 도외시하려는 의지를 좋아한다"고 말했다. 그렇다면 피아노는 굴드의 무의식이었을까? "나는 거의 연주를 하지 않는다. 한 달에 한 번, 한두 시간 정도 연주한다. 접촉을 유지하기 위해서. 그래도 이따금 피아노를 건드려야 할 때가 있었다. 그렇지 않으면 잠을 제대로 이룰 수 없으니까"라고 언젠가 그는 털어놓았다.

하지만 그가 피아노의 적이었다면 시벨리우스가 '건반의 결에 거슬러' 작곡하지 않은 점을 칭찬할 수 있었을까? 그의 〈소나티네〉 작품 제67번의 독특한 구조를 좋아할 수 있었을까? 이 구조만이 말할 수 있는 것, 찢긴 내심을 피아노에 내맡길 수 있었을까? 후기 낭만주의가 바랐음직하게 이 곡을 오케스트라의 대용물로 삼지 않고, 있는 그대로의 곡의 구조를 좋아할 수 있었을까?

혹시 굴드가 이 악기에 대한 고통스런 육체적 집착을 다른 이들에게, 또 자기 자신에게 은폐하기 위해 자신도 모르게 '피아니스트 방송인'이라는 체제를 구축하지는 않았는지 의문을 제기할 수도 있겠다. 굴드는 분명 자신의 피아노에 '거슬러' 연주했지만, 또한 '바싹 다가앉아' 연주하기도 했다. 그는 피아노의 내장과 교활한 심술, 자극적인 유혹에 대한 지식을 소유하고 있었다.

이따금 내면에서 고통받고 있는 것(피아노가 아니라)과 하나가 된 굴드를 문득 발견하게 되는 순간이 있었다. 그 옛날 심코 호수에서 낚인 고기의 팔딱이며 요동치는 무지갯빛 복부 밑에 형언할 길 없는 무엇이 빛났던 것처럼. 한순간 그는 이 불가능, 이 절망이 되었다. 혹은 반짝이는 스타인웨이, 반들거리는 그 건반들, 그리고 이 어둠, 헤아릴 길 없는 무엇을 바라보면서 그는 호수 자체를, 교체되는 그림자들을 보고 있었다. 물 속에 던져진 그물들의 코르크 부표의 고요한 소리로 가슴속에 구멍이 뚫린 채. 어둠 속을 뚫고 나오게 될 무엇에 대한 희망과 두려움을 동시에 안고서.

17

    1957년 3월의 어느 날, 굴드는 조지 셸이 지휘하는 클리블랜드 오케스트라와 베토벤의 〈2번 협주곡〉을 연주하고 있었다. 그는 베토벤의 〈협주곡 1번〉이나 모차르트의 곡을 연주할 때처럼 소리를 덜 투박하고 투명하게 만들기 위해 약음기를 많이 사용했다. 그러나 이같은 방식을 마뜩찮게 여긴 셸은 연주를 멈추고 말했다. "굴드 씨, 왜 약음기 페달을 사용하는지 알 수가 없군요. 그럴 필요가 없는데. 아주 여성적인 소리가 되어 버리잖습니까." 그러자 굴드가 대답했다. "셸 박사님, 저는 아주 가는 소리, 말하자면 긴장을 완화시키는 소리가 더 좋습니다. 좀더 크게 연주하라시면 그렇게 하겠습니다만, 그래도 약음기 페달은 밟은 상태에서 하겠습니다."

    초연함의 빛깔은 무엇일까? 굴드는 색을 싫어했으며, 화려한 빛깔의 방에서는 일을 할 수도, 분명한 생각을 할 수도 없었다. 회색과 암청색을 간신히 견뎌낼 수 있을 정도였다. 햇빛은 그를 울적하게 만들었다. 너무 눈에 띄는 연주회는 거절했다. 솔리스트의 노출증, 청중의 엿보기 취미라고 그는 말하곤 했다. 색채(음색, 기악편성)는 악보가 선으로 그려 놓은 구조를 현실화시켜 들리도록 하는 수단에 불과한, 그런 음악을 그는 특히 좋아했다. 색채의 음악과 구조의 음악을 이처럼 대치시킴으로써 그는 모차르트를 탈색시키는가 하면, 유일한 구조와 유일한 존재 이유가 색깔인 음악들(바르토크, 스트라빈스키)을 혐오하게 되었다. 그는 두 가지 개념이 상반된다고 보았다. 즉 음색—악기—쾌락—연극성이 있는가 하면, 반대편에 형식—문자—사고—사색이 있다고. 그는 상상의 음질을 원했으며, 존재하지 않는 음을 찾곤 했다. 잃어버린 음이 아니라, 부재하는 음을.

그래서 심지어는 음악과 음, 이상(理想)과 피아노를 서로 배제시키기에 이르렀다. "음악에 대한 초월적 촉감의 경험과 전진의 개념이 있어야 한다. 피아노가 연주하는 것이 음악에 방해가 되지 않도록. 내 자신의 경우엔 이에 도달하기 위한 방법이 대부분의 시간을 피아노와 떨어져 지내는 것이다. 어쩌면 어려운 일일 수도 있지만. 때로 우리는 그것이 어떻게 울리는지 듣고 싶어지니까…… 완벽한 분석은 피아노와 거리를 둠으로써만 가능하다."

피아니스트들은 저마다 색채와 선에 대한 자신만의 감각을, 여러 가치들을 솔페지오의 감각이 아닌 화가의 감각에 따라 대치시키는 방식을 지니고 있다. 굴드는 지속성에 대한 작업을 하면서 자신만의 언어에 하나의 원칙을 결정적으로 표출하게 된 것 같았다. "이곳에서 시간은 공간이 된다"는, 바그너가 〈파르지팔〉의 기본 미학으로 삼았던 원칙이었다. 굴드가 연주하는 모습을 보고 있노라면 자신의 갱도를 파는 광부, 혹은 가장자리를 둥글게 다듬는 조각가가 생각난다. 울림을 지닌 재료를 가지고 하는 작업. 다시 시작하거나 회복이 불가능한 작업이기에 그처럼 아슬아슬하면서도 동시에 단호해 보이는 몸짓. 누군가 재료를 만져 구성하고, 거기서 소중한 것들, 또 불순물이 제거되고 난 뒤의 미의 파편들을 추출해 내고 있다.

전압계의 도움을 빌려 그런 대상을 멀리하거나 접근시키는 녹음 기술은, 분석적인 투명성을 찾는 음악의 촉각적·공간적 개념을 공유한다. 즉 색채가 입체감을 인지하는 데 방해가 되어서는 안 된다는 것이다.

굴드는 색채가 주요 표현 수단인 그런 피아니스트가 아니다. 1959년 잘츠부르크에서 녹음된 〈골트베르크〉, 또 그가 연주한 브람스의 〈협주곡 1번〉은 간결하고 빈약한 팔레트로 이루어져 있다. 회색의 색상. 하지만 필요하다고 여겨질 경우에는 음색에 뉘앙스를 줄 줄도 알았다. 1968년 1월말에 녹음된 스크랴빈의 〈소나타 3번〉은 검정과 금회색의 미묘한 색상속에서 움직인다.

실제로 그는 삼차원의 영역에서 작업을 했다. 하나의 프레이징에서 표현된 것(〈파르티타 6번〉과 〈골트베르크 변주곡〉 '아리아'의 첫 부분)은 선과 색채의 관점이 아닌, 공간 속에서의 기하학과 시간의 곡선이라는 관점에서 이해될 수 있다. 마찬가지로 페달을 사용하지 않음으로써 음은 연장되지 않고 건반에서 손을 떼기가 무섭게 소멸되지만, 대신 공간 속에 각인된다. 또 이 공간·층·깊이에 대한 인식이 시간의 작용으로 은폐되거나 변질되는 일도 없다.

굴드는 불가능한 무엇을 추구하고 있었다. 〈골트베르크 변주곡〉을 두고 그가 음악의 '무형성'이라고 지칭한 그것이었다. 그가 보기에(아니면 실제로) 음악은 양극단 사이의 긴장이다. 대수의 복잡성과, 더 큰 초연을 지향하는 사고의 움직임. 그리고 음들 속에 감추어진 확고부동한 기반. 더이상 무슨 말을 해야 할지 모르겠다. 굴드가 확신했듯이 피아노 앞에 앉자

마자, 음악이 모습을 갖추자마자, 유한한 공간이 음악을 삼켜 버린다고, 결함과 결핍·실추가 불가피하다고 믿어야 할까? 아니면 굴드의 연주를 듣고 내가 확신하듯이, 이같은 타락 속에서만 무언가가 존재하기 시작하는 것일까?

음악이란 무엇일까? 엄청난 긴장 상태를 겪고 있는 현들, 가죽의 늘어남, 금속 관 속에 갇힌 바람기둥, 호흡으로 진동하는 관악기의 혀. 물질의 이 모든 수학적인 떨림은 단지 일정한 진동수에 따라 약간의 공기를 이동시키기 위한 것이다. 그런데 이 하찮은 것이 '이미'와 '아직'을 들리도록 만들고, 공간의 미세하고 거대한 흔들림을 야기한다.

굴드가 바흐를 좋아한 이유를 더 잘 이해할 수 있게 된다. 바흐는 건반악기를 초월하고, 어떤 악기로도 연주될 수 있기 때문이다. 음악은 악기를 부정해야 하고, 신을 섬기는 자가 신에게 초연하듯이 악기에 무관심해야 하는 것이다. 피크를 마찰시키고, 망치를 두드리고, 바람을 불어넣어 음관(音管)이 열리는 데서 음이 생겨난다고 해도 음악은 다른 곳에 존재한다.

실제로 악기가 갖는 제한들은 곡의 모든 다른 가능성들을 배제하고, 이상적인 것을 그것의 잠정적인 육화로 실추시킨다. 굴드는 베토벤의 〈협주곡 2번〉의 첫 악장의 음을 더 가

법고 더 예리하게 만들기 위해 우나 코르다로 연주했다. 그는 자신의 베토벤 녹음이 슈나벨의 녹음처럼 배음(倍音)을 지니기를 바랐을 것이다. 이에 대해 그의 음향 담당 기사는 "장거리 전화 때 수화기를 통해 들려오는 소리를 들으면 되겠군요"라고 대답했다. 음악을 통해 타인과, 또 자기 자신과 소통하는 굴드의 물리학과 형이상학의 본질을 꿰뚫은 이 답변을 나는 좋아한다. 나는 음악이 결국은 이것, 장거리 전화에 불과하다는 이 생각을 좋아한다. 우리는 연주를 하면서, 누군지도 모르며 전화를 한다. 자신의 내부에서 부르는 이가 누군지도 모른다. 멀리 있는 둘 사이의 단순한 공기의 진동. 두 존재를 만나게 해주는 작은 소리가 흐르는 선. 우리는 이들이 길을 잃었다는 사실말고는 이들에 대해 아무것도 모른다.

어떤 날엔 거리가 너무도 멀어 오로지 이 거리감만 남는다. 마치 고통이, 아니면 단지 전화의 의도가 아름다움과 차가움·격리에 힘입어 진정되기라도 한 듯이.

소리는 우선 아름다워야 할까, 아니면 참되어야 할까? 이것은 피아니스트들이 오래전부터 제기해 온 문제이다. 어떤 피아니스트들의 소리는 아름다우며(아라우, 루푸), 어떤 피아니스트들의 소리는 참되고(리히터, 페트리), 또 참되고 아름다운 소리를 지닌 피아니스트들(누바이스)도 있다. 굴드는 또 다른 문제이다. 그것은 존재하는 소리, 어떤 형용사로도 묘사될 수 없는 소리이다. 하지만 현실 세계를 초월한 이 소리는 악구의 밀도와 모순되지 않는다. 굴드가 음악에서 과육을 제거하기 바라는 것은 색채와 무관한 자체의 구조, 그 골조의 아름다움을 환한 빛 속에서 보기 위해서이다.

그의 연주를 듣노라면 그처럼 뚜렷한 비물질성에 불쑥 혐오감이 드는 것이 사실이다. 혹은 갑작스레 커지는 음성, 서투르고 고백되지 않은 또 다른 노래의 이 잔여물들에 신경이 쓰인다. 숭고한 것의 상처들인 이것들을 통해 우리는 다시 육신으로 내려온다. 그리하여 부활을 믿으면서 육신의 부활을 제외하는 것은 이단이라고 생각한다. 음향의 감옥에서 탈주하려는 것, 음악의 육신으로부터 탈주하려는 것은 미친 짓이라고 생각한다. 요컨대 흰 분필이 자기가 그리는 도형을 더럽혀 놓는 것이다.

18

굴드는 사람들이 성적인 것에 대해 언급하는 것을 좋아하지 않았다. 절대로 터놓고 성적인 접촉을 찾지 않으면서 깊은 친밀감이 느껴지도록 하는 바브라 스트라이전드의 감각을 그는 높이 평가했다. 그리고 "불레즈의 성적 기호(嗜好)라는 문제를 두고, 당치도 않은 무익한 탐구를 반복한" 조앤 페이저를 비판했다. 또 베토벤의 〈협주곡 2번〉에 대한 그의 강약법과 음색의 접근을 '여성적'이라고 꾸짖은 조지 셀을 절대로 용서하지 않았다. "그는 이 모든 일에서 성적인 의미를 생각한다는 느낌을 받았다. 나는 아무것도 눈치채지 못한 척하며, 다음과 같이 대답했다. 그렇게 생각하신다니 유감스럽습니다. 하지만 난 베토벤의 초기 작품을 그렇게 연주하지요." 그가 시벨리우스에게서 좋아한 점은 '반(反)관능적인 열정가'의 측면이었다.

굴드였다면 자신의 동료 피아니스트인 아르튀르 루빈스타인처럼 "연주를 하며 나는 성적인 사랑을 한다. 그 둘은 같은 것이다"라고 말하지 않았을 것이다. 그가 악기에서 멀리하려고 했던 점은 악기가 성을 가졌다는 특성(성적(性的)이라고는 하지 않더라도)이었다. 그는 피아노가 너무 장중하게 울리는 것을 좋아하지 않았으며, 악기를 뚜렷이 명시하지 않은 곡을 선호했다. 그래서 바흐의 〈푸가의 기법〉, 버드나 기번스의 〈파반〉, 리하르트 슈트라우스의 〈변신〉 같은 곡을 그는 "무성(無性)의 작품, 장르를 지니지 않아 오르간 혹은 인간의 목소리로도 연주될 수 있는 곡"이라고 말했다. 그는 장방형 스피넷을 좋아했으며, 거세된 클라브생처럼 울리는 피아노의 소리를 좋아했다. 또 〈봄의 제전〉의 빈정대고, 신랄하고, 짧게 끊어지는 사출을 좋아하지 않았다.

이따금 그가 심코 호숫가를 걸으며 맨발 아래 모래가 흘러가는 것을 느낄 때면, 넓게 퍼져 있는 고요한 빛 가운데에서 이상한 생각이 떠오르곤 했다. 자신이 죽은 사람이었으면, 올랜도 기번스처럼 수세기 전 이미 사라져 버린 사람이었으면, 무의식적으로 손가락이 더듬는 이 모래에 지나지 않았으면 하는 바람을 갖곤 했다. 그때 우리는 고통처럼, 저녁을 향해 천천히 올라오는 축축한 안개를 향해 눈을 든다. 아니면 피아노 앞에 앉아 이 회색의 지친 화음들, 우리가 붙잡아두기 바라는 이 하찮은 것들을 다시 찾아낸다.

그는 봄보다 가을을, 여름보다 겨울을 좋아했다. 그는 사물들이 조금씩 열기를 잃고, 빛깔이 엷어지면서 망각으로 돌아간다는 생각을 좋아했다. 하지만 그를 죽음에 몰두해 있는 자로 묘사한다면 잘못일 것이다. 다만 그는 죽음을 보다 부드러운 빛과 혼동하고 있었을 따름이다.

이 세상의 부와 존재들, 삶의 외적인 멋들을 탐하지 않았다고 해서, 또 그가 이런 것들을 손에 넣는 일을 경멸하는, 위로할 길 없는 어이없는 인간이었다고 해서, 그를 무기력하고 우둔한 존재로 볼 수는 없다. 그를 우둔하다고 본다면 그럴 수도 있겠다. 철이 드는 나이가 되면서 우리는 더이상 아무것도 이해하지 않으려 하며 삶을 보내게 되니까. 먹는 것은 천한 일이며, 죽음을 당한 살과의 조약이라는 것을. 섹스는 손과 건반의 평화로운 짝짓기가 아니고, 상대방이 피부 밑에 지닌 내면의 책을 갈가리 찢어 놓는 나쁜 욕구임을. 죽음은 행복한 이들이 위로를 되찾게 되는 것이 아니고, 단지 자신의 시신을 다른 이들의 손에 맡기는 특별히 추한 방법이라는 것을.

19

사망 이후 굴드에게 돌아간 그같은 격찬에는 어쩐지 역겹고 부당한 감이 있다. 물론 생시의 그를 둘러싸고, 무(無)가 되기 바라면서 그 자신만의 방식으로 그것을 선포했던 인간에 대한 '성인전(聖人傳)' 같은 것이 있기는 했다. 우리는 침묵에 대해 침묵을 지킬 줄 모르며, 지상에서의 체류 동안 매순간 욕구되는 어둠——예를 들면 페소아에게서 보는——과도 동떨어져 있다. 그리고 굴드가 영사기 밑에서 자신의 어둠의 선언을 되풀이했던 텔레비전 스튜디오보다는, 죽을 때까지 아무것도 발표하지 않은 시인이 자신의 비밀을 담아 바다 위에 띄운 장밋빛 나무 상자를 선호할 수도 있다.

그를 오로지 뒷이야기에만 관심이 있는 미디어 행태의 순교자로 보는 것은 잘못이다. 마찬가지로 우리의 머릿속에 그가 남겨둔 분명한 영상, 광고의 천재라는 이 영상을 과학적으로 빚어낸 조물주로 보는 것도 잘못이다.

　나라면 그를 낭만적인 이야기의 인물로 여기리라. 실제 형상이 조금씩 뒤집어져, 이야기가 그려낸 초상에 의해 완전히 사라지고 마는. 하지만 굴드를 잊기 위해 고안해 낸 수많은 방법을 막을 길은 없을 것이다. 우선 기억을 혐오에 부치는 기념제를 들 수 있다. 홀과 콘서트의 적이었던 그였는데, 벌써 우리는 연주홀에 그의 이름을 붙인다. 더없이 과격한 말로 음악 경연대회를 비난했던 그였는데, 벌써 우리는 글렌 굴드 피아노 콩쿠르를 제정해 놓고 있다. 그보다는 차라리 그가 나타남과 동시에 사라지고자 했던 이 검은 디스크들에 그를 남겨두어야 하지 않을까?

　존 키츠는 1817년 12월 21일, 동생 조지와 토머스에게 보내는 편지에 자신의 예술을 완성시키고자 하는 인간의 주요 자질은 "부정의 능력, 즉 사실들과 이성을 좇는 데 달려들지 않고 불확실성과 신비·의심 가운데 머무를 수 있는 능력"이라고 썼다. 굴드는 이 길을 알고 있었다. 그는 무(無)를 받아들였으며, 자신의 내부의 불명료한 것 속으로 내려가 이 부인할 길 없는 무엇에 한참 동안이나 속수무책으로 말없이 귀기울이는 데 몰두했다. 여기서 그가 끌어낸 음악의 놀라운 대상들은 에칭의 윤곽과도 같은, 비길 데 없는 밀도를 지닌 것이었다. 화해되지 않은 것, 미(美)의 탐색인 이 고통 없는 고통 속에 혼자 있을 수 있는 능력, 부정의 능력.

그는 밤을 너무나 좋아해서 밤의 매순간을 보고, 그 공동(空洞) 하나하나를 파헤치고 싶어했다. "조만간 나는 어둠 속에서 겨울 한철을 보낼 것이다. 꼭 그렇게 할 것이다. 북극권 너머에서 한겨울을." 여름철 태양 아래서가 아니라 겨울을 그렇게 보낼 것이었다. 겨울, 지속되는 밤. 그는 햇빛을 싫어해서, 자신의 아파트 덧창을 완전히 내리고 잠을 자곤 했다. 그는 토론토에서 살았다. 토론토는 밤과 익명의 도시였으며, 거기서는 한층 쓸쓸하게 고독의 열매들을 맛볼 수 있었기 때문이다. 수개월 동안 그의 곁에 있는 것이라곤 전화벨과 동시 녹음 조작대가 전부였다. 그의 피아노도 있었지만, 늘 있는 것은 아니었다.

피아노 앞에 앉은 그는 눈이 뒤집어지고 손으로 허공을 더듬는 장님, 아니면 어둠 속을 나아가는 사람의 모습이었다. 음악이 내면에서 빛을 던짐에 따라 그의 얼굴도 변했다.

그렇지만 그의 가장 아름다운 녹음들에는 처음부터 새벽의 빛이 스며 있다. 그러나 새벽도 밤의 한자락이다. 거기에는 오로지 밤만이, 오랫동안 그것을 바라볼 줄 아는 이들에게 열어 보이는 이 명철한 내면의 통찰이 있다. 음악 속에서 분명히 보기 위해, 그에게는 밤이 필요했다.

20

　굴드가 세상에 있기를 바라지 않았다고 해서 그가 세상을 벗어나 있었다는 말은 아니다. 이름도 얼굴도 없지만, 그래도 존재하는 사람들을 위해 연주를 하면서 그는 이 시대에 참여하고 있음을 느꼈다.

　최소한 우리가 말할 수 있는 건, 그에게 자신의 이미지에 대한 극도로 예민한 감각이 있었다는 점이다. 그가 처음으로 녹음한 〈골트베르크 변주곡〉 음반 재킷에, 댄 웨이너가 모든 앵글에서 잡은 바이런적인 영웅의 모습이 담겨 있지 않았다면 과연 이 음반이 그처럼 성공을 거둘 수 있었을지 의문이다.

　육신의 눈을 감고 정신의 눈을 여는 것은, 플라톤의 메타포가 묘사했던 오랜 꿈이다. 위그 드 생 빅토르가 이 메타포를 다시 취해 육(肉)의 눈과 사고(思考)의 눈을 대치시켰다. 굴드는 후자를 크게 뜨고 있기 위해 전자에서 돌아섰지만, 그래도 다른 한 눈, 욕구가 여전히 존재함을 알고 있었다. 어떤 황홀경도 혼을 육신과의 관계에서 완전히 해방시킬 수는 없다는 사실을 알고 있었다. 참은 내면과 일치하며 우리는 어찌 보면 내면에만 존재한다든지, 외관은 환상의 영역이라는 확신을 경계할 줄 알았다.

그에게는 보는 것과 듣는 것이 교묘하게 교차한다. 브루노 몽생종이 '음악의 길'이라는 제목의 연속물 속에 그를 등장시키려 했을 때, 굴드는 토론토-파리 간 전화로 커트, 앵글, 카메라의 움직임, 영상 배치에 대해 직접 이야기를 나누었다. 그는 전화를, 특히 밤에 이루어지는 통화를 아주 좋아해서 한번은 팀 페이지에게 "나는 장거리에서 삽니다. 수화기를 통해서는 사람들을 더 잘 볼 수 있습니다. 그들의 가면이 벗겨져 나가니까요"라고 말한 적도 있었다. 그리고 요나단 코트에 대해서도 "그는 내 친구입니다. 나는 그를 한번도 본 적이 없지만, 우리는 전화로 이야기합니다"라고 말했다.

한편 고의로 인위적인 방식을 사용한 그의 녹음들은 때로 소리에 대한 촬영이 되기도 했다. 1977년 3월 28일과 29일에 시벨리우스의 곡을 녹음할 때에도 그는 8트랙 녹음기를 사용해서, 몇 해 앞서 몽생종과 함께 스크랴빈의 〈프렐류드〉를 녹음할 때 이미 시험해 본 기술을 적용했다. 즉 마이크를 카메라처럼 취급해 가까이 혹은 멀리 두거나 하는 것이다. 때론 피아노 안, 현 가까이 두어 클로즈업시키기도 하고, 때론 원접 촬영으로 소리가 연주홀 맨 뒷줄에서 들리는 것 같게도 만들었다. 이렇게 해서 같은 주제를 '피아노'(여리게)로 연주하지 않고도 갑자기 아주 멀리서 들려오는 것처럼 할 수 있었다.

간결하고, 발전이 없고, 반복되며 오가는 악절들과 노래의 단편들 같은 소(小)형식들이 이어지며 전개되는 이 음악에 특별히 적합한 방식이었다. 이 녹음에서 음악은 가버렸다가는 붙들려 있는 듯싶다가 다시 떠나는 무엇이다. 지속되는 것과 흘러가는 것 사이를 잇는 가느다란 줄. 달아나 버리는 것. 광막한 북극의 잿빛 안개 속에 사라지고 마는 햇살의 짧은 순간. 소멸되는 빛 속에 간직된 불안정한 동요.

실제로 굴드만큼 '시각적'인 피아니스트도 없었다. 그에게 음악은 보이는 것의 반대가 아니고, 바라보고 명상할 만한 가치가 있는 유일한 것이었다. 연주회 저녁, 붉은 자단으로 만든 첼로나 여인의 옷에 주어지는 눈길과는 분명 다른 눈으로 응시하는. 그는 자신의 손가락과 자신의 사고로 음악을 바라보았다. 마지막 필름에서는 커다란 안경 뒤로 눈을 감춘 그의 모습을 볼 수 있다. 보기 위한 용도로 쓴 것이 아닌 안경. 그는 악보를 보지 않고 연주했으니까.

그가 연주를 할 때는 마치 무언가를 보도록 하는 것 같다. 그는 정확성에서 해방됨으로써 유사성을 고정시킬 줄 알았다. 굴드에게서는 횔덜린이 그 무엇보다도 갈망했던, '표현의 이 차가운 명료성'을 발견하게 된다. 이런 빛은 정열적인 소유의 반대가 아니다. 이 빛에서는 고요함과 절도는 찾아볼 수 없다. 그것은 강탈과 찢어질 듯한 고통이다. 그러면서도 차갑고 멀다. 신성한 것과의 접촉은 불, 불길도, 연기가 치솟는 광경도 내포하지 않는다. 굴드를 건드린 신은 횔덜린을 방문했던 신이다. 다시 말해 광란과 암흑의 신 디오니소스가 아니라 곧고 투명한 신 아폴론이다.

그의 몇몇 연주는 곡의 내면으로부터 발산되는 듯한 빛 속에서 세상의 경계에 놓여 있다. 물질로 이루어지지 않은, 두께도, 색깔도 없는 빛. 우리를 기다리지 않는 빛, 우리가 바라보기 전부터 존재하던 빛. (이것을 납득하려면 생 빅토르 신봉자들이 내세웠던 세속적이고 고통스런 루멘과 가난과 황홀경의 룩스의 대비를 생각해 보아야 할 것이다.) 굴드는 매 페이지마다 모르는 사람처럼, 질문하는 사람처럼 나아간다. 이 변조는 어디로 가는 것일까? 그가 확신에 찬 음악(바흐의 〈조곡〉)을 연주하지 않는 것은 아니지만, 그러나 그가 확신하는 바는 이 물음을 계속 간직하게 될 것이라는 사실이다. 그리고 때로 침묵이, 이 침묵이 따른다. 숨을 쉬기 위해서가 아니라 누군가 숨을 거두듯이. 자신의 내면에선지 외부에선지 모르게 불쑥 열리는 이 심연. 자체 내에 너무도 강렬한 빛을 지닌 음들이라 이 음들을 단지 그 이면에 자리잡은 동공의 번쩍임이라고 믿을 수도 있었을 것이다. 보이는 것과 보이지 않는 것 간의 절대적인 균형의 법칙에 따라, 사자(死者)들이 머무르는 곳에서 이 음들이 데려오고 회복해야 했던 어둠.

21

그는 북극을 사랑했다. 지도상에 위치한 북극과는 거의
관계가 없는 정신적인 풍경, 자아의 메타포. 접근 불가능하면
서 풍요로운 무엇, 얼음 밑 광산. 그의 은퇴는 수도자의 은둔
과도 같은 것이었다. 이와 비슷한 전례를 음악가의 삶에서 찾
아본다면, 〈8번 교향곡〉을 태워 버린 뒤 30년을 침묵한 시벨
리우스를 들 수 있겠다. 다른 이들의 마음에 들고자 하지 않
는 엄격한 작곡법, 간결하고 인색하며 어두운 주제로 이루어
진 대위법, 그는 시벨리우스의 이런 면모들을 좋아했다. 북극
은 또한 추위, 성(性)의 동결을 의미했다. 사물들을 더욱 투명
하게 만드는 추위였다. 차가운 공기는 눈에 보이는 것이 선명
한 윤곽을 지니게 하고, 열기로 흐려진 색조에 명확성을 부여
한다. 마찬가지로 굴드의 피아노의 선과 둥근 윤곽, 모서리들
은 얼어붙은 고장에서 동이 터올 때 용서 없이 쏟아지는 빛 속

에서 찬 손으로 그려진 것이다. 북극, 그것은 고립의 초월적인 균형성이다. 연주회를 갖지 않는 피아니스트였던 그는 생의 마지막 시기, 때로 자신의 차를 몰고 북쪽으로 곧장 달려 슈피리어 호수까지 가곤 했다. 거기서 그는 아무것도 하지 않고 지냈다. 여러 날, 여러 밤을. 그런데 어느 날 '나의 고장'이라고 부르던 이 얼굴 없는 북극으로 가던 도중 그는 라디오에서 페툴라 클라크가 부르는 〈나는 누구인가?(Who am I?)〉를 듣게 되었다. 17번 도로 위의, 바차와나와 테라스 만 사이, 어딘가에서였다. 캐나다 국영 방송의 지역 방송 송신이 약했기 때문에 차가 선회할 적마다 소리가 들리지 않곤 하더니 곧 완전히 끊어져 버리고 말았다. 대신 대기를 떠도는 펄프 공장 폐기물들의 냄새가 머리를 어지럽혔다. 그리고 이 노래는 다시 되풀이되었다.

앞선 도시에서 수십 킬로미터 떨어진 도시들의 방송 송신 지역권으로 들어설 때마다 페툴라 클라크는 자신이 누군지 묻고 있었다. 그녀의 음반이 성공을 거두고 있었던지라 어느 방송에서나 이 노래가 흘러나오곤 했던 것이다.

굴드는 자동차의 주행 속도를 조절해 매시간 이 노래를 들을 수 있었다. 한나절이 꼬박 걸리는 여행이었다. 마침내 그는 차를 멈추고 마라톤 포인트 호텔에 방을 잡았다. 피오르드

해안가, 한 도시의 오르막길 맨 끝에 자리잡은 가장 호화로운 숙소였다. 그 옆 제재소의 철책에는 '접근 금지'라는 게시판이 걸려 있었다. 호텔 방에서 그는 물론 잠을 이루지 못했다. 밤의 세력이 느슨해지고서야 몇 시간 눈을 붙였을 뿐, 그는 한잠도 이루지 못했다. 그저 이 노래가 좀 잠잠해 주었으면 하고 바랐는지도 모른다.

쇤베르트의 삶의 한 일화가 그를 매혹시켰다. 죽기 얼마 전 쇤베르크가 로스앤젤레스에서 한 강연회를 열었을 때였다. 강연회는 "나는 때로 내가 누군지 묻습니다"라는 말로 시작되었던 것이다.

어느 날 굴드는 슈피리어 호수 상류, 와와라는 소도시의 한 모텔에 혼자 묵고 있었다. 창밖의 어둠을 응시하다가 그는 푸르스름한 눈 위에서 느릿느릿 움직이는 품위 있는 한 실루엣을 보았다. 길 잃은 늑대였다. 누가 자신을 보고 있다는 데 완전히 무관심한 이 짐승은 어둠 속에서 걸어와 유리창까지 바짝 다가와선 그를 주시했다. 그는 종종 이 기억을 떠올리곤 했다. 어쩌면 어떤 반사된 이미지를 실제 모습으로 착각한 것은 아닐까, 자신에게 묻기도 하면서.

22

그는 어디에서 살고 있었을까? 그는 토론토를 사랑했다.
그리고 C.B.S.가 토론토에 녹음 스튜디오를 마련해 주어, 1970
년 이후로는 전처럼 음반을 녹음하러 뉴욕에 가기 위해 토론
토를 떠나야 하는 일도 없어졌다. 그가 토론토를 사랑한 것은
이 도시가 음악적 전통을 지닌 도시였기 때문이다. 1932년 9월
25일, 글렌 굴드가 태어났을 때 인구 1백만이 안 되었던 이 도
시는 음악의 요지였다. 교회들은 오르간과 합창의 전통을 고
수하고 있었다. 그곳에선 특히 헨델과 바흐를 들을 수 있었다.
뿐만 아니라 엘리자베스 여왕 시대의 음악과, 굴드가 몹시 좋
아하게 되는 튜더 왕조 시대의 위대한 작곡가들(올랜도 기번
스, 존 다울런드, 윌리엄 버드)과, 르네상스 초기 작곡가들의 음
악도 들을 수 있었다.

토론토에는 중요한 지휘자들과 음악가들이 살았다. 토론

토 심포니 오케스트라의 지휘자인 어니스트 맥 밀런 경, 힐리 윌런, 찰스 피커, 그리고 굴드의 오르간 교사였던 프레데릭 실베스터와 굴드에게 이론과 대위법을 가르쳤던 레오 스미스 같은 이들이었다. 굴드의 안내자들이었던 이들은 그가 연주가로 데뷔했을 때 함께 있었으며, 나중에는 굴드가 연주한 협주곡 콘서트나 텔레비전 방송 출연시 그의 곁에서 지휘를 맡았다.

하지만 그가 토론토를 사랑했던 것은 무엇보다 이 도시가 그에게는 일종의 비(非)도시였기 때문이다. 그곳은 도시가 제공하는 것, 접촉을 갖게 해주었던 것이 아니라 비밀과 은둔 생활을 가능케 해주었다. 그에게는 아파트가 있었지만, 그보다는 주로 '포 시즌즈 호텔'이나 '인 온 더 팍'에서 살았다. 언젠가 '인 온 더 팍'의 그의 스튜디오에 특별히 들어가 볼 수 있었던 누군가는 이렇게 말했다. "창문들은 모두 봉해져 있었고, 커튼도 닫혀 있었다. 책상 위에는 개봉되지 않은 편지들이 수두룩했고, 욕실에는 발륨 약병들이 사방에 흩어져 있었다."

하지만 그곳이 그의 거주지는 아니었다. 그는 춥고 어두운 곳, 더 북쪽에 위치한, 말하자면 아주 적대적이고 견디기 힘든 지역, 시벨리우스와 기번스, 바흐와 브람스 사이에 살고 있었다. 그는 추운 지역의 무미건조함, 차가운 색조들과 우리 앞에서 입을 다물고 우리를 맞아들이지도 붙잡지도 않는 지대들을 사랑했다.

"나는 음악 비평을 쓰고 있었다. 북극이, 북극에 대한 관념이, 다른 관념들과 가치들(의기소침하게 만들고, 도시와 밀접한, 정신적으로도 몹시 편협한)로부터 나를 보호막처럼 감싸 주는 그런 비평이었다"라고, 이 만남에 대해 굴드는 털어놓게 된다.

굴드의 라디오 방송들은 하나같이 캐나다 북극 지대에서의 삶과 고립을 다루고 있었다. 북극을 향해 달리는 기차 안의 사람들(〈북극의 개념〉), 테르 뇌브의 폐촌, 망령, 성 요셉(〈늦게 온 사람들〉), 마니토바의 메논파 신도 단체(〈전원의 고요〉).

〈북극의 개념〉에서 굴드는 기차로 북극 여행을 하는 다섯 사람을 인터뷰하고 있다. 이들은 고독을 원하며, 고독을 두려워하지 않는다. 굴드는 이들의 말을 따로 녹음하여 각자의 답변을 일종의 대화로 재구성했다. 때로 레일 소리를 바탕으로 세 개의 목소리가 통주저음 위의 푸가처럼 겹치기도 한다.

프롤로그에서는 세 인물이 등장한다. 북극의 정경이 흐를 때 간호사인 슈뢰더 부인이 북극에 대해, 그 위협적인 아름다움과 너무도 무미건조해 끝없이 펼쳐지는 것만 같은 이 고장에 대해 말한다. 그 다음 지리학자인 발레와 관료인 필립스가 잇달아 등장한다.

젊은 부인이 "북쪽으로 갈수록 풍경은 더 단조로워진다"고 혼자 말한다. 그녀가 '갈수록'이라고 말하는 순간에 남자의 목소리가 '점점 더 북쪽으로'라고 말하기 시작한다. 그리고 세번째 목소리가 '11년'이라고 말하는 소리가 끼어든다. 구문들의 이같은 뒤얽힘은 어떤 오해에서 비롯된 듯 이어진다. 각자는 상대방의 말에서 들었다고 믿는, 혹은 듣기 바라는 것에서 출발해 서로 이야기를 한다. 어둠 속에서 행인들이 부주의로 서로 부딪치듯이 각각의 말들이 충돌한다.

그들은 북극에 대해, 수평선을 스치며 날아가는 기러기, 평화, 이누이트족에 대해 함께 이야기하는 듯하다. 하지만 그들이 말하는 건 단 한 가지, '소멸'이다. 차츰 대화가 소진되면서 한 사람, 또 한 사람이 사라지고, 간호사 혼자 남아 독백을 한다. "나는 나 자신이 이 고장의 일부인 듯이, 이 평화로운 정경의 일부인 듯이 느껴졌습니다. 그리고 영원히 그런 느낌 속에 남아 있기를 바랐지요."

그들 중 누구도 마음을 끄는 이 북극에 도달하려고 하지 않는다. 그들은 북극이 우리가 발견하는 것이 아니라 찾는 무엇임을 알고 있다. 그들은 내면의 북극, 고독의 극지가 단지 좀더 진실된 빛 속에 잠겨 있다고 생각한다. 그들은 자신들을 향해 돌아서서 눈, 바다표범, 북극곰, 반쯤 얼어붙은 호수에 대해 작은 목소리로 중얼거린다. 나지막한 목소리. 어둠 속에선 목소리를 높일 필요가 없음을 그들은 알고 있기 때문이다. 우리는 귀를 기울이며, 그들이 말하는 소리를 듣기 위해 볼륨을 높일 생각을 한다. 우리는 위니펙을 떠나 매니토바의 포트 처칠로 가고 싶어한다.

굴드는 혼자가 아니었으며, 고독하지도, 외톨이도 아니었다. 그는 고독 속에 있었다. 그곳이 그의 거처였으며, 그가 받아들인 성채였다. 고독을 그는 낡고 닳도록 사용했다. 그가 공간 속에 사는 모습, 칩거하거나 추방당하지 않은 모습을 보는 유일한 순간은 연주를 하는 순간이었다. 음악은 그의 피부였다. 피아노 앞에 앉을 때면 변함 없이 몇 가지 필요 불가결한 요소들로 둘러싸여 있긴 했지만 말이다. 최고도로 틀어둔 난방장치, 발밑의 동양풍 양탄자, 아버지가 만든 의자, 그리고 피아노 위에는 오른팔이 닿는 곳에 알약과 물병이 있어야 했다.
그밖에도 작은 공간들, 스튜디오들이 있었다. 어린아이가 골방에서 놀이를 하며 자유의 한계를 가늠해 보듯이 그는 방음, 살균이 된(콘서트는 균을 옮긴다고 그는 말했다) 스튜디오로 마치 비밀 장소인 양 들어갔다. 그리고 이곳에서 기술과 황홀경의 언어가 이야기되었다. 그는 다음과 같이 말하기도 했다. "녹음의 경험은 음악에 존재하는 경험들 가운데 가장 모태 속에 있는 듯한 경험이다. 말하자면 완전히 격리된 삶의 한 형태인데, 실제로 나는 격리되지 않은 모든 것을 나의 음악 인생에서 잘라내 버리고 있었다." 스튜디오의 완전한 고독. 아무것도 그 안으로 침투하지 못하며, 아무도 들어갈 수 없는 곳. 그곳에선 원하고, 명상하고, 동의한 것이 아니면 아무것도 나오지 않는다. 하지만 이 고독은 외적인 것, 녹음으로 귀결된다. 시간과 공간 속에서 청중을 음악가와 분리시켰다가 원해진 순간에 하나가 되게 하는.

"혼자인 것과 함께 혼자여야 한다(alone with the alone)"라고 랜슬럿 앤드류스[1555-1626; 영국의 신학자, 궁정설교가)가 신에 대해 말했듯이, 굴드는 음악에 대해 말할 수 있었을 것이다.

가족이 장로교 신자였기 때문에 어린 시절 굴드는 규칙적으로 예배에 참석했다. 18세 때부터 교회를 다니지 않게 되었지만 평생토록 그는 초월적 세계에 대한 매우 예민한 감각을 지니고 있었고, 현세와 지금을 중요시하는 철학을 몹시 혐오했다. 하지만 그는 내세의 형상에 도달할 수도, 영원한 생명

——완전한 소멸이라는 개념보다 더 그럴듯하다고 여긴——
의 개념에서 위로를 발견할 수도 없었다.

이미 오래전부터 그는 교회에 나가지 않았지만, '교회의
도시'로 불리는 토론토에서 예전에 참석했던 저녁 예배들을
기억했다. 부드럽게 가라앉은 저녁빛 속에서 예배는 진행되
었다. 스테인드글라스와 어쩐지 슬픈 느낌이 들게 하는 어스
름. 목사는 "주님, 세상이 우리에게 줄 수 없는 평화를 우리에
게 주소서"라는 말로 강론을 맺었다. 굴드는 나중에도 이 말
을 종종 되뇌이면서 위로를 찾곤 했다. 세상이 그에게 거절한
이 위로를 그는 음악에게서 기대했다. 아니면 살색보다 약간
짙은 상처 자국처럼 아무는 어떤 밤의 빛깔로부터.

23

    고독 속에 '머무른다'는 것, 이것이 어려운 점이다. 계속해서 존재하며, 자신의 존재감을 유지하기. 존재하기. 상대방이 그곳에 없을 때조차 존재하기를 멈추지 말 것. 그리고 정체감을 보존하기. 다른 사람이 아닌 자기 자신이 되기. 만사를 단순하게 보는 사람들이 있다. 그들은 자신들의 참된 존재가 계속 이어지리라는 것을, 하지만 아마도 다른 이들과 거리를 둘 때 비로소 시작될 것임을 확신한다. 그들은 이같은 은거를 경우에 따라 사생활, 글 쓰는 책상, 자기만의 방이라고 부른다. 하지만 많은 사람들은 상대방이 없으면 자신의 존재도 해체되고 변질된다. (그런데 이 타자가 결핍되자마자 내가 무(無) 속으로 침잠해 버린다면, 이것이 진정 타자일까?) 그들은 혼자가 아닐 때에만(인접 대신 뒤섞임) 존재한다.

    생의 마지막 2년 동안 굴드는 세상으로 복귀한 듯했다고 몇몇 주변인들은 말한다. 그는 이따금 뉴욕을 다시 방문하기도 했고, 사람들을 만나고, 물건을 사고, 친분을 맺고, 신체적 접촉마저 꺼리지 않는 듯했다. 이것이 하나의 표징일까? 천사들, 이들이 인간들에게 매료될 땐 종말로 다가섰음을 의미한다는.

그의 고독이 끝나리라는 것을 의미한 것일까? 아니면 반대로 자신의 몸과 욕구·두려움을 돈으로 거래하던 이 사람들 사이에 있으면서도 줄곧 사막에 남아 있을 수 있는 경지에까지 도달한 것일까?

우리가 병이나 실어증에 걸리듯이 고독에 빠지는 사람들이 있다. 황당한 일이긴 하지만, 때로 하나의 존재가 되기 위해 둘이 필요한 사람들이 있는데, 이들을 우리는 정신분열증 환자라고 부른다. 자신의 내면에서 고뇌와 공허밖에 찾을 수 없는 사람들, 이들에게 '포기'라는 말은 오로지 '버림받음'을 의미한다. 이런 사람들에게 고독은 축복받은 것이라고 설교할 수 있겠는가! 그들에게 '자신들의 내면으로 돌아오도록' 초대해 보시라. 그곳에서 그들은 아무도 자신을 기다리지 않는 집에 돌아와야 하는 사람의 혐오감을 느낄 것이다. 이 귀가가 풍성한 것이라고, 그들의 고독이 행복한 것이라고 축복해 주어도 소용 없다. 음악의 어둠 속에 환한 빛이 있다고 말해 봐야, 책의 침묵을 다정한 목소리라고 말해 봐야 소용 없다. 그들은 불이 켜져 있어야 잠이 들며, 스위치를 넣은 텔레비전 화면만이 이들이 해체되지 않도록 지켜 준다.

어떤 이들에겐 고독이 하나 혹은 여러 개의 얼굴——가면일 수도 있지만——을 가졌으며, 어떤 이들에겐 얼굴도 형체도 없는 무엇이다. 고독 속에서 "나는 혼자이다"라고 말할 수 있는 '나'가 없으며, 그 말을 들어 줄 상대방도 없다. 설령 착각으로 그가 상대방에게서 독자성을 끌어내더라도 상대방 역시 그런 독자적인 존재가 아니다. 그는 동공 속에, 말하자면 끝도 없이 떠도는 이 어렴풋한 동공 속에 존재할 따름이다. 그러므로 '누군가가 결핍되어 있는 것'이 아니고, '아무도 없는 것'이다.

철학자·정신분석학자 혹은 예술가의 유아독존론, 이 사치(혹은 이 비참)는 형용어 '혼자(solus)'와 대명사 '자신(ipse)'의 의미를 아는 이에게만 가능하다. 자신이 태어난 곳이 어디인지 아는 자만이 추방 상태를 견뎌낼 수 있다. 굴드가 글자 그대로 적용한 데카르트의 강령을 아는 자만이. 즉 "나에게 몸이 없는 듯이 행동하기, 세상도 없고 내가 있는 장소도 없는 것처럼 행동하기." 이것은 자신의 존재, 즉 살아 있는 존재

(sum), 있는 그대로의 존재(ipse)를 의심하지 않는 사람에게만 가능하다. 고독(solus)은 실제로 존재감을 강화시켜 주기 때문이다.

　때로 굴드는 모든 것이 되고자 했다. 그는 세분되지 않은 음악, 황금 시대(적어도 르네상스 이전처럼)의 음악을 꿈꾸었다. 연주자와 작곡가, 심지어 청중까지도 구분이 되지 않는 음악을. 그레고리오 성가를 부르는 이들에게 청중을 위해 음악을 연주한다는 말은 더없이 이상하게 들릴 것이다. 그들이 노래를 부를 땐 신의 목소리, 혹은 천사의 목소리가 그들을 통해 노래를 부르며, 청중은 노래를 듣기 위해서가 아니라 신비를 함께 기리기 위해 그곳에 모여 있다. 음악은 신자들이 들으라고 연주되는 것이 아니고 그들 대신 노래되는 것이며, 설령 그 음악을 듣는 이가 아무도 없다 해도 달라지는 것은 아무것도 없을 것이다. 음악이 외부의 청중에게 가닿는다 해도 그것은 겉보기에 그럴 뿐이며, 음악의 참된 원천은 청중의 내부에 있다. 노래는 음들로 화한 기도인 것이다.

　그렇다면 오늘날엔 어떠한가? 연주회에선 음악을 정면으로 받아들인다. 연주를 할 때는 사방에서 음악을 감지한다. 혼자 음반을 들으면서는 자신을 위해 음악이 연주되고 있다고 생각된다. 음악이 자신의 내부에서 솟아오르는 것을 느끼는 경우는 드물다. 이처럼 음악의 원초적 상태가 소멸되는 데 적응해야만 했던 굴드는 스스로 작곡가가 됨으로써 저항하고자 했다. 물론 그는 작곡을 거의 하지 않았다. 피아니스트로 출발할 당시 그는 "나는 몇 장의 훌륭한 음반을 녹음하고, 실내악과 두세 곡의 관현악, 오페라 한 곡을 작곡했으면 한다"라고 말하였다. 하지만 실제로는 이런 계획을 실천에 옮기기는커녕 몇 편의 연습곡과 위대한 작곡가들의 모작을 남겼을 뿐이다. 1948년에 작곡한 〈피아노 소나타〉에 대해 언젠가 언급한 적이 있지만, 이 작품은 흔적도 남아 있지 않다. 16세 때 셰익스피어의 《왕들의 밤》에서 착상을 얻어 〈장엄한 분위기〉 〈엘리자베스 여왕 시대의 축제〉 〈기이한 정신착란〉 〈야상곡〉 같은 일련의 피아노곡을 작곡하긴 했다. 18세경에는 12음계를 열렬히 지지하는 시기를 거친다. 1951년 6월 음악원 학생들의 연주회 때, 이 시기에 만들어진 두 작품이 연주된다. 계열음의 원칙에 입각한 바순과 피아노를 위한 소나타(그 자신이 피아노를 연주했고, 바순 연주자는 니콜라스 킬번이었다)와, 굴드 자신도 인정했듯이 베버른의 작품 제5번에서 큰 영향을 받은 다섯 편의 피아노곡이었다. 40년대말 쇤베르크·베르크·베버른의 '새로운 음악'이 토론토에 퍼진다. 그리고 힌데미트가 음악원 학생들을 위해 강연회를 열었다. 굴드도 이 조류에 휩쓸려 들어간다. 1953년과 1955년 사이에 작곡되어 1956년 몬트리올 사중주단에 의해 초연된(현재 남아 있는 그의 몇 안 되는 작품들 가운데 하나인) 〈현악 사중주〉에서는 무조(無調)적 특징이나 계열음악적 특징을 전혀 찾아볼 수 없다. 밀도 높고 치밀한 화법. 후기 리하르트 슈트라우스에게서 크게 영향을 받은 명상. 프로그램 해설에서 작곡가는 "나는 최근 스승들에게서 배운 일종의 대위법적 독립성으로 화성적 언어에 속하는 곡을 썼다"고 자신을 변론한다.

이 〈사중주〉는 1959년 11월 27일, 클리블랜드 오케스트라 단원들로 이루어진 심포니아 사중주단에 의해 미국에서 공연되었으며, 그후 1960년 3월 13일 클리블랜드의 세브란스 홀에서 녹음되었다.

굴드는 피아노 편곡을 제외하곤 진정한 의미의 작품이라 할 만한 것을 남기지 않았다. 몇몇 카덴차(특히 베토벤의 〈협주곡 1번〉을 위한)와 코믹한 푸가, 〈그러니까 푸가를 쓰시겠다는 말씀이죠?〉를 작곡했을 뿐이다.

아마도 영화음악에서 가장 좋은 작품들을 남겼다고 볼 수 있다. 예를 들면 1972년에 작곡된 〈도살장 5〉가 그렇다. 1981년에는 캐나다 영화 〈전쟁〉의 음악을 맡았다. 가축과 신체장애자인 여동생을 위해 헌신하던 한 젊은 남자 주인공이 제1차 세계 대전에 참전하기 위해 캐나다군에 입대하는 내용의 영화였다. 음향 테이프를 통해 우리는 토론토 남성 합창단이 부르는 합창과, 첼로와 콘트라베이스의 짧은 연주를 들을 수 있다. 하지만 보다 감동적인 순간은 아주 멀고 차가운 굴드의 미학이 접목되는 또 다른 순간이다. 즉 보이지 않는 누군가가 부는 하모니카 소리가 들리는 때이다. 처음엔 무슨 곡인지 알 수 없지만, 실제로 이 선율은 영화 첫머리에 사용된 브람스의 주제를 변형시킨 것이었다.

그밖에도 굴드가 만든 방송 테이프들 중에서 매우 아름다운 장면이 기억된다. 나데자 만델스탐에게 바쳐진 텔레비전 방영물이다. 음향 효과를 넣지 않은 필름을 여러 차례 본 다음, 밤새도록 작업을 한 굴드는 다음과 같이 말한다. "나데자 만델스탐의 아파트와 이웃한 아파트, 아무도 들어가 보지 않을 이 아파트에서 한 젊은 첼로 연주자가 쇼스타코비치의 〈협주곡〉을 쉬지 않고 연습하고 있다고 상상해 보자. 그러나 여자가 강제수용소에서의 경험을 혼자 이야기하고 있는 동안 우리에겐 이 소리만 들려온다. 그리고 필름의 마지막 자막이 떠오르기 직전에 음악가는 연습을 끝내고 곡 전체를 연주한다."

1959년에 이루어진 인터뷰에서 굴드는 자신의 책상 위에 굴러다니는 수많은 곡들에 대해 언급했다. 64페이지로 예정된 곡들 대부분이 한 페이지만 작곡된 채 첫 페이지에서 느닷없이 작곡을 그만둔 곡들이었다. 몇 년 뒤 그는 한층 괴로운 미완에 대한 욕구를 익살스럽게 털어놓는다. "나는 미완 작품의 전문가이다. 다른 사람들처럼 첫 페이지 끝까지 써내려가서는 거기서 멈춰 버리는 것이 아니라, 마지막 페이지까지 가서 그만둔다. 어쨌거나 나는 이 마지막 페이지가 내게서 달아나도록 내버려둔다." 자신이 작곡한 푸가에서 그는 곡의 종결 부분을 쓰기가 몹시 어려웠음을 고백한다. 사실 푸가는 끊임없이 시작되기만 하다가, 그때까지 뒤섞여 온 네 성부가 마지막 소절들에서 일제히 반복 연주되는 것에 불과하다. 거기에서 "우리 이제 한 편의 푸가를 쓰자"라는 말도 생겨난 것이다.

　　굴드는 굴드 이상이 되고자 했을 것이다. 자신이 쓰지 않은 악보를 최대한 훌륭히 연주해 내야 하는 연주가와는 또 달리. 그는 자신에게서 태어난 자신의 아버지·어머니가 되려 했다. 그렇기 때문에 그를 어떤 위대한 피아니스트들의 계보에도 넣을 수 없으며, 그의 계보에 들어간 피아니스트도 찾을 수 없는 것이다.

몹시 까다로웠던 그는 다른 이들의 의견을 물으려 하지 않았다. 스스로 디스크의 재킷을 구성하고, 녹음·편집·동시 녹음·제작 발매를 감독했으며, 자신의 연주에 대해 비평을 쓰고, 자신에 대한 묘한 인터뷰를 하기도 했다. 캐나다 라디오 방송 CBC의 선임 음악감독이었던 존 리 로버츠의 말에 따르면, 굴드는 삶의 매순간 스스로를 온전히 소유하고 철저히 통제할 수 있기를 바랐다고 한다.

32세가 가까워질 무렵의 어느 부활절 일요일, 마치 자신의 왕국은 이 세상의 것이 아니라는 듯이 그가 은퇴해 버리고만 이유는 무엇인가? 그리고 이 최후의 "나를 건드리지 마십시오." 50세에, 숭배의 손이 그를 낚아채려 한 순간 죽어야 했던 것은 왜일까?

24

고독 속에 있을 때 우리는 어디에 있는가? 안에 있는가, 밖에 있는가? 음악 속에 있을 때 우리는 어디에 있는가? 이따금 음악이 일체를 엄습해 깡그리 지워 버리고 만다. 그리고 음향 외에는 아무것도 존재하지 않는다. 나는 그곳에 없을 수도 있지만, 음향은 거기에 있다. 그것은 거기에 있는 것이다. 존재하는 것이다. 때론 아주 미미한 것, 거의 무효화된, 아니면 부서진 무엇일 때도 있다. 하지만 어디에 있는 것일까? 음악은 내 안에 있고, 나는 음악 안에 있다. 피아노를 연주한다는 것은 끊임없이 내부에서 외부로, 내면이 된 외부로 나아감이다. 마치 내면에 이미 외부가 존재하는 양. 음악은 신의 자질들을 지니고 있어 성 아우구스티누스가 말했듯이 보존하면서 채운다. 그것은 에워싸고 조여 온다. 그러면서도 귀로 올라오는 기쁨, 혹은 첨예한 고통으로서 아주 작은 부분이 되어 내부에 머문다.

굴드는 종종 자신의 피아노를 넓게 드리워진 멜랑콜리의 너울처럼 바라보았다. 표면으로 올라오기 위해 오로지 손가락이 건반을 눌러 주기를 기다리는. 그런데 피아노가 생각을 한다면? 우리가 좀 어리석고 우둔하게, 근육과 뼈와 인대의 단어들로 그에게 말을 건다면? 우리는 자신의 피아노에, 그 윤나는 표면에 자신을 비추어 보지 않는다. 우리는 거기서 자신을 내면으로부터 바라본다. 그것은 공간과 부피·중력의 중심의 문제이지, 평면과 거울의 문제가 아니다. 모든 것이 달라 보이는 순간들. 얼마나 이상한 순간들인가. 우리는 사물들에 충돌하기를 그치고, 음악의 가장자리만을 건드릴 따름이다. 이 세상에 존재하기를 그친 몸의 신비를 해부학자가 관찰하듯이.

굴드가 자신의 스튜디오 작업에 대해 말한 '해부'가 아마도 그와 같을 것이다. 음악의 내면에 있는 것을 보기. 그것이 살아 있도록 하는 비밀, 그것의 죽음의 비밀을 알아내기.

굴드에게 피아노 연주는 솔리스트가 자신의 내부에 너무 오랫동안 치워둔 내면의 인간을 재발견하는 수단이었다. 생 빅토르의 추종자들이 명상의 중심에 둔, 안(intus)과 밖(foris)의 이 대치가 그의 뇌리를 떠나지 않았다. 그에게 음악은 겉보기를 위해 행해지는 것이 아니었다.

음악을 들으려면 몸을 숨겨야 한다고 생각될 때가 종종 있다. 음악은 나를 완전히 뒤집어 놓는다. 물론 음악을 친목과 공동체의 언어로 삼았던 사람들과 시대가 있었다는 사실을 알지만, 나로선 그것을 함께 듣는다는 것이 불가능하다. 함께 연주한다는 것은 또 다른 문제이다. 실내악을 연주할 땐 모든 점에서 의견이 일치해야 한다. 어떤 소나타나 트리오를 함께 연주할 수는 있다. 큰 겸손과 약간의 사랑만 있으면 된다. 아니면 상당한 과학과 일말의 증오가.

그런데 왜 음악은 고독으로 마비된 우리에게 와닿는 것일까? 왜 함께 들을 순 없는 것일까? 그렇게 된다면 자신의 방치라는 이 개별적인 상태에, 다른 이들 앞에서, 다른 이들과 함께 빠져드는 것이 될 터이기 때문이다. 서로 다른 사람들끼리 '먼 나라'를 공유할 수 있을까? 어린 시절이 달랐고, 죽음도 함께할 수 없는 사람들이지 않는가?

음악은 몸과 몸을 기대고, 고독과 고독을 맞대는, 아무것도 교환되지 않는 교환이다. 연주가와 청중의 몸이 두 개의 돌, 두 개의 물음, 그리고 엄청난 슬픔으로 서로를 응시하는 두 천사처럼 육체를 초월해 멀리 있지 않다면, 때론 사랑이라고도 말할 수 있을 것이다.

굴드는 옛 여행 속으로 다시 떠난, 뒤집힌 흰 눈으로 음악을 바라보았다. 공연을 바라보는 눈길, 이 대중의 눈길과는 반대되는 눈. 대중의 이 눈에 대해 굴드라면 위그 드 생 빅토르처럼 다음과 같이 말할 수도 있었을 것이다. "그들은 작품의 겉모습을 향한 외적인 눈을 가지고 있을 따름이며, 미덕의 열매를 향한 내부의 눈은 가지고 있지 않다"라고.

굴드는 음악이 행위 속에서 타락하며, 기교 속에서 더럽혀진다고 생각했다. 그래서 그는 감옥 속에 갇힌 상태를 꿈꾸었다. "감금 상태는 우리의 참된 내적 원동력과 참된 정신력을 측정해 볼 수 있는 이상적인 시험일 것이다." 한 어릴 적 친구는 그에 대해 "그가 이방인처럼 느껴지지 않았던 적은 단 한 순간도 없었다"고 말하게 된다. 아웃사이더들. 끊임없이 자기 자신의 내부에 머물면서 늘 바깥의 외부에 남아 있는 자들. 그 역시 외부에 머무르게 된다. 음악 기관, 도시 생활, 가족, 성, 이 모든 것에서. (그는 여자들을 두고 짓궂은 농담을 할 때 같이 웃을 수 없는 소년이었다.)

그가 연주회를 몹시 싫어했음은 짐작할 수 있다. 느닷없이 밖으로 추방된 내밀한 것, 더 이상 자제할 수 없게 된 확장된 영혼, 이 모두가 무대와 비로드 사이에서 일어났다.

25

자신을 벗어나는 두 가지 방법이 있다. 기분 전환과 황홀경. 굴드가 콘서트를 비난했던 가장 큰 이유는 청중의 존재로 인해 그의 연주가 왜곡된다는 점이었다. 연주자는 바흐의 다성음악의 고전적인 절제를 어쩔 수 없이 변형시켜 과장된 웅변이 되도록 한다. 물론 그도 예술가는 대중을 필요로 한다는 사실을 알고 있었다. 문제는 음악가의 강력한 요구들을 기분 전환을 요구하는 사회의 요구와 어떻게 조화시킬 수 있는지, 그리고 가장 사적인 영역, 창조의 영역 안에서 예술이 그것의 수신자들의 접촉을 통해 변질되는 것을 어떻게 막을 수 있을지 아는 것이었다. 급속하고 화려한 악구를 늘이고, 자신을 투사하고, 자신을 상실하는 것. 이렇게 될 때 자신으로부터의 박탈감을 느끼게 된다고 그는 말했다.

그는 적어도 이런 방식으로 자신 밖으로 추방되는 것을 혐오했다. 자신의 자아가 사랑스럽다고 믿어서도, 혹은 기분 전환을 완전히 피하려 했기 때문도 아니다. 하지만 우리가 자기 자신이 되지 않고 보내는 시간들이 그처럼 달콤한 것일까?

황홀경은 다른 이들에 의해서가 아닌 '타자'에 의해 자신 밖으로 내쫓기는 것이다. 그것은 기분 전환이 되는 장소에서 볼거리를 만나는 게 아니고, 명명백백한 증거와의 만남이다. 하느님의 눈은 아무것도 어둠 속에 남겨두지 않는다. "그의 눈길 아래서 모든 것이 적나라하게 드러난다. 만사가 그의 안에 있기 때문이다. 또 만사가 숨김없이 드러나는 것은 그가 모든 것 안에 있기 때문이다"라고 위그 드 생 빅토르는 말한다. 이 두 경우에 우리가 떨어져 나온 자기 자신은 동일하다고 할 수 없다. 기분 전환은 자신으로부터 스스로를 떼어 놓지만, 황홀경은 반대로 자신에게로 돌아가게 한다. 신들의 열망에 의해 쫓겨난 자를 '나 자신'으로부터 탈취하여 환희에 넘겨줌으로써라고 그리스인들은 말했다.

굴드는 음악이 쾌락을 지향할 수 있다고는 생각지 못했다. 대신 그는 음악가들에게서 좀처럼 들을 수 없는 말, 세기말적인 느낌을 주면서도 중세의 신비가 울려 나오는 말, 즉 '황홀경'이라는 말을 사용했다. 그가 행한 기술적인 실험들과는 이상하게도 조화되지 않는 듯하지만, 그가 그 속에서 구현하려 했던 말. 황홀경은 음악·연주·연주자와 청중을 내면성에 대한 공동의 인식이라는 직조 속에 서로 연결짓는 섬세한 실이다. 이같은 황홀경의 개념은 '글자 그대로'라는 개념과는 대치된다. 황홀경의 개념에 의하면, 음들은 기호이다. 그들은 길을 말하지 않고, 출발점을 지시한다.

굴드의 연주의 특징은——설령 비범할 만큼 확고한 속도감이 그의 서명과 같다 할지라도——기술적 차원이나 개념적 차원에 있지 않다. 감히 말하건대 그것은 영적인 차원이다. 그의 존재가 매순간, 그리고 영원히 음악 속에 있는 듯싶었다. 그 누구와도 달리 그는 음악을 주체가 아닌 존재와 연결지었다. 격렬한 개념, 치밀한 현전, 절대적인 참여. 그는 음악을 마치 자신의 일부처럼 연주하였다. 그것에 대해 아무것도 알려고 하지 않으면서 그 부름에 응해야 하는, 가장 낯선 부분처럼.

바흐뿐 아니라 굴드의 피아노 연주에는 때로 전례(典禮)와도 같은 무엇이 있다. 스크랴빈의 두 개의 〈프렐류드〉, '갈망'과 '흔들리는 포옹'을 들어 보자. 그는 프레이징을 마치 하나의 제식처럼 말한다. 황홀경은 육신을 무시하려 하지 않고, 그 자신에게서 육신을 떼어내어 추방한다.

그의 차갑고 평온한 초연은 때로 뜨거운 열정이 되기도
한다. 반면 〈푸가의 기법〉의 마지막 푸가를 연주하며 황홀경
에 빠져 있다가도 갑자기, 깜짝 놀라 그를 바라보는 이에게 바
흐가 쓴 대위법의 잘못을 지적해 내기도 한다.

그가 타인과의 관계에서 두고자 한 거리는, 그의 몸짓과
대화에 체념한 듯하면서도 단호한 부드러움을 부여했다. 그
에게선 절대로 거드럭거림이나 오만함을 찾아볼 수 없었다.
잠깐 동안의 시선, 살짝 치켜올려진 어깨. 그는 당신의 사람이
되고 싶지만, 그러지 않는 게 좋겠다고 말하는 듯하다. 미소 띤
바틀비(허먼 멜빌의 소설 《서기 바틀비》의 주인공)가 자신이 묻
혀 사는 사문(死文)을 때로 떠나는 것은 오로지 음악이라는 불
행 속으로 들어가기 위해서이다.

다른 피아니스트들, 어떤 위대한 피아니스트들도 음악을
이 무자비한 신――그가 우리를 사랑하기를, 아니면 사랑하
도록 만들기를 기다렸다가 섬길 수는 없는――처럼 마주치
진 않는다. 음악이 자아의 소멸을 명령하지는 않을지도 모른
다. 굴드의 하느님――그가 음들 속에서 찾았던――은 신약
의 하느님, 사랑과 선물의 하느님이 아니었다. 그는 옛 유대인
들의 신, 정의의 하느님, 빚을 갚도록 독촉하는 하느님이었다.

이렇게 해서 그는 냉혹하고도 타협을 모르는 존재가 된

다. 작곡가들은 다음과 같이 되지 않아야 한다고 그는 고백했다. 즉 사랑스러운 모차르트, 혼란을 가져오는 쇤베르크, 피아노 음악에 약한 시벨리우스가 되지 않아야 한다고. 대신 엄격하고 다성음악을 지향하는 모차르트, 멜로디를 지닌 쇤베르크, 건축적인 구조를 지닌 시벨리우스가 되어야 한다고 보았다.

그런데 이 완성된 음악가를 완전한 광증의 표지들을 드러내는 개인 자체와 구분지어야 하는 까닭은 무엇일까? 우리는 그의 엄격함과 투시력을 기억해야 한다. 하지만 작은 의자 위에 뒤로 젖혀진 몸, 경련을 일으키는 몸으로 앉은 인간, 이상한 습성들을 지닌 채 절대적인 제식들 속에 갇혀 있는 이 파손된 실루엣은 잊어야 한다. 그건 왜일까? 바로 이 상궤를 벗어난 태도를 통해, 또한 이 중심의 부재, 자신에 대한 증오가 드러나는 것은 아닐까? 신비가들의 '엑스터시스' 바로 그것이다. 비(非)자아, 자기로부터 벗어나기. 세상에서의 이 상궤를 벗어난 행동들은 음악의 황홀경의 이면이었다. 그것들은 마치 환각에 사로잡힌 듯 열정적으로 음악(그 자신이 아닌 것, 그 안에서 그가 존재하기를 그치는 것)을 추구한 굴드를 대중으로부터 보호해 주었다.

무서운 기억력을 지녔던 그였지만, 마치 아무 기억도 없는 사람처럼 연주를 했다. 음악이 그에게서 활력을 길어올렸다. 음악을 연주할 때면 그는 자신을 잊기 바랐다. 음악 속에서 모습을 감추기를, 음악이 자신을 기억해 주기를 바랐다.

26

목소리의 주인이 되기, 우리를 분열시키는 이 목소리들을 떠나기, 온전한 생명인 푸가의 부분들을 조합하기. 이것은 분명 "내겐 무의식이 없다"고 말하는 것과 다름없는 일이다. 여기서 나는 또 다른 목소리를 제시(전도됨 다음에 오는 올바름)하여, 그것을 조합하고, 자르고, 다시 취하고, 다시 만들 수 있다. 시간의 마멸을 막고, 연주회의 덧없음(직접적인 것, 즉 살아 있는 것에 필연적으로 따르는 죽어야 할 운명)을 몰아내기. 굴드가 자신의 스튜디오에 갇혀 목표로 했던 것이 이것이다. 언제나 또 한 차례의 녹음이 가능할 것이고, 대치해야 할 또 다른 부분이 있을 것이다. 녹음의 결점들, 내가 끌고 다니는 이 육신의 오점들을 보완해 주는 레코드용 합성수지의 완벽함이 있을 것이다. 흔적을 조작하기, 굴드는 그것을 알았고, 그것이 자신의 취약함을 보호해 준다고 말했다.

바흐를 두고 하는 말을 굴드에게도 적용시킬 수 있을 것이다. 그에게는 '과학의 놀라운 원천들과, 신앙의 마술적이고도 신비한 고통스런 제례'가 공존했던 것이다. 음악 행위의 장소가 교회에서 극장으로 옮겨지는 것을, 그리고 인간의 자신과의 대화에 대한 관심이 신적인 것과의 만남에 대한 관심을 대체하는 것을 용납하지 않았던 자들. 굴드도 그런 사람이었다. 거기에는 자신을 종이라고 말하면서 절대적인 주인으로 드러나는 인물의 모순이 들어 있다. 피아노를 연주할 때에는 겸손한 피조물이지만 스튜디오라는 공간 속에서는 창조가가 되는. 대위법을 연주하고 자기(磁氣) 테이프로 대위법들의 대위법을 짜나가는 것은 자신을 하느님으로 여기는 것이다. 음향을 완전히 지배하고, 시간을 복종시키고, 공간을 채우는 것이다. 그것은 또한 자신을 무(無)로 여기고 하찮은 것으로 아는 것이다. 목소리들은 태어나 반드시 서로 화답하며, 하나의 목소리에 의해 말하여진 것은 또 다른 목소리에 의해 반복된다. 모든 멜로디들은 반복을 통해 자신의 존재를 유지한다. 푸가를 연주한다는 것은 우리가 자신의 잡다한 주관성을 버린다는 것, 주제와 부주제를 만들어 나가지 않고 연주 속에 몰입된다는 것을 의미한다.

굴드는 예술가의 의무 사항의 중심에 '소멸감'을 두었다.

예술은 늘 덧없는 무엇이 될 수 있으며, 작품은 곧 꺼지고 마는 무엇이다. 그의 연주들은 종종 음악이 막 형성되어서는 조만간 사라져 버릴 것처럼 들린다. 그것들은 처음이자 마지막 말 같은 느낌을 주며, 그들의 황홀한 긴장은 정점 위에서 존재와 비존재를 가르는 아슬아슬한 균형으로 이루어진다.

음악이 그의 손가락 아래서 나아간다. 각각의 음들에게, 그들이 존재하지 않을 수도 있었으며, 머지않아 멎어 버리리라 되풀이해 말하면서. 부정신학들의 신처럼 그것은 그것이 아닌 무엇이다. 횔덜린이 말한 '신의 결함'이 그 원칙이다. 신의 부재, 신이 없다는 것이 아니고, 신은 결핍이라는 뜻이다. 음악, 그것이 무엇인지 모르겠다고 굴드는 말하는 듯하다. 그가 지칭하듯이 '실체 중에서 가장 실체를 지니지 않은 것,' 중세의 어느 신비가가 말했듯이 '형성된 것이 아니라 형성하는 것'이다. 우리가 늘 가장 가까운 사람에 대해 모르듯이, 그는 그것을 모른다. 예술 작품은 필연적이며 임의적이다. 그것은 존재하지 않을 수도 있었는데(임의적), 그러나 일단 존재하면 다른 것이 되었을 수는 없다(필연적). 이것이 바로 굴드의 가장 아름다운 연주들을 설명해 주는 이중의 공리로서, 그의 작품들에 오직 은총이라는 말로만 표현될 수 있는 부서지기 쉬운 영원성의 흔적을 부여한다.

어쩌면 그 이상일는지도 모른다. 예술은 존재하지 않을 수도 있을 뿐 아니라, 반드시 그렇게 되어야 한다. "나는 예술에 자신만의 소멸의 기회를 주어야 한다고 믿는다." 굴드더러 예술을 위한 예술의 지지자라고, 상아탑의 은거자라고 꾸짖은 다음에 예술의 죽음을 바랐다는 비난까지 덧붙여야 할까? 그의 의도는 그렇지 않았다. 그는 관념론자가 아니었으며, 예술에 반(反)한 예술, 죽음의 예술――그를 사로잡는 무(無)로부터만 의미를 취하는――을 말할 수 있는 하나의 선을 그렸을 따름이다.

무성(無聲)의 음악, 이해력과 기억·심정을 위한 음악이라는, 그에게서 엿볼 수 있는 이 이상(理想)에는 어쩐지 광적인 데가 있다. 나는 그가 푸가 K.394를 연습하는 모습을 다시 그려 본다. (나는 거기 없지만, 아마 그도 없다. 음악이 거기 있을 때 누가 그곳에 있는 것일까?) 청소기의 소음 속에 파묻힌 채. (이 가재도구는 훌륭한 메타포이다. 먼지와 무의 아가리. 영어의 vacuum cleaner.) 언어 밖으로 어머니의 목소리를 쫓아내면서, 요컨대 단어들을 황량하게 만드는 데 몰두하는 볼프슨의 목소리를 듣는 듯하다. 이 환영 같은 푸가의 경험에 대해 굴드는 말한다. "가장 소리가 잘 들렸던 장소들은, 내가 나의 목소리를 더 이상 들을 수 없던 곳들이었다."

27

그의 연주들에는 허구가 지니는 수수께끼 같은 견실성이 있다. 그는 연주할 때 늘 음악을 수수께끼처럼 느꼈다. 그가 음악에 접근하고 그것을 표현할 때조차, 그것에 대해 무언가를 알 때조차 수수께끼는 늘 도달할 수 없는 곳에 머무른다. 형식적인 복잡성들을 최대한 총명하게 발음함으로써 음악에 참된 울림을 제공한다. 굴드의 연주를 들으면서 불가항력적으로 끌려 들어가는 것은, 우리가 어떤 장소에 처음으로 오게 되었으며 작품의 탄생에 참여하고 있다는 확신감을 느끼기 때문이다. 즉흥적인 접근의 직접성(즉흥적인 연주, 그것은 거의 언제나 상투적인 표현, 성향이다)을 통한 창조가 아니다. 되풀이 생각되어지고 제조되고 조합되고 접합되긴 했어도, 아니 그렇기 때문에 새로운 해석의 직접성을 통한 창조이다. 그것들은 명상이다. 기도나 해설이 아니다. 되돌아올 수 없는 고독 속으로

부름받았다는 느낌으로 듣는 이가 다시 걷는 길들이다. 그가 연주할 때의 강렬한 고독감, 그가 향해 나아가는 공허는 비상한 힘을 부여한다. 오로지 작품만이 존재한다. 그는 마치 미지의 의미들을 해독해 가면서 자신의 존재를 연주하는 것 같다.

이처럼 악보를 마음대로 해석하는 것은 때로 근거 없는 양태를 띠게 됨이 사실이다. 옳건 그르건 전통으로 고수되는 것, 기대되어지는 것과는 반대로 행하겠다는 선입견으로 타락하기도 한다. 특히 바흐의 〈2성, 3성의 인벤션〉과 종종 베토벤의 곡들에서 템포가 고의적으로 뒤집어진다. (빨리 연주되는 페이지들을 그는 두 배로 느리게 연주하거나, 혹은 느린 곡을 빨리 연주한다.)

음악적 해석은 모순적으로 결합되는 두 가지 특질을 지닌다. 상투적인 표현을 초월하는 탄생의 자유와, 불가피에 대한 의식.

그러나 종종 미(美)는 예기치 못한 순간에 도달된다. 부주의나 실수에 의해서가 아니다. 그것은 의식적 의도에 반(反)한 무의식적 욕망을 나타내는 행위와는 관계가 없으며, 무의식적인 것은 어떤 미적 특권도 누리지 못한다. 미를 표지로 삼는 무한을 건드리기 위해선 반대로, 완결된 형식에 복종하면서 유한한 수단들을 고의적으로 사용해야 한다. 수수께끼는 절대로 모호한 법이 없다.

창조자들이 자신의 가계를 발명해 내고, 그들 자신이 구현하는 전통을 생산해 내는 것과 마찬가지로 연주가들은 그들 자신의 법의 부재로부터 법을 만들어 낸다. 때로 임의적이라는 낙인이 찍히면서도 굴드의 연주는 수수께끼들의 이같은 힘을 지닌다. 모든 것이 말해졌지만, 아무것도 말해지지 않았다는, 법의 부재라는 의미에서가 아닌, 언어의 임의성이라는 의미에서 임의적이다. 엄청난 필연성이 우리에게 부과되지만 욕구는 이를 탓하지 못한다. (언어 사용역으로부터 빌려 온 개념들——어법·표현·조음·화술——만으로도 굴드의 연주의 독자성들을 어느 정도까지 설명할 수 있는지 알게 될 것이다.)

수수께끼. 하지만 모호한 점은 하나도 없다. 모든 것이 환히 드러나 있다. 선·면·부피·어휘·구문·화법·수식·밀도·투명성. 하지만 이 눈부신 자명성 속에서 양식은 해독할 길 없이 해독되어 있다.

28

　　1955년 1월 10일, 컬럼비아 음반의 책임자인 데이비드 오
펜하임은 뉴욕에 있는 알렉산더 슈나이더의 집을 방문했다.
그들은 디누 리파티의 녹음을 함께 들었다. 그리고 오펜하임
은 그처럼 비범한 또 다른 피아니스트의 연주를 녹음하고 싶
다는 생각을 했다. 굴드와 실내악을 함께 연주한 경험이 있는
슈나이더는, 그런 피아니스트가 존재하는데 다음날 타운 홀
에서 연주할 예정이라고 대답했다. 1월 12일, 열광한 오펜하임
은 굴드와 첫 계약서에 서명했다. 그리고 6월 중순에 굴드는
이스트 가 30번지 세번째 대로 모퉁이에 있는 컬럼비아사의 스
튜디오에서 〈골트베르크 변주곡〉을 녹음하게 된다.

　　운명은 대칭 관계들을 좋아하지만 곧 그것을 피하고 깨
트려 버린다. 〈골트베르크 변주곡〉의 두번째 녹음도 첫번째 녹
음이 있었던 뉴욕의 같은 스튜디오에서 녹음된다. 하지만 피

아노는 더이상 같은 것이 아니었다. 나중 음반은 스타인웨이 대신 야마하(마찬가지로 감탄할 만한)로 녹음되었다.

전대미문의 정확성을 지닌 민첩한 손놀림과 확고한 동작이 새겨진, 조각상의 반들거림으로 둥글려진 두번째 녹음은 보석의 광채를 지니고 있다. 말하자면 검은 금강석이라고나 할까. 음악은 순수한 공간, 부피, 치밀한 현존이 된다. 음악은 자체의 자명성에 의해 분리되어 거의 감추어지고 흐려져, 음악을 듣는 이로부터 거리를 두게 된다. 우리는 자신이 쫓겨나고, 밖으로 내던져졌다고 믿게 된다.

1955년에 굴드는 표지에 자신의 30개의 사진(매 변주마다 한 장씩)이 실린, 각각의 사진마다 그의 개성의 면모를 보여주는 디스크를 내놓기로 했었다. 하지만 마지막 디스크에서는 단 한 장의 사진밖에 볼 수 없다. 늙은 남자. 늙었다기보다(50세도 안 된 나이니까) 약물로 초췌해진 모습을 한. 그가 오랫동안 간직하고 있었던 소년의 놀라운 얼굴은 차가운 검댕으로 뒤덮여 있다. 마지막 촬영된 필름에서처럼 때때로 그를 환하게 해주었던 음악은 이제 없다.

두 녹음 사이의 차이점은 '덜'이라는 말로 요약될 수 있다. 덜 빠르고, 긴장과 의도도 덜하고, 외적인 요소도 덜하다.

굴드는 제거시키는 작업을 한다. 삭감과 삭제·생략을 시도하지만, 모든 것이 거기 있다. 그런데 이렇게 더는 작업이 진행되면서 우리에게 더 많은 것이 주어짐은 놀라운 일이다. 예술은 언제나 '방법을 통해 신들을 현양하는' 과정을 거칠 것인가? 굴드가 그랬듯이 매개적인 소리, 중간음들(내면의 소리들이라고 내가 말하고 싶은)을 강조하면서 첨가하는 일이 있더라도 말이다. 굴드라면 분명 기도하기 위해서는 빈손이 되어야 한다고 말했을 것이다.

29

굴드에게 푸가의 기법은 세상에서 달아나기 위한, 또 분열의 첫번째 양상인 시간에 의해 나누어지지 않기 위한 첫 수단이었다. "푸가는 가장 중요한 호기심을 자극한다. 긍정과 대답, 도전과 응수, 부름과 반향의 관계들 속에서 이 부동의 황량한 장소들(인간 운명의 열쇠를 쥐고 있지만, 그의 창조적 상상력의 모든 기억 이전에 있는)의 비밀을 발견해 내려는 호기심."

그는 늘 층을 이룬 조직과 소리의 깊이들을 좋아하게 된다. 소리에 전경(前景)이 허락되고 그 뒤의 다른 소리들이 작아지면서 사라지지는 않는다면, 한순간 소리 하나하나가 차폐물이 된다. 대위법은 굴드가 고수하는 '거리감'을 위한 탁월한 영역이다. 음악은 항상 또 다른 음악을 은폐한다. 푸가는 엄격한 법칙들로 반복을 이루어 나감으로써 반복을 피하기 위한 수단이자, 하나의 속임수이다. 그것은 상실이다. 다른 주제들을 희생시키고 취한 하나의 주제, 다른 음악들을 포기하고 취한 하나의 음악, 다른 음성들과 결별한 하나의 음성.

굴드는 〈평균율 클라비어곡집〉의 푸가를 어떻게 연습하였는지 이야기한 적이 있다. 3성부 혹은 4성부를 함께 전체적으로 연주한다. 그런 다음 피아노 앞에 앉아 헤드폰을 끼고 다시 들으면서 베이스 성부를 연주한다. 이 성부는 헤드폰을 통해 들려오는 음악보다 더 멀리서 들려오고, 손가락에서 솟아나오는 동시에 더 가깝게 여겨진다. 그리고 나선 테너 성부, 알토, 혹은 소프라노 성부를 마찬가지로 다시 연주한다.

고독이 고독과 모순되듯이, 바흐는 대위법에 대해 두 가지 모순되는 이야기를 하였다. 대위법은 그에게 친구들간의 대화, 뭔가 일상적이고 잡다한 것이지만, 다른 한편으론 신에게 바치는 기도의 저변에서 흘러나온 음악의 헌정이기도 하다는 것이다. 굴드가 멜로디를 싫어했던 것은 아니다. 단지 그는 하나의 멜로디밖에 없는 것을 싫어했다. 그는 끊임없이 자신의 고유한 형식에 대해 묻는 이 형식을 좋아했다. 어쩌면 그에게는 자신의 음성이 들리도록 하기 위해 다양한 음성이 필요했는지도 모른다. 특히 그는 결론이 반드시 필요하지는 않다는 점을 좋아했다. (규칙적인 양식의 지배를 받는 소나타 형식과는 반대로.) 이를테면 수직적인 것과 수평적인 것, 두 가지 형태의 무한성.

어쩌면 그 자신이 여럿이었으므로 혼자 있기가 그렇게 쉬웠는지도 모른다. 너무도 명료한 구상, 각각의 선율에 대한 정확한 의도, 완전히 다른 음색을 지닌 소리. 굴드의 바흐에서는 곡에 대한 모든 가능한 해석에서 비롯된 확신을 다른 어디서보다도 강렬히 느낄 수 있다.

그는 마치 푸가를 작곡하듯이 말하였다. 단 하나의 문장에 14개의 삽입구를 두고 옆에, 또 옆에 첨부되는 절들을 만들기까지 하면서. 하지만 그는 질서 있게 주제와 제2주제를 배치하였으며, 각각의 삽입구의 괄호를 정확히 닫고, 그가 시작한 곳에서 문장을 끝맺었다. 어쩌면 분열되고, 복합적이고, 사람들로 우글대는 자기 자신을 받아들이지 않는다면 우리는 혼자 남아 있을 수 없을 것이다. 하지만 가장 복잡한 푸가에서처럼 통일을 이루는 요소들, 즉 음조·악기 편성·템포 등이 있어야 할 것이다.

그가 푸가 형식을 사랑했던 것은 소나타 형식보다 더 유연한 주관적인 특성들 때문이었다. 상반되는 요소들(움직임·주제·음조)은 갈등이 없는 관계들로 대체된다. 지속적인 이동을 위하여 긴장은 회피된다. 푸가는 한정되고 고정된 모티프에 작용하지 않고, 끊임없이 변하고 달아나고 열려 있는 멜로디의 단편들에 작용한다. 이때 달아나는 존재들은 서로간의 관계 속에서만 존재한다. 극적인 언쟁은 없다. 지속적인 밀도가 있을 뿐이다. 그가 연주하는 바흐의 잔인하도록 경쾌한 추진력 밑에는 충동 같은 것이 있다.

이처럼 푸가를 모순의 승화된 형태로 사용한 또 다른 예가 있다. 그가 만든 방송물 〈전원의 고요〉이다. 한 젊은 메논파 신자가 작은 마을 주민들을 둘러싼 물질주의를 탄식하는 동안, 자니스 조플린이 '주님, 제게 메르세데스 벤츠를 사주세요'를 노래한다. 이 모두의 배경으로서 마을 교회의 예배가 진행되는 모습을 볼 수 있다. 하느님과 돈, 단결과 적대, 성가대의 합창 속에 뒤섞여 있는 록 음악 등의 상반되는 것들.

굴드는 모순의 정신을 지니고 있었다. 그는 대위법 음악을 연주하면서 수평성을 강조하는가 하면, 단선율 음악을 마치 다성음악처럼 연주하면서, 예를 들면 브람스의 〈간주곡〉의 어떤 선율이 대위법의 한 성부처럼 들리도록 한다.

그는 마치 분열된 사람처럼 불안정하게 한 손을 흔들면서, 또 다른 손으로는 더없이 견고한 건축물들을 그려내거나 비길 데 없이 순결한 선율들을 어루만졌다.

　그가 무언가를 쓸 때엔 소리를 내는 물체가 반드시 두 가지 이상 주변에 있었다. 그리고 전화를 건 상대방은 종이 부스럭거리는 소리, 가구의 삐걱임 사이사이로 나는 텔레비전 소리 속에서 그의 음성을 포착하여야 했다. "어느 날 나는 FM방송으로 음악을 들으면서 동시에 장파로 뉴스를 들을 경우 쇤베르크의 작품 제23번의 어려운 피아노 악보를 더 잘 이해할 수 있다는 사실을 발견했다. 나는 계속 접촉을 유지하고 싶다"라고 알 수 없는 말을 하기도 했다. 누구, 혹은 무엇과 접촉을 유지한단 말인가? 그리고 어떤 다른 접촉을 피하려 했던 걸까?

　푸가는 그 끝이 추락이나 카덴차가 아니고 중단·열림의 형식을 지녔기 때문에 그는 푸가를 좋아했다. 보통은 푸가를 종결짓기 위해 주제와 응답을 긴밀하게 하여 하나의 스트레타로 엮는다. 아니면 요약하여 마지막으로 주제와 응답, 제2주제를 들려준다.

　눈에 띄지 않게 된 실들이 감기면서 속도가 붙는다. 그런 다음 브루노 몽생종의 카메라와 CBS의 마이크 앞에서 〈골트베르크 변주곡〉이 다시 시작된다. 그의 생의 마지막 시기는 이 순간들에, 거의 강요된 이 형상들에 복종하고 있는 듯싶다. 그는 얼마나 늙었는지, 죽은 젊은이가 마지막으로 한 번 더 연주를 하는 모습이다!

사물들이 종말을 고하는 것을 좋아하지 않으며, 저무는 날을 위협처럼 바라보면서 영화관의 어둠 속으로 도피하는 이들. 결말 없는 음악을 원하며, 지난 시대의 작곡가들을 자주 찾고, 시대에 뒤처진 모든 이들에게 귀기울이는 이들. (그저 그렇게 살리라는 희망말고는 더이상 아무 일도 일어나지 않는 곳에 도착한 테르-뇌브의 사람들처럼.) 뒤엉킨 그물망처럼 온통 여담으로 이루어진 자신들의 문구들을 늘어 놓아 듣는 이로 하여금 지쳐 맥락을 놓치도록 하는 이들. 겨울이 되어 밤이 길어졌을 때, 또 여름이 저무는 해의 떨림에 매번 짧은 빛의 유예를 허락하는 시기, 북쪽을 찾는 이들. 손때 묻은 낡은 피아노의 녹을 오래도록 기억하는 이들. 어쩌면 굴드는 단지 이들 가운데 하나였는지 모른다.

하지만, 아니 어쩌면 그렇기 때문에 그는 우리 가운데 지체하며 머무르지 않았다. 그는 영화가 끝나기도 전에 영화관을 나와 어스름 속으로 달아나는 것 같다. 영락한 몸을 숨기고 싶어하며, 그렇게 슬그머니 빠져나와 노쇠의 벗이 되지 않은 걸 기뻐하면서. 예전에도 전등마다 불이 들어오기 전에 공연에서 자리를 뜨기를 몹시 원했던 저녁들이 있었을 것이다.
그는 언제나 그렇듯이 슬그머니 빠져나왔다. 백지장처럼 창
백한 얼굴에 잠긴 꿈꾸는 눈 깊숙이, 의사들에겐 분명 상심
한 미소로 보이는 그런 미소를 띠고서.

30

천사가 환영으로 변하는 순간이 왔다. 글렌 굴드는 돌이 킬 수 없이 사물들의 저편으로 건너가게 되었다. 〈골트베르크 변주곡〉으로 시작했던 음반 목록을, 그리고 한 인생 여정의 명상을 이제 그가 사심 없이 마감했으면 하고 우리는 바랄지 모른다. 그러나 〈변주곡〉을 두번째로 녹음한 이후에도 그는 두 편의 베토벤의 〈소나타〉(12번, 13번)와, 브람스의 〈발라드〉 작품 제10번과 두 편의 〈광시곡〉 작품 제79번, 그리고 리하르트 슈트라우스의 〈소나타〉 b단조와 〈5개의 소품〉 작품 제3번을 녹음하게 된다. 이 모든 녹음들이 어떤 음울한 모호함을 지니고 있는 것이 사실이다.

1979년에 그는 1982년 50세가 될 때까지만 녹음을 하겠다고 밝힌 적이 있었다. "그 정도면 굴드는 충분하다"고, 알 수 없는 말을 하면서. 두번째 〈골트베르크〉 음반은 1982년 가을에 나왔는데, 재킷 앞면에는 무언가에 사로잡힌 듯한 고통스러운 텅빈 모습의 굴드가 있다. 그리고 뒷면에는 그의 피아노와, 커버가 떨어져 나간 그의 작은 의자만 있다. 〈골트베르크 변주곡〉은 시작되었을 때와 마찬가지로 끝을 맺는다. 굴드가 이 곡을 좋아한 것도 이 때문이다. "끝도 시작도 없는 음악. 진정한 긴장도, 진정한 해결도 없는 음악." 서른 해의 경력처럼, 서른 개의 변주.

생각하는 자는 늘 무대에 등을 돌리고, 산 자들과 거리를 두고 물러선다. "때로 나는 생각하고, 때로 나는 존재한다"고 발레리는 수수께끼 같은 말을 했다. 굴드는 혼자 살았지만, 절대로 혼자가 아니었다. 그의 머리는 음악으로 가득 차 있었으니까. 누군가에게 말을 할 때면, 자신을 보호하고 그가 나누고 있는 말, 때론 광적인 환희를 담고 있는 말로부터 스스로를 추방하기 위해 늘 배후에 음악을 두고 있었다. 종종 그는 말을 하다 말고 물었다. "지금 내 생각 깊은 곳에 어떤 음악이 있는지 아십니까?"라고. 생의 말기로 접어들면서 그 대답은 점점 더 예측 가능한 것이 되었다. 그건 리하르트 슈트라우스의 〈변신〉이었다. 거의 마지막 순간에 이르러 존 리 로버츠는 굴드를 사로잡고 있는 음악이 무엇인지 다시 한 번 추측해 보아야 했다. 어떤 음악이 그의 말을 가로막고, 그의 내부에서 말을 하는지. 이번에 로버츠는 빗나가고 말았다. 굴드는 여전히 슈트라우스, 그의 마지막 작품 〈4개의 마지막 노래〉를 생각하고 있었다. 잠시 뒤 굴드는 완전히 지친 듯이 보였다. "나는 당신이 어디에 와 있는지 알 것 같습니다"라고 상대방이 그에게 말한다. "그렇습니까?——벌써 마지막 노래에 와 있군요?——맞습니다. 정확히 그곳에 와 있습니다." 여기서 시가 말한다. "벌써 죽음인가?" 악보에는 '여전히 보다 느리게'라고 적혀 있으며, 그 다음에는 리타르단도, 그리고 '죽음'이라는 단어에서 이끎음 Bb이 으뜸음 Cb과 결합할 때는 '아주 느리게'가 된다.

음악은 그에게 일반인들은 제기하지 않는 물음, 어떤 진정한 해결책도 주어지지 않는 물음에 대한 답변의 형식적이고 적나라한 논리였다. 어떤 음악을 말하는지는 내게 묻지 말기 바란다. 그걸 말하려 하다간 오히려 음악으로부터 도피하게 될 테니까. 어쩔 수 없이 거리를 두지 않고는 들을 수 없는 이 음악은, 오직 '다른 현존'으로만 명상에 잠길 수 있는 부재의 장소이다. 다른 어디도 아닌 바로 이곳에서 그는 자신과 자신이 아닌 것 사이의 방정식을 풀고, 다시 풀곤 했다.

그러나 마지막에 이르러서 그는 이론을 정립하고자 하는 갈망에 싫증을 느끼고 시간으로 이루어지는 조각(나무로 조각을 하듯이), 즉 음악에서 벗어나게 되었다. 편지나 책을 마무리 짓기 전에 손을 놓도록 하는 피로, 육체적인 피로, 1982년 2월부터 4월까지 녹음된 브람스의 〈광시곡〉과 〈발라드〉에서 굴드의 손이 무겁게 떨어지도록 한 피로밖에 남지 않았다. 무언가를 끝내기 위해, 거의 아무렇게나 그저 끝내겠다는 생각으로 서두르듯이.

굴드는 여기서 묘한 부재의 인상을 주며, 자신보다 좀 아래에 있다. 마치 스튜디오의 유리문을 통해 자신이 연주하는 모습을 지켜보기라고 하듯이. 그리고 그렇게 자신의 연주를 듣는 것이 갑자기 의미 없는 일이 되어 버리기라도 한 듯이. 뽑아내어야만 하는 살에 박힌 마지막 가시. 지친 그의 몸속에는 불안한 지성이 아직 빛나고 있다. 떨어져 나오려 하지 않는 무엇, 음악이 계속 가리키고 있는 무엇. 1831년 6월에 슈만이 자신의 일기 속에 털어놓은 다음과 같은 말이 생각난다. "음악이여, 나는 얼마나 너를 혐오하는가. 죽을 만큼."

마지막 몇 달 동안 그는 그후로 손에서 놓지 않게 되는 책 한 권을 읽었다. 나쓰메 소세키의 《삼각(三角)의 세계》였다. 동양의 지혜와 신비주의에 관한, 그런 책인 것 같다. 그는 사촌 제시에게 전화로 이 책을 전부 읽어 주었다.

그는 30세가 되면 연주회를 그만두겠다고 밝힌 바 있었다. 그리고 32세에 이 말을 실행에 옮겼다. 50세에는 녹음을 그만두겠다고 생각했다. 그가 50세가 되던 1982년 9월 25일 토요일, CBS는 〈골트베르크〉 두번째 녹음을 내놓았다. 그 다음다음날, 굴드는 임종을 맞이했다. 그의 음반을 애타게 기다렸던 사람들은 예의 연주를 듣게 됨과 동시에 연주자의 죽음의 소식을 함께 들어야 했다. 그가 토론토 종합병원에서 8일간이나 혼수상태에 있었음과 음들 사이의 작은 휴지(休止)를 의미하는 숨표(Comma)는 서로 아무 관계가 없다는 것을 나는 알고 있다. 하지만 이 둘 사이에 어떤 연관이 있었으면 좋겠다. 그렇다면 운명의 짓궂은 아이러니와 일치하는 것이 될 테니까. 굴드가 50세하고도 이틀이 되었을 때, 동시 녹음 스튜디오는 소생실로 대치되었다. 하나의 기술을 또 하나의 기술이 대치한 것이었다.

오랫동안 그 자신이 몸을 숙이고 있었던 피아노에 대해 더이상 할 말이 없다고 생각될 때 그는 녹음을 그만두려고 했었다. 다른 피아니스트들처럼 오케스트라 쪽으로 눈을 돌려 더 방대한 음악적 수단을 찾으려고 하지는 않았다. 비록 여름

동안 해밀턴 오케스트라를 불러 중학교 강당에서 베토벤의 〈협주곡 2번〉을 녹음하긴 했지만. 물론 청중은 없었다. 그는 오케스트라 쪽에서 제2의 경력을 쌓을 수 있다고 생각지 않았다. 오케스트라를 청중 없이 지휘한다는 것은 그렇게 피아노를 연주하는 것보다 더 어려운 일이었으니까. 그는 쓰기를 원했다. 작곡을 하는 것이 아니라 글쓰기를. 단어들을 가지고. 하지만 저녁이면 돌과 같은 침묵 상태가 찾아들었다. 그는 더이상 전화도 하지 않게 되었다.

발작을 일으킨 날 굴드는 평상시보다 훨씬 일찍, 오후 2시 30분이나 3시쯤 잠에서 깼다. 그리고 몹시 심한 두통을 느꼈다. 그 자신 어떤 구체적인 조처도 취하지 못한 채, 그의 일을 두루 맡아 보는 레이 로버츠에게 전화를 했다. 레이는 롱펠로라는 이름의 그의 자동차——등과 목에 충격과 고통을 주지 않도록 비스듬히 특수 제작된 좌석을 가진——열쇠와 아파트 열쇠, 호텔의 스튜디오 열쇠를 가지고 있었다. 또 전자 경보 시스템에 의해 굴드와 항시 연락을 취하고, 부름에 응하도록 되어 있었다.

그날 그는 굴드의 연락을 받지 못했다. 레이는 굴드가 그렇게 일찍 일어나리라고는 생각지 못하고 부재중이었으며, 2시간 뒤에야 아내를 통해 소식을 들을 수 있었다. 굴드의 요청으로 그의 자동차에 설치해 둔 전화가 아마도 연결되지 않았던 것 같다. 때론 기술도 탈이 나는 법이다.

마침내 그가 의사와 함께 도착했을 때, 굴드는 이미 정신이 흐려져 있었지만 의식은 아직 남아 있었다. 그는 앰뷸런스를 부르지 못하도록 했다. 앰뷸런스가 흰색이기 때문이었을까? 아무튼 그는 혼자 자신의 검은 롱펠로를 타고 병원으로 가길 원했다.

그래도 될지 망설이느라 시간을 소비했다. 병원에 도착한 굴드는 두번째 발작을 일으켰다. 누가 그의 눈을 감겨 주었는지는 모르겠다. 그의 마지막 사진들에서 볼 수 있는 이 움푹 팬 눈을. 그날은 마치 북극의 가을이 오기 싫어하는 듯 아주 따뜻한, 그가 좋아하지 않았을 그런 날씨였다.

그의 방의 침대 곁에는 두 권의 책이 놓여 있었다. 수없이 읽어 해어진, 주석이 들어간 그의 낡은 《성서》와 《삼각의 세계》. 현재 이 《성서》는 그의 사촌이자 진정한 누이인 제시가 간직하고 있다. 토론토에서 30킬로미터 떨어진 오샤와의, 자기가 다니는 작은 교회를 장식할 꽃들에만 마음이 가 있는 그런 제시는 글렌 굴드의 음반을 소유하고 있지도 않았다.

10월 5일, 그의 유해는 베이뷰 대로의 험프리 장의사로 옮겨졌다. 그리고 15일 금요일, 블로어 스트리트 이스트의 성 바오로 성공회 교회에서 장례 미사가 치러졌다. 춥고 바람 부는 날씨에 가는 이슬비가 내리고 있었다. 마침내 굴드는 어둠 속에서 자신의 겨울을 날 수 있게 된 것이다.

장례식에는 약 3천 명의 조객이 참여했다. 대부분 굴드를 한번도 만난 적이 없는 사람들이었으며, 아주 먼 곳에서 온 사람들도 많았다. 그렇게 온 이유를 그들은 말할 수 없었을 것이다. 우리가 알지 못하는 사람이지만 우리를 알고 우리에게 말을 한다고 생각되는 그런 이를 향한 어떤 막연한 우정에 떠밀려 왔다고나 할까.

장례식 동안에 음악이 들려왔다. 바흐의 곡이 연주되었으며, 콘트랄토 모린 포레스터가 특별히 '아리아'를 노래했다. (굴드는 1957년 2월, CBC 방송을 위해 말러의 〈교향곡 2번〉 솔로 부분의 알토 모린 포레스터의 반주를 맡아 오케스트라를 지휘했었다.)

그후 잠시 동안 흐른 침묵은 그곳에 모인 사람들을 가벼운 당혹감에 빠뜨렸다. 〈골트베르크〉 첫 부분의 '아리아'가 마치 그가 연주하고 있는 듯 머뭇거리며 숭고하게 울려 나오자 사람들은 굳어 버린 듯 꼼짝도 하지 않았다. 투명하고 조심스런 음향이 교회를 가득 채웠다. 그의 예전 연주만 들었던 많은 사람들은 아주 느린——각각의 단어가 다른 단어들과의 공명 속으로 들어가도록 발음되는 형식——이 템포가 낯설었지만, 굴드의 소리임을 알 수 있었다. 음들 사이로 그의 흥얼거림이 빛나는 육신을 동반한 은밀한 그림자처럼 들려왔다.

캐나다 국립 도서관은 굴드의 물건과 서류들을 수집하고자 했다. 도서관 음악부서는 굴드의 유언 집행자인 스티븐 포슨에게 연락을 취해, 굴드의 아파트와 '인 온 더 팍'의 스튜디오에 있던 물품들의 목록을 작성해도 좋다는 동의를 얻어냈다.

선택을 하여야 했다. 그래서 대여섯 개의 가구와 손가락이 뚫린 장갑·머플러·모자·외투, 그밖에 몇 점의 의류만 취하기로 했다. 요컨대 이 완벽한 기인(奇人)의 일련의 장비들은 없어서는 안 되었던 이 작은 의자와 함께, 마치 순회 공연중인 피아니스트처럼 전 세계를 돌며 추모 전시회를 갖게 될 것이었다.

그리고 글렌 굴드 자산관리사는 《타임》지의 기고가이자 공동 제작자인 오토 프리드리히를 전기작가로 고용해서 고인의 생에 대해 쓰도록 했다. 그러면서 그의 성생활과 애정생활은 다루지 않도록 요구한 것 같다. 프리드리히는 자신의 임무를 완성했으며, 이 책은 1988년 하퍼 앤 로우 출판사에서 발간될 예정이었다. 그런데 굴드를 기억하는 사람들이 원고를 읽어보고 만족해하지 않았으므로 발행이 늦추어졌다.

　도서관측에서 받은 자료는 2백 상자도 더 되었다. 그 가운데 1백20상자만을 자료실에 보관했다. 열람을 위한 자료의 분류는 굴드가 죽은 뒤 굴드 자산관리사가 뽑은 토론토의 사서이자 기고가인 루스 핀코이 부인에게 맡겨졌다. 전체 중에 연주회에 관한 자료들은 두 상자도 채 안 되었다. 열아홉 개의 상자에는 발간된 기사의 사본과 초고가 들어 있었다. 네 개의 상자는 낱장으로 된 종이들, 원고, 글씨를 알아볼 수 없는 노트들이었다. 네 개의 상자는 사진, 한 상자는 의료진단서, 다섯 상자는 재무 관련 서류. 그밖에도 1천5백30개의 카세트 테이프, 3백60개의 발표되지 않은 녹음과 탈락된 녹음들, 1백50개의 비디오 테이프와 2백40개의 디스크가 있었다. 그리고 너무도 다양한 주제의 많은 책들이 있었는데, 대부분은 폐기 처분되었다.

　스타인웨이 CD318은 캐나다 정부가 사들여 수리를 감행했다. 이 피아노의 불치병들(굴드가 몹시도 좋아했던)이 최종 수리를 거쳐 완전히 치유된 1980년, 그는 이 피아노를 버렸던 것이다.

　생의 마지막에 이르러 굴드는 로버트 실버맨에게, 그가

《피아노 쿼털리》에 쓰게 될 다음 기사는 앞서 이 잡지에 발표되었던 피아니스트 윌리엄 카펠의 일기와 비슷한 형식의 사후(事後)에 기록된 일기가 될 것이라고 말했다. 그것은 아마도 자서전의 출발점이 될 것이었지만, 굴드가 오랫동안 거부해 온 계획이기도 했다. 그의 삶에 대해 다른 사람들이 이러쿵저러쿵하지 못하도록 아주 조심스럽게 견제하면서. 조프리 페이전트가 그에 대해 쓴 책에 대해 신랄한 비평을 가한 것을 보아도 알 수 있다.

하지만 이 자서전을 굴드는 쓰지 않았다. 그가 제작한 음악가들의 초상(17편의 라디오 방송 중에서 7편이 예술가들의 삶을 다루었다. 쇤베르크에 관한 방송이 3편, 슈트라우스 1편, 카잘스 1편, 스토코프스키 1편, 페튤라 클라크 1편)을 듣고 있노라면 이 사실이 몹시 아쉽게 느껴진다. 하지만 우리는 은둔자들, 추방자들, 고독한 자들, 맨해튼의 협곡들처럼 북극의 황량한 벌판에서 아무도 마주치는 일 없이 오랫동안 걷기를 좋아하는 이들을 대상으로 한 그의 라디오 다큐멘터리를 통해 이 자서전의 간접적인 단편들을 찾아낼 수 있다. "세상 안에 있었지만, 세상에 속해 있지 않았던 사람들"이라고 그가 말한 그런 사람들을.

예술가들의 삶을 두고 사람들은 흔히 "인생사가 작품사

와 뒤섞인다"고들 말한다. 그렇다고 이 작품들을 서로 동떨어진 것인 양 따로 연구해 볼 수 없는 것은 아니다. 하지만 이 말은 굴드에 관한 한 분명 웃음거리밖에 안 될 것이다. '굴드의 작품'이라는 말을 들으면 그는 웃음을 터뜨릴 테니까. 그에겐 삶이라는 게 없었으며, 다만 그가 은둔해 있던 이 '삶이 아닌 삶'을 진정한 삶으로 여기고 있었으니까. 이 짧고 느린 생에도 불협화음이 없었던 것이 아니며, 작품도 완벽한 것일 수는 없었으니까.

인생에서 남는 것, 그것은 얼마나 무의미하며 복잡하게 뒤얽혀 있는가! 휘갈겨 쓴 페이지. 해독될 듯싶은 몇 마디 말. 그것으로 우리는 소문과 전설을 만들어 낸다. 사후(死後)가 자신의 천을 짜고, 끊어지는 선들을 이어붙인다. 그러면서 어떤 선들은 어느곳에도 닿지 않는다는 사실을 무시한 채 이 선 저 선을 찾아 연장시키고, 교묘하게 이어붙인다. 그것은 죽음이 남기고 간 이 무질서에 일관성을 부여하기 바란다. 그리고 거슬리는 점들을 동정심의 너울 아래 은폐하고, 구덩이들을 거짓들로 평평히 고른다. 모든 생각들이 조합되며, 모든 얼굴들이 하나가 된다. 그렇게 해서 조화를 이룬 굴드를 만들어 낼 수 있을까?

파괴와 미(美) 사이에 팽팽히 쳐진 줄로서만 기억되는 이 생을 일화들로 현금화하지 않도록 나 자신은 피해 갈 수 있었을까? 방부의 환상들에 희생되고, 손질이 가해진 초상에 구미가 당기지는 않았을까? 한 사람을 악보를 읽듯이 읽을 수는 없다는 사실을 안다. 내가 파악할 수 있다고 믿었던 비밀들에 의해 적나라하게 드러나기는커녕 점점 오그라들고, 더 모호한 상태로 남기만 하는 무엇이 굴드에게는 있었다. 그가 그토록 자주 인터뷰——일정한 주제의, 때로는 심오한 내용의——를 허락했던 것은 왜일까? 같은 질문이 늘 되풀이된다는 것을, 답변을 함으로써 더욱 자신을 은폐하게 될 것임을 그도 알고 있었던 것이 아닐까?

결국 이것이 내가 의도했던 바가 아니었을까? 안전한 곳에 두기 위해 굴드에게 단어들의 옷을 입힌 것이 아닐까? 내가 그와 함께한 여정이 끝났을 때 그가 미소를 띤 채 등을 돌리고 좀더 멀어져 가길 나는 바란다.

내가 지금까지 기록한 것들은 증인들로부터 들은 사실들이다. 내가 직접 알게 된 것은 거의 아무것도 없다. 나는 회고록을 조사해 보지도, 자료들을 들척거리지도 않았다. 그러므로 이야기들의 이야기라고 할 수 있다. 그렇다면 가공의 굴드를 그렸을까? 분명 그럴 것이다. 사실들은 거의 없다. (대위법적인 삶을 다루었다지만, 그렇다면 요점은 어디에 있을까?) 《상상의 초상화》라는 멋진 책의 저자인 월터 페이터가 '영혼의 사실들'이라고 부른 사실들을 제외하고는 말이다. 이것들은 명백한 사실과 상상, 주관적인 것과 객관적인 것 사이의 무엇이라 하겠다. 굴드의 연주처럼.

사건들로 말하면, 그것들은 더 적게 들어 있다. 이 사건들은 재조명되어야 할 것이다. 호숫가에 내리는 한 저녁의 상처입은 부드러움. 처음으로 연주하는 바흐의 합창곡 〈주님, 당신께 외칩니다〉. 우리 마음속에 허기처럼, 떠나고자 하는 소망처럼 파고드는 이 목소리. 〈욥기〉 속에서 우리가 일찍이 깨닫지 못했던 메타포를 깨닫게 되는 순간. 덧문 이음새의 연보랏빛과 스크랴빈의 감7화음 간의 접근.

한편 굴드 자신도 언젠가, 누군가 그에 대한 전기를 쓴다면 사실과 몸짓들을 나열하는 대신 한 편의 허구를 써주었으면 좋겠다고 밝힌 적이 있다. 예를 들어 셜록 홈스의 삶에 대해 쓴다든지 할 때처럼.

나는 정확한 사실들을 기록하려고 하지 않았다. 아마도 사실이었을 지난 일들, 존재했던 사건들에 대해 쓰려 하지 않았다. 이 책은 아마도 그와는 다른 무엇이 될 것이다. 너무 일찍 떠난, 내가 알 수 없었던 누군가에게 보내는 편지라고나 할까.

　글렌 굴드의 죽음의 소식을 듣던 날, 나는 뉴욕에 있었다. 아주 화창한 날씨였다. 상처를 주지 않는, 그가 좋아했었을 그런 햇빛이 비치고 있었다. 나는 30번가 모퉁이를 찾았다. 녹음 스튜디오는 헐리고 없었다. 대신 큰 구덩이가 패어 있는 것을 보았다. 신문에서 그가 폐수종으로 죽었다는 기사를 읽었다. 그가 마침내 추위로 접어드는 데 성공했다고 나는 생각했다.

아리아

〈골트베르크 변주곡〉의 악보에 의하면 30개의 변주 다음에 처음 연주한 아리아를 그대로 반복해서 연주하도록 되어 있다. 하지만 마지막 아리아가 처음 것과 아주 다르게 들리는 것은 둘 사이를 가르고 있는 30개의 변주 때문이다.

단어들을 조합해 글을 쓸 땐 이런 방법이 불가능하다. 오로지 음악만이 반복될 때마저 그대로 반복되지 않는다. 음악의 힘, 혹은 불합리성이 여기에 있다. 그것은 삶의 의미가 언제라도 재연될 수 있다고 믿도록 한다. 아리아 다 카포처럼.

그렇긴 해도 굴드가 녹음한 두번째 〈골트베르크〉에서는 잡힐 듯 말 듯 차이가 느껴진다. 시작 부분의 아리아와 끝부분의 아리아, 이 두 아리아가 더이상 판에 박은 듯 일치하지는 않는다. 마지막 소절의 마지막 음들이 그렇다. 처음에 그는 장전타음을 원한 바흐의 텍스트를 존중하여 주조음(솔)으로 이행하며 해결하며(반음 F#-G), 그것을 디미뉴엔도와 리타르단도에 실어 피아니시모로 아리아를 끝낸다.

그러나 두번째 녹음에서 굴드는 장식음을 생략한다. 왜 그랬을까? 변주들을 거쳐 온 다음에 이번에는 완벽한 균형에 이르고 있음을 보여주기 위한 것이다. 처음에 그랬듯이 첫 변주의 아타카를 향해 새롭게 시작하거나 불러내지는 않을 것이다. 이 세부 사항, 이 장식음의 생략에서 철회될 수 없이 봉인된 무언가가 말하여지고 있다. 이 지점은 최종 지점이다.

대위법 정신에 혼연히 일치하여, 의도한 바와 기술적 방법 간의 온전한 합일을 보이면서 요한 제바스티안 바흐의 클라비어곡을 전부 녹음했던 굴드였던지라, 우리는 흔히 그가 누구보다 좋아한 음악가는 바흐였다고 오해할 수도 있다. 하지만 그렇지 않았다. 그가 좋아한 음악가는 올랜도 기번스였다. 정확히 말해 그의 간결성을 좋아했다. 그리고 시벨리우스를 좋아했던 것은 그 차가움에 있었다. 그러나 굴드의 바흐는, 우리에게서 아무것도 기대하지 않고 우리가 갈망이나 기억을 지녔다고도 추정하지 않는 것들의 수수께끼 같은 명징성을 지니고 있다. 이렇게 해서 음악은 우리가 듣는 무엇이 아니라 우리를 듣는 무엇이 된다.

굴드가 연주하는 바흐의 〈토카타〉가 바로 그렇다. 우리에게 귀기울이면서 사실은 자신에게만 귀기울이는 음악. 그러므로 우리는 일체의 친밀성이 제거된 음들의 타래, 추위에 떠는 가냘픈 이 빛의 악절을 받는다. 마치 손안에 한줌의 침묵을 받듯이.

그렇긴 해도 하나의 음악이, 무엇보다도 강한 음악이 다른 시간과 장소로부터 새어 나와 모든 것을 가로질러 온다. 나이를 먹었지만 나이를 모르고, 믿을 수 없을 만큼 자신과 합치된 모습으로. 이 음악에는 치유할 수 없는 무엇이 있다. 그것은 헐벗은 모습으로 앞으로 나아간다. 은총은 닥치지 않을 것이다. 하지만 어둠 속에 한줄기 음성이 있다. 소멸에 맞서 일어서는 음성, 심지어 소멸의 음성. 이 음악은 얼마나 참을성 있고 끈기 있고 지칠 줄 모르는지, 발은 땅을 딛고 눈길은 둥근 천장에서 길을 잃은 채 더이상 걸을 줄 모르는 사람처럼 나아간다.

그러나 굴드의 연주 가운데 내가 가장 좋아하는 것은 바흐가 아니고 브람스이다. 브람스의 〈간주곡〉과 특히 〈피아노 협주곡 d단조〉를 나는 좋아한다. 음에서 전해져 오는 이 놀라운 원경(遠景)을 좋아한다. 저녁의 쓸쓸한 표면, 마지막 결렬(하지만 굴드는 아직 젊지 않았던가), 가슴이 서늘해지는 극한으로의 접근, 항구의 한없이 슬픈 모습. 추억이 음악으로 변하는 건지, 음악이 추억으로 변하는 건지 알 수 없지만.

나는 음악을 어떤 잔여물처럼 듣기를 좋아한다. 더 먼 곳에서 들려올수록 음향은 나를 더욱 감동시킨다. 슈만(마지막 〈피아노 소악곡〉 작품 제21번, 〈다윗동맹 무곡집〉 18번 작품 제6번)이나 베르크의 곡(〈보체크〉, mes. 419-421)에서 찾아볼 수 있는 '먼 데서 들려오듯이'라는 지시어는 가장 내밀하며, 내면으로부터 솟아오르는 듯한 음악들을 지칭한다. 우리 안에 있는 음악은 세상에 완전히 속해 있지는 않은 무엇이다. 황량하고 벌거벗은 세상조차도 아닌, 그것은 세상의 부재이다.

마지막 시기

흔히 생각하는 것과는 달리 글렌 굴드의 마지막 디스크——세상에 나오진 못했으나 녹음된——는 〈골트베르크 변주곡〉이 아니고, 1982년 9월 뉴욕의 RCA 스튜디오에서 녹음된 슈트라우스의 〈소나타 1번〉 작품 제3번이었다. 한 달 뒤엔 죽음이 우리에게서 그를 앗아가, 보이지 않는 세계의 힘인 음악의 힘에 그를 돌려 놓게 된다.

1955년 6월에 굴드가 처음으로 〈골트베르크 변주곡〉을 녹음했을 때, 이 디스크가 놀라운 성공을 거둔 데는 댄 웨이너가 재킷에 넣은 그의 사진들도 분명 한몫했을 것이다. 긴 갈색 머리, 튀어나온 광대뼈, 그가 세상을 재어 볼 차례라는 듯 오만하면서도 포위당한 듯한 분위기. 1981년 4월과 5월에 굴드가 〈골트베르크〉를 다시 녹음할 당시에는 몽생종이 감독한 필름이 제작되고 있었다. 이 필름에 등장하는 굴드의 모습을 보면 깜짝 놀라게 된다. 그는 살이 찌고 축 처진 모습이다. 옷차림은 회색에다 중성적이며 존재하지 않고 형태도 없고, 윤곽도 손상되어 있다. 그런데 그가 검은테의 안경을 쓰고 있는 것은 왜일까? 굴드는 악보를 보면서 연주하지도 않고, 그 앞에 악보가 놓여 있지도 않은데. 게다가 그는 늘 눈을 감은 채연주하지 않는가. 아마도 안경의 렌즈는 보정 렌즈가 아닐 것이다. 그것은 보기 위해서가 아니라 보이지 않기 위해 소용되었을 것이다. 아마도 그의 운명 전체가 여기에 요약되어 있을지 모른다. 그는 보여지지 않고, 들려지길 원했던 것이다.

다시 뒤로 돌아가 이 두 얼굴, 젊은 얼굴과 늙은 얼굴을 바라보고 있노라면 하나의 삶으로 연결짓기가 불가능하다. 1982년 10월 4일 한 동시대인이 죽었는데, 우리가 그에 대해 어렴풋이나마 아는 것은 그가 또한 다가올 두세 세대의 동시대인이기도 하다는 것이다. 그에 관한 음악평과 기사·추도사가 쏟아져 나온다. 경건한 눈물을 바치는 글들이 인쇄물로 쉴새없이 흘러나온다. 고인의 약력을 작성하는 이는 손을 놓고, 죽음의 빛이 그를 후광으로 감싸서 죽은 이가 든 암흑을 능가하기를 기다린다. 하지만 그가 죽은 지 10년이 지났어도, 그동안 수많은 기념식과 회고·찬사와 경의가 있었음에도 불구하고 굴드는 여전히 어둠 속에 가려져 있다.

질문이 끊이지 않으며, 여러 기념제들도 그에 대한 기억을 온전히 되살려 놓거나 한 인생의 불투명한 수수께끼를 황금 전설로 바꾸어 놓지 못하고 있다. 굴드가 죽은 이후 우리는 그에게 몇 가지 질문을 쉴새없이 제기해 왔다. 왜 미(美)란 말인가? 음악은 정신적인 무엇인가, 아니면 신체의 외설스런 유희가? 모차르트를 베토벤처럼, 베토벤을 모차르트처럼 연주해야 할까? 아니면 이 둘이 마치 처음 연주되기라도 하듯이 연주해야 할까? 그가 사망한 뒤에도 질문은 줄어드는 대신 오히려 늘어만 가고, 질문을 제기하기는 더 괴로운 일이 되어 버렸다.

이 10년 동안 우리가 굴드에 관해 알고 있는 것에 무슨 일이 일어났는가?

글렌굴드재단과 글렌굴드상·글렌굴드협회가 생겨났다. 여러 차례의 심포지엄과 전시회가 열리기도 했다. 1992년 10월에는 그로닝겐에서 글렌 굴드 페스티벌이 열렸다. 아직 '글렌 굴드 축제'는 생기지 않았지만 머지않아 이것도 생겨날 것이다. 또 '커뮤니케이션'의 수법을 써서 속여먹기까지 할 것이다. 요컨대 굴드는 하나의 신화, 스타가 된 것이다. 캐나다 토론토 국립박물관 1층에 있는 그의 피아노 스타인웨이 CD318

은 조금 지루해하고 있지만, 그 역시 모차르트의 클라브생과 플로베르의 앵무새처럼 곧 새끼칠 것임을 장담해도 좋다.

그가 경고한 바 있었다. "나의 사생활은 간소하고 단조롭다. 그러므로 이 삶에 대한 책은 짧고 지루할 것이다." 그건 잘못 생각한 것이었다. 지루하긴 하지만 긴 전기가 씌어졌으니까. 굴드의 삶은 《타임 매거진》의 상임편집자인 오토 프리드리히에 의해 '미국식으로' 씌어진 첫번째 전기에서 조심스레 관찰되고 이야기되고 분석되었다.[1] 다른 작업들도 결실을 보게 될 것이다. 과연 전기를 써야 하는지, 두려운 마음이 앞선다. 프리드리히는 글렌 굴드의 자산관리사에 의해 선택되었다. 이렇게 해서 그는 캐나다 국립도서관에 보존된 자료 일체를 조사하고, 녹음기를 손에 들고 80명도 더 되는 사람들을 만났다. 반면 출자자의 요구에 따라 일부 구절들이나 주제들을 완전히 삭제하고, 승인을 받은 다음에야 이 전기를 출간할 수 있었다. 이 사실을 유감스럽게 생각하고, 삶의 구석구석을 조명해야 할까? 굴드를 그림자들 사이에 그림자로 남겨두면 안될까? 하지만 굴드는 자신을 방부 처리하는 전기보다 오래 살아남을 것이다.

---

1) Otto Fridrich, Glenn Gould, *a Life and Variations*, Random House, 1989.

흔히 죽은 이들을 두고 그렇게 하듯이, 우리는 그의 주머니를 뒤집어 본다. 그의 서랍을 샅샅이 뒤진다. 성생활에 관한 서랍은 너무도 비어 있어 사람들은 어리석게도 순진한 질문들로 채워넣는다. 성(性) 문제 앞에서 그렇게까지 질겁했던 건 실제로 그가 동성애자였기 때문이 아니었을까? 하지만 이 점에선 이미 굴드 자신이 답변한 바 있다. 어느 날 그에게 섹스에 대해 언급한 바순 주자 니콜라스 킬번에게, 굴드는 "나의 황홀경은 나의 음악입니다"라고 말했던 것이다. 수십 장의 디스크와 비디오를 통해 그는 이미 우리에게 대답을 한 셈이다. 그런데도 일부 사람들은 작품보다는 삶이 더 흥미롭다고 여기며 귀기울이려 하지 않는다. 네덜란드에 본부를 두고 전 세계적으로 신자들을 끌어모으는 교회라 할 만한 글렌굴드협회는 15개 남짓한 교구 소식지를 발행하여, 교화의 목적으로 이 성인(聖人)에 관한 것이라면 무엇 하나 빠뜨리지 않고 꾸준히 배포하고 있다.

이 자료들을 읽노라면 우리는 모든 것을, 거의 모든 것을 알 수 있다. 예를 들면 사망 당시 그가 소유하고 있던 재산은 7만 5천 불에 달했으며, 대부분은 동산이었음을 알 수 있다. 하지만 그가 돈과 어떤 게임을 벌이고 있었는지는 알 수 없을 것이다. 또 그가 매일 삼켜야 했던 약들의 어처구니없는 목록은 알 수 있겠지만, 왜 이 약들을 마구 집어삼키지 않고는 그가 살 수 없었는지는 알 수 없을 것이다. 1964년 3월 29일 부활절, 굴드가 시카고에서 마지막 연주회를 가졌던 날 이 도시에 눈이 내렸다는 것은 알 수 있겠지만, 왜 이것이 마지막 연주회였는지는 알 수 없을 것이다. 그리고 내가 방금 말한 것과는 달리 이것이 그의 마지막 연주회는 아니었다는 것, 4월 10일 로스앤젤레스의 윌셔에벨극장에서 한 번 더 연주를 했다는 것도 알 수 있다. 하지만 왜 이날 저녁 예정대로 〈소나타〉 작품 제110번을 연주하는 대신 작품 제109번을 연주했는지는 알 수 없을 것이다. 나 역시 이유를 알 수 없다. 아무것도 알 수 없다. 그것이 그의 마지막 연주회였노라고 내가 말했다면, 그건 과거의 사건을 이야기하려 했던 것이 아니라 글렌 굴드가 '누구'인지 말하기 위해서였다. 그러려면 작품 제110번의 아리오소 돌렌테 어딘가에서, 정확히 말해 3악장 17소절에서 무대를 떠나기로 결심한 굴드를 그려야 했다. 하지만 내가 이 책 첫머리에 T. S. 엘리엇의 시 다섯 줄을 인용해 넣었을 당시만 해도 나는 엘리엇이 굴드가 좋아한 작가들 가운데 한 명이었다는 사실을 모르고 있었다. 또 굴드의 글 속에 그의 시가 자주 인용되어 있다는 사실도 모르고 있었다. 또 굴드가 그의 마지막 연주회에서 〈푸가의 기법〉 가운데 어떤 푸가를 연주했는지 모른다고 쓰면서 사실 나는 그 답을 알고 있었다. 그러면서도 이런 식으로 써나갔던 건 굴드를 전기의 정확성과 지식 전달의 질서에서 구출해 내어 허구의 질서, 진실의 질서로 들어가도록 하기 위해서였다.

전기작가 자신이 늘 자기 뒤에 모순을 남겨두고, 우리 각자에게 내밀한 공간을 남겨두는 것이다. 바로 이 공간, 일체의 사건 중심의 정확성으로부터 해방된 이 공간에서 우리는 굴드를 들으면서 그의 전기를 다시 쓰게 된다. 프리드리히가 쓴 전기 354쪽에는 굴드가 마지막 연주회(로스앤젤레스)에서 시카고 연주회에서처럼 작품 제110번을 연주했노라고 실려 있다. 108쪽에서는 굴드가 작품 제110번 대신 109번을 연주했노라고 해놓고서 말이다.

누가 진실 속에 있는 것일까? 누가 알겠는가? 그걸 알아야 할까? 사랑하려면 알아야 할까? 물론 그렇지 않다. 사랑에는, 아니면 단지 귀기울이는 데에는 전기적인 앎과는 다른 앎이 있다. 설령 앎이 사랑을 확장시키고 활력을 줄 수 있다손 치더라도 절대로 사랑을 따라잡을 수는 없다. 이해하려면 사랑에 빠지지 않으면 안 된다.

결국 우리들 각자와 마찬가지로 굴드 역시 전기로는 씌어질 수 없는 무엇을 위해 살았을 뿐이다. 우리의 가슴을 찢어 놓는 어떤 하늘, 우리를 바꾸어 놓는 한 권의 책, 선물처럼 주어지는 어떤 미소, 그리고 '아무데도 없는 곳'을 되뇌이면서 음악으로서 사라져서 다른 무엇이 되는 시벨리우스의 음악. 어떤 빈터, 어떤 눈길, 어떤 생각. 전기는 있는 그대로의 인간에 대해 거의 가르쳐 주는 바가 없으며, 창조자에 대해선 더더욱 입을 굳게 다문다. 각자는 자신만의 광기와, 비밀스럽거나 눈에 띄는 편집증들, 기록된 삶의 페이지들 사이에서만 찾아지는 광범위한, 혹은 미미한 균열들만을 소유할 따름이다.

하지만 굴드의 사망 이후 일어난 진정한 사건은 그의 삶에 관한 것도, 그 삶의 해석에 관한 것도 아니었다. 그것은 발표되지 않은 수많은 음반의 제작 발매와 그밖의 소실된 음반들의 새로운 제작 발매이다. 말하자면 시간이 작품(굴드는 이 말을 적용해도 지나치지 않는 드문 연주자들 가운데 한 명이다)을 열어 보이고 확장시켜, 오늘날 우리가 모르고 있는 수많은 녹음들이 이 작품에 포함되게 되었다. 이것은 생트 뵈브가 말한 이상한 법칙, 프루스트도 언급하고 싶어했던 이 예리한 법칙을 확인시켜 준다. "문인에겐 그가 공인(公人)이 아니었던 한, 전기라고 할 만한 것이 있을 수 없다. 그의 전기는 그의 작품들의 총목록에 지나지 않는다. 그 다음 거기서 영혼과 정신적인 인간을 찾아내는 것은 비평가-화가의 몫이다."[2] 굴드의 진정한 삶은 그의 음반 목록이다. 그가 글을 쓰지 않았던 것은 아니다. 심지어는 《피아노 쿼털리》의 발행인인 로버트 실버맨을 위해, 전설적인 피아니스트 윌리엄 카펠의 회상록식으로 자신의 삶에 대해 쓸 생각도 했었다. 그렇게 하지 않은 것이 분명 잘한 일일 것이다. 그의 문학적 자질이 어떠했든 우리에게 글렌 굴드의 삶을 더 잘 이야기해 주는 것은 언제나 그의 피아노일 테니까. 그밖에도 그의 진정한 자서전이라 할 수 있는 〈북극의 개념〉〈늦게 온 사람들〉〈전원의 고요〉로 구성된 그의 라디오 방영물 〈고독의 삼부작〉에서 그가 인용한 메논파 신도들의 '세상 속에서, 하지만 세상에 속하지는 않고'라는 이 말은 그를 너무도 잘 설명해 주고 있다. 그리고 1968년의 어느 날 그가 배에서 테르-뇌브로 하선해, "이곳의 진실은 바로 격리이다"라고 한 말은 또한 그 자신에게도 적용될 수 있다.

굴드의 운명은 비유의 형태를 취하고 있다. 즉 감추어진 의미, 상승과 추락의 여정이라는 두 가지 의미에서. 청구서·전보·수표·종잇장·원고·기사, 또 편지들 사이에서 개봉조

2) Sainte-Beuve, *Mes poisons*, José Corti, 1988, p.267.

차 되지 않은 수많은 편지들이 발견되었다. 예를 들면 서툰 프랑스어로 씌어진 부다페스트에서 날아온 편지도 그랬다. "전형가리 여성입니다. 음악을 아주 좋아해요. 선생님의 음악을 라디오로 들었답니다. 선생님의 연주를 얼마나 좋아하는지 ……." 고인의 물건들 가운데서 또 갈색 종이로 싼 노트도 발견되었다. 아마도 자서전을 쓸 생각이었던지 거기에는 굴드의 손으로 씌어진 '수수께끼의 본질'이라는 제목이 적혀 있다. 하지만 페이지들은 백지로 남아 있다.

전기는 우리에게 아무것도 가르쳐 주지 않으며, 예술가들의 전기는 창작의 수수께끼를 늘 설명되지 않은 채로 남겨둔다. 삶 자체는 절대로 최후의 말을 하지 않는 법이니까. 삶이란 무엇일까? 하나의 삶이란 우선 여러 삶이다. 어떤 삶은 멀리서 체험되고, 또 어떤 삶은 거의 짐작되지도 못한. 약속된 삶들, 거부된 삶들. 그런데 다른 사람들은 단 하나의 삶만을 보며 그것이 잘못된 이음매, 속임수나 덧칠이 가해지지 않은 일관된 작품이기를 원한다. 그렇기 때문에 그들은 그렇게도 '라이브' 녹음을 좋아한다. 거기서 시간과 장소가 일치되는 징후를 보며 진실의 표지를 읽는다고 생각하는 것이다.

굴드의 생의 마지막 해를 살펴보자. 그것은 성찰되어진 꾸준한 쇠락처럼 보일 수도 있다. 아니면 다시 시작하고자 하는 갈망에 취한, 여러 계획과 색채들로 번쩍거리는 모습으로 그릴 수도 있겠다. 컬럼비아 레코드사의 샘 카터는, 그가 바흐의 〈인벤션〉과 〈이탈리아 협주곡〉을 다시 녹음하고 싶어했다고 말한다. 그랬다. 그가 몹시 싫어한 〈이탈리아 협주곡〉까지 말이다. 도무지 이해할 수 없는 일이다! 그의 다정한 사촌누이 제시 그리그는, 그가 스코틀랜드를 배경으로 역사소설을 쓰고 싶어했노라고 말한다. 네빌 마리너는 그와 베토벤의 협주곡 전곡의 원리에 대해 이야기를 나눈 적이 있었다. 브루노 몽생종은 그와 함께 〈지그프리드 목가〉와 바흐의 〈b단조 미사〉에 대한 두 편의 필름을 찍을 생각이었다. 존 맥그리비는 그가 북극에서 촬영될 세번째 필름에 대해 말하는 것을 들었다. 제시는 그가 마치 극한까지 가도록 '강요받은' 사람 같았다고 묘사한다. 하지만 글렌 굴드가 '무엇의' 극한까지 가려고 했는지는 그녀도 이해할 수 없었다. 바흐의 극한까지였을까? 아니면 피로의 끝까지? 굴드는 자신이 늙고 쇠약해졌을 때 살 집에 대해 말하기도 했지만, 그건 아마도 하나마나한 그런 말이었을 것이다. 어쩌면 자신이 조용히 죽게 내버려두도록 하기 위한 위장물들을 고안해 내고 있었던 건지도 모른다.

마지막 시기에 그가 피아노를 버리고 오케스트라의 지휘

자, 아니면 작가·영화제작자, 혹은 버림받은 동물들을 위한 방주의 지킴이가 되고자 했을 때(그도 몰랐겠지만 이 모두가 얼마나 유치한 말인가?), 굴드에게 있어 피아노의 종말은 굴드의 종말이 될 것임을 그도 예감했었을까? 1980년의 어느 날 오스트로프스키 상점에서 발견한 야마하, 그의 마지막 피아노가 되었으며 그에게 첫번째 피아노 치커링을 생각나게 했던 이 피아노가 정말로 마지막 피아노가 되리라는 것을 예감했었을까? 그가 꿈꾸었던 것은 18년 전 연주회를 포기한 사건의 반복일 터이지만, 그러나 이번엔 글자 그대로 영원한 무엇이었다. 어떤 사람들은 그가 피아노를 다시는 연주하지 않겠다고 말한 것으로 이해했고, 또 다른 사람들은 그가 매일 밤, 밤을 새워 가며 피아노만 연주하겠다고 말한 것으로 이해했다.

누구를 믿어야 한단 말인가? 분명 양쪽을 다 믿어야 하리라. 마찬가지로 1982년 그의 마지막 여름, 그를 만난 사람들 중엔 그를 청년으로 본 이들이 있었는가 하면 노인으로 간주한 이들도 있었다. 그의 초상이 뚜렷이 떠오르게 된 반면, 그의 형상은 어둠 속에 남아 있다. 그의 영광의 빛으로 오히려 확장되어 가기만 하는 어둠. 신비는 그대로 남아 있기 때문이다. 굴드는 누구였을까? 나로선 알 수가 없다. 하지만 그는 사람들이 생각했던, 혹은 그렇다고 말하는 그 누구도 아니었다.

글렌 굴드를 문화적 산물로 생각하여 단지 감탄하며 그의 음악을 듣는 사람들, 나는 그런 사람이 아니다. 설령 그 어느 예술가보다도 그가 대가라고 불리기에 손색이 없다 하더라도 나는 그를 그렇게 부르지 않겠다. 나에게 그는 그보다 더한 것일 수도, 덜한 것일 수도 있다. 말하자면 친구인 것이다. 내가 충실하려고 노력하는 몇몇 사람들. 글렌 굴드, 샤를 보들레르, 요한 제바스티안 바흐, 토머스 스턴스 엘리엇, 프란체스코 과르디, 그리고 한참 동안 보지 못해 보고 싶은 마리아 칼라스.

흔히는 고인이 되었지만 언제까지나 예술가로 남아 있는 이 보기 드문 존재들. 보들레르가 바그너에 대해, '우울한 시간'에 그가 거기 있다는 것이 위로가 된다고 말한 그런 존재들에 굴드도 속해 있다. 이 천한 세상에 던져져 우리가 무엇을 하고 있는지 이들 덕분에 더 잘 알 수는 없을 것이다. 그러나 우리가 누군지 알도록 함으로써, 좀더 철저히 기억하도록 함으로써, 그들은 우리에게 덜 비천한 세상을 데려다 놓는다. 덜 겸손하다는 뜻이 아니고, 덜 천박하다는 뜻이다. 왜냐하면 굴드의 교훈은 바로 겸손의 교훈이기 때문이다.

내가 선호하는 피아니스트들이 있다. 리파티·리히터·소프로니츠키가 그들이다. 길렐스는 스크랴빈의 〈3번 소나타〉

의 '드라마티코'를 굴드보다 더 잘 연주한다. 그리고 아라우는 〈황제〉 협주곡을 더 잘 연주한다. 비록 굴드의 연주엔 방황의 미묘한 과학이 과시되고 있고, 또 콘체르토를 연주하는 그의 방식 역시 놀랍긴 하지만.

하지만 모든 것이 우리에게 침묵을 강요할 때 노래부르기가 얼마나 어려운지 이 정도까지 우리에게 말해 주는 피아니스트는 없다. 음악 앞에서 그는 물러서며, 자리를 양보하고, 사라진다. 간결함을 몹시 사랑하는 그는 최소의 것을 추구한다. 바흐의 〈파르티타 6번〉의 첫 부분을 들어 보자. 거의 존재하지 않는 것, 거의 아무것도 아닌 것, 이것이 어떤 순간들에 이르러선 내게 음악 전체가 된다. 음악, 이 모호하고도 미묘한 것, 우리에게 속하기를 늘 거부하는 이것이 그에겐 참으로 존재하는 유일한 것이었기에. 우리가 '어렴풋이 보았다'고 말할 때처럼 '어렴풋이 들었다'고밖에 말할 수 없는 음악.

나는 굴드가 연주한 〈골트베르크 협주곡〉의 마지막 녹음의 마지막 부분(아리아의 재현)의 마지막 음들을 듣는다. 지속된 화음이 잠시, 새가 날아가 버린 가지가 희미하게 떨리듯이 부르르 떤다. 굴드를 들으며, 굴드에 관해 쓰며 결국 알게 된 것은 나 자신이다. 자신들의 삶을 살지 않았던 예술가들, 그러나 이들 덕분에 우리가 우리 자신의 삶을 그나마 괜찮게 살 수 있게 된 그런 예술가들을 경험할 때 늘 그렇듯이. 이 놀라움은 놀래키고, 당황하게 만들고, 기발하게 보이려는 욕구에서 생겨나는 것이 아니다. 그렇다. 참된 놀라움은 아름다움 앞에서 우리가 "그래, 이거야. 이렇게밖에는 될 수 없었어"라고 말하도록 만든다. 발설된 것은 방금 전까지도 생각할 수 없었지만 이젠 돌이킬 수 없는 것이 되어 버렸다. "예술은 가장 높은 사명을 지닐 때 거의 인간적이 아닌 무엇이 되어 버린다"고 언젠가 굴드도 말한 적이 있다.

"거기 누군가?" 이것이 스크랴빈의 마지막 말이었다. 병실 어두운 곳에 누가 있는지 모르는 환자가 묻는 평범한 질문이라고 생각할 수도 있다. 하지만 "나는 누구인가? 이제 존재하기를 멈추려 하는 나는 누구인가?"라는, 자신에게 묻는 마지막 질문일 수도 있다.

전기를 쓰면서 할 수 있는 유일한 변명은, 그가 누구인가를 이야기하는 데 실패함으로써 우리가 누구인가를 찾도록 만든다는 것이다.

인벤션

　시간은 우리가 되고자 애쓰는 인간을 저버리며, 죽음은 우리가 믿었던 것과는 다른 인간을 드러내 보인다. E. T. A. 호프만은 스스로가 《크라이슬레리아나》를 쓴 작가라기보다는 이 작품에 등장하는 음악가 크라이슬러 자신으로 받아들여지기를 원했지만, 후세대에게 그는 작가로 통한다. 굴드는 자신을 커뮤니케이션 종사자·사상가·작가로 여겼지만, 죽음은 그를 피아니스트로서 새롭게 창조해 내고 있다. 1988년 몬트리올에서는 연주자·철학자·커뮤니케이션 종사자·음악이론가 굴드라는 주제로 굴드에게 바쳐진 네 차례에 걸친 심포지엄이 열렸다. 참가자 대부분은 굴드 자신이 한 말에 역점을 두었다. 그는 스스로를 '여러 다른 일들을 해낼 수 있는 일종의 르네상스 음악인'으로 규정지었던 것이다. 피아노 연주는 그 중에서 가장 하찮은 것에 속할 것이었다.

하지만 그가 잘못 생각한 것이었다. 잇달은 해설가들도 마찬가지였다. 같은 심포지엄에서 자크 드리옹이 지적했듯이 글렌 굴드는 일찍이 존재한 가장 위대한 두세 명의 피아니스트 가운데 한 명일 따름이다. 이 반(反)피아니스트가 실제로는 피아니스트들 중에서도 피아니스트였던 것이다. 이론가도, 철학자도, 작가도 아닌 피아니스트. 오르간 연주자나 클라브생 연주자가 아닌 피아니스트. (그 자신은 그렇게 믿지 않으려 했고, 또 우리도 그의 생각을 따르게 하려 했지만 몇몇 나쁜 녹음이 이를 증명해 준다.) 비록 그가 너무 피아노다운 곡들과 또 '지나치게 피아노다운' 피아노 소리를 좋아하지 않았고, 그보다는 클라브생에 가까운 '거세된' 피아노 소리를 좋아했지만 말이다. 글렌 굴드는 역시 피아니스트로서 우리 사이에 남아 있다.

그의 피아노 예술을 한마디로 요약한다면, 나는 그것을 '인벤션(invention)'의 예술이라고 말하겠다. 굴드의 연주의 특성은 두말할 것도 없이 어찌 보면 그의 서명이라 할 만한 정확한 발성, 명쾌한 조음, 화성적인 사고의 구성이다. 하지만 이것들은 그의 표현의 수단들이지 심오한 원동력은 아니다. 이 원동력은 서로 구분되는 다섯 개의 특성을 포함하고 있다.

I

우선 각부분, 각각의 세부 사항 속에 존재하는 총체적인 형식에 대한 감각을 들 수 있다. 인벤션은 무엇보다 자유롭고도 구속을 가해 오는 음악 형식이다. 그런가 하면 글렌 굴드의 가장 놀라운 음반들 가운데도 바흐의 〈인벤션〉이 들어 있다. 인벤션은 특히 묻혀 있는 것의 발굴, 감추어져 있는 것의 드러냄이라는 의미로 오랫동안 사용되어 왔다. 굴드는 연주를 위해 늘 인벤션, 즉 발견과 탐구, 새로운 착상에 몰두했다. 우리는 해석의 딜레마를 알고 있다. 연주가가 자신을 포기하고 작품을 섬길 것인지, 아니면 작품 속에서 자신을 이야기하며 작품을 통해 자기 자신을 해석할 것인지, 다시 말해 그렇게 하면서 작품을 배반할 것인지 하는. 굴드의 인벤션은 이같은 대립 관계를 해소시키고 있다. 그는 이미 거기에 있는 것을 발명해 낸다. 하지만 빛을 보게 된 것은 발명자가 없었다면 존재하지 않았을 것이고, 또 그의 서명을 지니고 있다. 연주되지 않은 악보는 존재하지 않는 것이라고 쉽사리 말해 버릴 수도 있다. 그렇다고 악보를 존재하게끔 한 모든 연주가 가능하고, 임의적이며, 동등한 것이라는 말은 아니다.

굴드 자신이 몇몇 곡에 대해 매우 다른 해석을 내놓았는데, 특히 템포에 있어서 그렇다. 예를 들어 하이든의 〈소나타〉 49번 Eb의 경우, 1958년 10월 1일의 스톡홀름에서 녹음된 연주는 15분 36초가 걸렸지만 1981년 2월 스튜디오에서 녹음된 두번째 연주는 17분 20초가 걸린다. 그런가 하면 베르크의 〈소나타〉 작품 번호 1번의 세 녹음은 각각 11분 18초, 12분 17초, 13분 17초가 걸렸다. 1982년에 녹음된 〈골트베르크〉의 첫번째 〈아리아〉는 1955년에 녹음된 것보다 연주 시간이 두 배나 길다. 시간이 감에 따라 템포가 느려짐을 알 수 있다. 그러나 문제의 본질은 여기에 있지 않다. 이 인벤션 하나하나는 내적인 일관성을 지니고 있으며, 악보는 이 인벤션 하나하나에 판단의 내적 규범처럼 존재한다.

그러기에 굴드는 자신의 연주 스타일을 이같이 정의하고 있다. "우리가 법을 어겼을 때 잡음이 나듯이 인벤션도 잡음을 낸다고 사람들은 생각한다. 내가 이 의견에 동의하지 않음은 말할 필요도 없다. 잡음은커녕 오히려 나는 미묘함을, 사람들이 우리에게 기대하는 것과는 다른 전제들을 구축하게 되는 미묘함을 본다."[1]

---

1) Glenn Gould, *Entretiens avec Jonathan Cott*, Jacques Drillon의 번역 및 해설, Lattès, 1983, p.137.

굴드의 피아노 연주를 듣노라면 묘한 비교를 하게 된다. 아무것도 우위에 두지 않으며, 각각의 성부의 음 하나하나가 들리도록 하며, '반주'에 노래가 실리는 선율적인 음악보다 어떤 성부도 지배적이지 않은 대위법을 선호하는 방식. 바로 이렇게 해서 이 정신분석가는 하나의 꿈에 귀기울이는 게 아닐까? 어디에 분명한 내용물이 있고 어디에 잠재적인 내용물이 있는지를 미리부터 알지 않고, 순위를 정하지도 않은 채.

한편 굴드는 그의 '대위법적인' 라디오 방송에서 이 비슷한 경험들에 몰두하게 된다. "시간의 방향과 시간의 등급에 따라, 이들이 개별적인 성부와 맺고 있는 관계 속에서 연주하기. 오직 하나의 성부를 들을 것. 그 성부가 말하는 것에서 출발해, 개별적이면서도 동시에 전해져 오는 메시지를 인지하면서."[2]

II

굴드의 연주의 두번째 양상은 놀랄 만큼 악기의 현존이

---

2) Glenn Gould, *Non, je ne suis pas du tout un excentrique*, Bruno Monsaingeon의 편집 및 해설, Fayard, 1986, p.94.

느껴진다는 것이다. 피아노가 모든 걸 해낼 수 있다. 그렇게 그는 믿었고, 그것을 실천에 옮기기 위한 수단을 지니고 있었다. 그의 생의 마지막 시기에 있었던 두 가지 예를 들어 보기로 하자. 해밀턴 필하모닉 오케스트라의 지휘자 보리스 브로트는, 굴드가 쇤베르크의 피아노와 관현악을 위한 곡을 녹음하려고 했던 것을 기억한다. 악보에 대해 자신이 이해한 바를 설명하다말고 굴드가 갑자기 소리쳤다고 한다. "여러분께 설명할 수가 없습니다. 모든 걸 제가 직접 연주해 보이는 수밖에 없군요." 그리고 피아노 앞에 앉은 그는 모든 성부를 단순화시켜 자신이 연주할 부분은 물론 그밖의 부분들까지도 모두 연주해 보였다.

또 한 번은 피아니스트 존 클리보노프와 베토벤의 〈2번 협주곡〉을 녹음했는데, 그는 아다지오 부분을 완전히 아다지시모로 지휘했다. 오케스트라가 그렇게 느린 템포를 따라갔다가는 멜로디가 손상되어 끊어질 수밖에 없었다. 그러자 굴드가 연단에서 내려와 피아노 앞에 앉았다. 그렇게 느리게 연주를 하는데도 선율이 손상되지 않는다는 사실을 그는 그렇게 직접 보여주었다.

1955년에 녹음된 〈골트베르크〉에 대해 그는 "이 안에는 피아노적인 연주가 아주 많이 들어 있다. 이렇게 말하면 나로서는 연주를 몹시 깎아내린 셈이지만"이라고 말했다. 그는 오케스트라 지휘가 자신의 영역이라고는 생각지 않았다. 비록 그 자신이 작은 오케스트라를 직접 지휘해 녹음한 〈지그프리트 목가〉의 감탄할 만한 음반을 내놓긴 했지만 말이다.

마지막에 그는 피아노를 떠나고 싶어했다. 하지만 피아니스트로 태어난 그는 피아니스트로 죽었다. 굴드가 연주를 할 때면, 그 자신이 피아노가 되었다. 그는 피아노를 생각했고, 피아니스트들에게 관심을 가졌다. 특히 피아니스트들 중에서도 피아니스트라고 할 수 있는 호로비츠에게. 루빈스타인과 호로비츠가 지배했던 60년대의 피아노는 그에게 혐오스런 매력을 행사했다. 그래서 그는 루빈스타인에 대해 그다지 기분 좋지 못한 묘사를 하기도 했으며, 또 콩쿠르에 대해 스스로를 공공연한 적으로 선언한 바 있는 그는 호로비츠에 대해 아주 놀랄 만큼 차가운 적개심을 드러내 보이기도 했다. "기법면에서 나는 호로비츠보다 훨씬 뛰어나다"고 그는 말했다. 이 말은 분명 사실이다. 굴드가 호로비츠식으로 연주한──게다가 감동적이기까지 한──쇼팽의 〈연습곡〉의 개인 녹음이 있다. "호로비츠는 옥타브를 연주하지 않고 속임수를 쓴다"고 말하기까지 했는데, 이런 그의 말이 완전히 틀렸다고는 볼 수 없다. 아무튼 굴드의 피아노 테크닉의 견딜 수 없는 순수성을 호로비츠에게서 찾으려고 해보아야 헛수고이다.

　실제로 굴드는 의기양양하게 무대로 복귀한 호로비츠를 참을 수 없어 했다. 호로비츠가 카네기 홀로 전설처럼 복귀한 직후인 1967년과 1968년에 굴드는 자신의 일상적인 연주 목록에서 완전히 벗어난 두 곡을 녹음했다. 즉 1942년 호로비츠가 미국에서 초연한 프로코피예프의 〈7번 소나타〉와, 또 호로비츠가 9세 때 모스크바에서 작곡가 앞에서 직접 연주한 스크랴빈의 〈3번 소나타〉였다. 이것은 거절당했기 때문에 더 고통스러운 경쟁의 부추김을 받은 것이 아니고 무엇이었을까? 뿐만 아니라 굴드는 죽을 때까지, 카네기 홀의 이 독주회를 풍자화하겠다는——물론 스튜디오 안에서——계획을 품고 있었다. 호로비츠가 연주한 곡들을 이 대가보다 더 잘 연주해 낸 음반을 만듦으로써. 이 계획이 실행될 수 없었던 것은 두 피아니스트가 같은 음반 제작사와 계약을 맺고 있었기 때문이다.

　그러면 무엇 때문에 이같은 적의를 품었던 것일까? 그건 호로비츠가 어찌 보면 굴드 자신이었기 때문이다. 호로비츠 역시 비행기를 몹시 싫어했으며, 피아노 앞에서 팔꿈치가 건반 아래로 내려가도록 매우 낮은 자세로 연주를 했고, 아주 엄격한 식이요법을 따랐다. 또한 다른 이들로부터 자신을 보호하기 위해 자주 은거했으며, 감염을 두려워했고, 타성적으로 연주회를 갖는 걸 싫어해서 자주 연주회 일정을 취소하고 20년 이상──특히 1935년에서 1939년까지, 그리고 1953년 3월에서 1965년 5월까지──연주회를 멀리한 경력이 있었던 것이다. 굴드가 호로비츠와 같은 이유, 즉 우울증, 자기 혐오, 타인들로부터의 시달림으로 은퇴하고 1년 뒤에 호로비츠는 무대로 복귀했다.

이 적의는 무엇보다 굴드가 다소 호로비츠였다는 점에서 비롯된 것이다. 연주 스타일면에서도 둘 사이의 뚜렷한 유사성을 찾을 수 있다. 예를 들면 텍스트의 왜곡까지 단행하는 자유, 편곡 취미, 즉흥적인 연주와 모작, 작곡에 대한 욕구, 놀랍도록 한데 어우러진 속도감과 명확성, 거기서 야기되는 가속화되는 시간의 환상, 전체 연주에 형상을 부여하는 강력한 리듬감.

예를 들어 두 사람이 각각 연주한 하이든의 〈소나타〉를 들으면, 항상 곡의 '방향'이 본질적인 요소를 이루고 있음을 알 수 있다. 니체가 구분을 둔 표현을 빌린다면, 두 사람은 서로 상반되는 수단을 통해, 즉 굴드가 아폴론적이라면 호로비츠는 디오니소스적인 방법으로 본질에 접근하고 있지만 말이다. 스카를라티를 연주할 때도, 페달을 사용하고 낭만주의적인 프레이징을 만들어 나가는 호로비츠의 연주는 굴드의 연주와 너무도 닮지 않았다. 그러면서도 경쾌한 리듬감과 연주의 균일성에 있어서는 흡사하다. 그러므로 두 연주자의 초상은 뒤얽히고, 역할은 때로 맞바뀐다. 예를 들어 고전주의자 굴드는 그리그나 스크랴빈을 연주하고, 낭만주의자 호로비츠는 스카를라티나 클레멘티에 전념한다는 식으로.

그래도 역시 굴드는 명쾌한 화성적 구성과 일관된 구조의 피아니스트로, 호로비츠는 색채감 있는 선율과 음의 조형미를 추구하는 피아니스트로 특징지어진다. 굴드는 음악을 이야기했다면, 호로비츠는 그것을 노래했다고 할 수 있다.

III

굴드의 연주의 세번째 특징은, 그의 연주가 끊임없이 '부정(否定)'과 관계를 맺고 있다는 사실이다. 이것은 1964년 11월의 어느 날 그가 토론토 음악원 학생들에게 남긴 유일한 '교훈'이기도 했다. 즉 "여러분의 피아노와 음악이 존재하지 않거나, 존재하지 않는 것처럼 보이는 것과 맺고 있는 관계를 절대로 놓치지 않도록 하라"[3]는 것이었다. 영국의 정신분석가인 비온은 이같은 생각을 선입견과 좌절감이 합류한 것으로 정의한 바 있다. 그런데 굴드가 어떤 연주자와도 구별되는, 사고되어진 연주(지적으로 분석되어진 연주를 말하는 것은 아니다)를 들려주고 있다면 그것은 그가 자신 안에서 꼭 필요한 시간, 비(非)음악을 견디어 내고 받아들일 수 있었기 때문이다. 음악의 선입견으로 그것을 곧 뒤덮어 버리지 않고. 그는 텍스트가 우리에게 야기시키는 박탈감, 버림받은 느낌을 연장시켰다. 텍스트를 한참 동안 숙고할 경우 우리는 그것이 말하려는 바를 더이상 알 수 없게 되며, 그것을 소리로 만들어 내려면 어떻게 해야 할지 속수무책이 되어 버리고 마는 것이다. 그는 기대와 그 대상 사이에서 유지되는 이 격차 위에서 연주를 해나간다. 어떤 음악도 음악적 형상과 음향적 만족감이 일치되도록 할 수는 없다고 그는 믿기 때문이다.

부정이 차지하는 비중, 그건 다시 말해 완전한 타자를 맞아들일 수 있는 힘을 의미한다. 같은 학생들에게 그는 또 다음과 같이 충고했다. "우리 자신의 경험과는 상반되는 것에 의거해 우리 자신의 초상을 만들어 나가는 기능이야말로 우리가 사는 이 세상을 수학적이 아닌 다른 차원으로 보도록 허락해 준다"[4]라고. 사물들의 엇갈림에서처럼 간격이 노출된다. 관

<hr>

3) Glenn Gould, *Le dernier puritain*(Ecrit I), Bruno Monsaingeon에 의해 수집, 번역, 해설됨, Fayard, 1983, p.48.

4) *Ibid*, p.48.

점들은 구멍이 숭숭 뚫려 놀라울 만큼 변질된다. 굴드는 음악을 무엇이라고 보는가? 호흡, 숨결, 말하자면 비물질적인 물질. 그리고 이 숨결이 담고 있는 것은 들릴락말락한 부름들을 내포한, 고독한 자의 명상에 불과하다. 이 부름들은 우리에게, 음악은 공포에 질린 침묵에서 태어난다고 말한다. 단지 숨을 쉬기 위해서라도 노래해야 하는 것처럼.

피아노 음악을 연주하는 데는 두 가지 방법이 있다. 피아니스트로서 연주하는 방법, 아니면 음악가로서 연주하는 방법. 한 탄탄한 성찰을 통해 아르튀르 슈나벨이 표명한 바에 따르면[5] 피아니스트는 대중에게 음악을 주는 자이며, 대중은 그 음악을 받거나 취한다. 한편 음악가는 음악을 취하고 받는 자이다. 덧붙여 말하자면 음악가는 곡과 친숙하지 못하지만, 피아니스트는 우리에게 '자신의' 베토벤을, 아니면 더 심할 경우 모차르트에 대하여 '자신이 해독한 것'을 준다. 하지만 음악은 결단코 우리에게 속해 있지 않다. 음악은 우리가 기어 올라가야 할 무엇이면서, 모호함을 지탱해 내지도 못한다. 곡을 앞에 두고 완전한 고독감과 이질감에 사로잡히는 연주가들이야말로 가장 적절한 연주를 들려주게 된다는 사실은 외견상의 모순

---

5) Arthur Schnabel, *My Life and Music*, Londres, 1961.

일 따름이다.

그런가 하면 또한 두 가지 종류의 음악이 있다. 연주자를 필요로 하는 음악과, 아니면 저절로 연주되는 듯한 음악이 있는 것이다. 쉬운 일은 아니지만 그 경계선을 그어 본다면, 베토벤의 제2번과 마지막 곡 사이쯤이 될 것이다. 몇 가지 음악 형식과(굴드가 좋아한 형식인 대위법에선 일단 주제와 제2주제가 설정되면 그들은 제 갈 길을 가며, 연주자는 단지 가는 길에 방해만 놓지 않으면 된다) 모든 작곡가들은 음악은 마치 제 자신에 취한 듯, 가고 싶은 대로, 가야만 하는 곳으로 간다는 확신을 심어 준다. 리하르트 슈트라우스가 바로 이런 작곡가이다. 언젠가 굴드에게, 무인도에 가게 된다면 어떤 음악을 가져갈지 묻자 그는 서슴없이 '일찍이 씌어진 가장 아름다운 것들 가운데 하나인' 슈트라우스의 마지막 오페라 〈카프리치오〉라고 대답했다. "나는 이 음악에 완전히 매료되었다"고 말하면서.

IV

굴드의 연주의 네번째 특성은 그 격렬함에 있다. 마치 연주가 그의 가장 깊은 곳, 독자적인 곳에서 흘러나오는 듯, 우리 내면의 가장 심오하고 독자적인 존재를 건드리는 그의 방식에 있다. 그 어느 예술가보다도 굴드에게서, 존재와 말이 분리되어질 수 없음을 볼 수 있다. 그의 연주는 듣는 이에게 아주 사적인 답변을 요구하는 듯하다. 아니면 저녁이면 꽃잎이 닫히는 꽃들처럼 무시해 버리든지. 호로비츠와 진정한 대조를 이루는 이 특징은 악기에 대한 접근과도 모순되지 않는다. 스타일, 다른 이들을 통해 한 예술가가 자기 자신과 유지하는 이 관계는 몹시도 신비로운 것이다. 호로비츠는 끊임없이 우리를 유혹한다. 말하자면 그의 피아노는 오로지 우리를 위해 존재한다. 반면 굴드는 어느 누구를 위해 연주하고 있는 것 같지 않다. 하지만 그의 연주를 들으면서 우리는 우리 자신의 소리 없는 음성의 반향을 발견하거나 만들어 내게 된다.

우리 자신의 내력 속으로 이처럼 침범해 들어오면서, 우리의 주관성을 절대적으로 존중한다는 이 모순을 어떻게 설명하겠는가? 굴드 자신이 그의 감탄할 만한 음반인 브람스의 〈간주곡〉을 두고 한 말이 있다. "나는 그것을 마치 나 자신을 위해 연주한 것 같다. 그래도 난 문을 열어두었다"고. 두번째 〈골트베르크〉를 녹음할 당시 한 기술자가 굴드에게 쇼팽의 〈군대 폴로네이즈〉를 연주해 달라고 요청한 적이 있었다. 굴드는 "나는 이 곡의 선율을 모른다"고 대답했다. 그러나 잠시 후에, 한창 녹음이 진행되고 있던 중에 그는 바흐의 연주를 멈추고 20분 동안 이 주제를 즉흥적으로, 브람스적이며 아주 채색된 어휘로 연주했다. 그리고 나서 연주를 멈추더니 몽생종에게 "이걸 녹음했기 바랍니다"라고 말했다. 물론 몽생종은 그 부분을 녹음하지 않고 있었기 때문에 이 연주는 영영 소실되고 말았다.

이 두 일화를 통해 우리는, 자신의 삶의 밀실 속으로 타인들이 들어오는 것을 거부하는 굴드, 그러면서도 가장 은밀한 옆방, 예술의 밀실에 마이크가 장치되어 있고 문 하나가 빠끔히 열려 있기를 바라는 굴드의 모습을 보게 된다.

가장 잘된 연주이든 가장 고약한 연주이든 그의 연주는 이렇게 불시에 우리를 기습해 들어와, 고독이 고독에게 말하듯 우리에게 이야기하는 것 같다. 하지만 가장 아름다운 예술 작품을 두고, 교양에 근거한 감탄이나 무턱대고 하는 열렬한 칭찬 따위로 거리를 두리라 기대할 수는 없다. 릴케가 〈두이노의 비가〉 첫 부분에서 말했듯이 아름다움은 무서운 것이기 때문이다. 심지어는 일말의 증오심까지 들게 하는. 나는 글렌 굴드의 연주를 견딜 수 없어 하는 사람들을 알고 있다. 이해되는 일이다. 작품들은 마치 사람들 같다. 우리는 그들에게 자신을 내맡기지 않으며, 자신을 열지도 않고, 우리에게 상처를 줄 수 있는 가능성을 허락하지 않고, 그들을 사랑하지도 않는다.

그런데 우리가 그에게 가려면 그가 자신이 연주하는 곡들에게로 가듯이 그렇게, 외관을 넘어 찾아나서야 한다.

인벤션은 전혀 기분 좋은 것이 못된다. 곡을 열어 보이는 이는 곡에 다소 폭력을 가하게 된다. 우리에게 최초의 언어를 말하면서 우리를 열어 보이는 자는 또한 우리를 개방시킨다. 글렌 굴드의 연주를 20년 동안이나 들어왔으면서도 나는 아직 그의 연주에 길들여지지 않았다. 그에게 익숙해질 수 없는 것이다. 이 말은 그래도 그의 연주가 늘 가까이 있다든지, 아니면 단순히 견딜 만하다는 그런 뜻이 아니다. 요컨대 굴드는 내게 상처를 주기 때문이다. 그를 통해 들려오는 음악뿐 아니라 굴드 자신이 고통을 준다. 멜랑콜릭한 부분에 이르러서 뿐만 아니라 아주 평온한 그런 부분에 있어서마저도.

하지만 그가 내게 가해 오는 고통, 그를 이해하기 위한 고통, 그를 이해한 고통, 그렇다, 이 고통은 내게 유익한 것이다. 그것은 보들레르가 '저녁까지 걸을 수 있는 용기'라고 부른 것을 내게 주기 때문이다. 예를 들어 1957년 모스크바에서 녹음되어 재출시된 베르크의 〈소나타〉 작품 제1번을 들어 보자. 어떤 미지의 장소로 옮겨왔다는 이런 강한 확신을 누가 굴드만큼 줄 수 있겠는가? 우리가 한번도 머무른 적이 없는 곳, 우리가 머물러 있을 수도 없는 곳, 너무도 멀리 있지만 그래도 우리 안에서 찾아지는 곳.

굴드에겐 알고자 하는 열정, 알도록 하겠다는 열정이 있었다. 그러나 그저 무리를 이룬 사람들에 대해선 아무것도 알려 하지 않았다. 타자와 지속적으로 대화를 나누고 있었던 그였지만, 타자들은 그에게 혐오감을 주었고, 심지어 두려움을 주기까지 했다. 앎은 고독을 원하고 받아들이지만, 기분 전환은 고독을 따돌린다.

그를 받아들이는 음들과 그를 취하는 대중 사이에서 굴드는 선택을 하여야 했다. 관객들로 흐려진 눈이나 크리스털 빛이 아닌 소박한 무엇이 깨달음을 준다는 사실을 모르는 사람들만이 이 사실을 두고 놀랄 것이다.

V

그러나 이제는 죽고 없는 어떤 피아니스트도 그만한 존경심과 사랑을 불러일으키지는 못했다. 그것은 그가 피아노 연주에 또 다른 무엇, 즉 치명적임을 그 자신도 알고 있는 미(美)를 부여했기 때문이다. 이것이 그의 예술의 궁극적인 특성이다. 음악은 이행(移行)이다. 모든 음들은 '이행의 음들'이며,

하나의 침묵과 또 다른 침묵 사이의 거의 아무것도 아닌 무엇이다. 친밀성에서 이타성으로, 내부에서 외부로의 이행이다. 그는 자신의 금속 콘솔들과 검은 피아노 뒤편에서 예술가들이 그때까지 거의 시도하지 않았던 일을 하고 있었다. 말하자면 자신의 예술 너머에서 신의 얼굴을 보는 일.

두 차례에 걸쳐 녹음된 〈골트베르크〉는, 굴드가 다시 녹음하기를 수락하고 또 원했던 유일한 곡(하이든의 〈소나타〉 Bb 장조와 모차르트의 〈소나타〉 C장조와 함께)이었다. 반복과 타성의 적이었던 굴드가 그렇게 한 데는 무슨 이유가 있었을까? 아마도 우리가 모르는 어느 시기에 횔덜린으로 하여금 그의 시 〈시인의 소명〉을 다시 쓰게 한 것과 같은 이유였을 터이다. 처음에 그는 이렇게 썼다.

> 그들이 어디를 가든 금빛 구름이 그들을 따라와
> 잠잠하게 하고, 풍요롭게 하고, 은신처가 되어 주기도 한다.
> 그래서 영예도 무기도 전혀 필요치 않다.
> 신이 현존하는 한, 오랫동안.

그후 시인은 다음과 같이 고쳐 쓴다.

그러나 인간은 혼자서 겁없이 그의 신과 대결한다.

필요할 땐 그의 단순성이 그를 지켜 준다.

무기도, 간계도 필요치 않다.

신의 이 부재가 오히려 도움으로 변하는 시간이면.

두번째 〈골트베르크〉 녹음에선 환희와 확신의 하느님이 부재하며, 손바닥처럼 헐벗은 음악, 장식음들마저 간결성에 기여하는 그런 음악이 나온다. 그곳에선 표징들이 마멸되고 희박해지면서 온전한 의미에 도달되며, 에너지는 형상들의 분산된 광채 속이 아닌 엄격한 선율 속에 집중되어 있다. 이 녹음은 하느님의 부재가 주는 '힘'을 증명하고 있다.

굴드의 인벤션이 내게 말해 준다. 예술은 하느님이 떠나면서 남겨두는 하나의 기억에 불과한 것이라고.

말들과 음들 사이에서

　"후세는 편지를 개봉하는 자이다"라고 리뉴 공(公)은 썼다. 후세가 늘 옳다고는 확신할 수 없다. 그래도 음들은 물론 말들에 대해서도 예민했던 굴드처럼 지적인 예술가의 경우에는 후세가 기여한 바가 상당하다. 오늘날 꾸준히 출시되고 있는 그의 음반들로 알려진 굴드말고도 작곡가 굴드, 작가로서의 굴드, 예리한 비평가이자 음악이론가로서의 굴드가 발견되고 있다. 그런가 하면 보통 사람 굴드가 그의 편지들을 통해 적나라하게 드러나고 있다. 약 2백 통의 편지(총 2천 통도 넘는 편지들 가운데)를 담은 이 서간집 속에는 내면의 기록들이 넘쳐난다. 7세 때 쓴 첫 편지에서 죽기 두 달 전에 쓴 마지막 편지에 이르기까지.[1)]

---

1) Glenn Gould, *Lettres*, Christian Bourgois, 1992.

고독 속에서 씌어진 이 편지들은 고독을 부정한다. 수신자의 바로 곁에서 말하는 이 편지들은, 그것들을 쓴 이가 먼 데서 아련히 가려져 있는 채로 내버려둔다. 결국 그것들이 굴드에게는 얼마나 적합한 수단이었는지를 알게 된다. '의사소통'을 그 무엇보다도 소중히 여겼던 굴드에게는 말이다. 오늘날 이 말이 갖게 된 '김빠진 근접성' '거짓 투명성'의 의미에서가 아니라, 우리가 정복하려고도 유혹하려고도 하지 않는 상대방에 대한 경청이란 의미에서. 그러나 굴드가 전달하고자 했던 것은 자기 자신에 관해서가 아니었다. 그것들은 작가나 사상가의 편지들도 아니요, 음악가의 편지들이었다. 두 파트로, 즉 연주회의 인간과 스튜디오의 인간으로 나뉘어 분류된 편지들 속에서 시종일관 문제되고 있는 것은 음악이다. 자신에 대한 고백과 자서전을 좋아하는 이들은 실망할 것이다. 그 안엔 조심스럽게 다루어진 생의 사소한 아이러니들도 들어 있긴 하지만. 그러나 굴드라는 인간은 그의 작품의 수단에 불과했으며, 그가 더이상 창작을 할 수 없게 된 바로 그 순간에 그의 삶도 꺾이고 말았다고 생각하는 이들은 크게 만족할 것이다. 쇼스타코비치에 대해 냉정했고, 번스타인에 대해 냉소적이었으며, 스토코프스키 앞에서 마음이 누그러졌던 그는 뉴질랜드의 한 팬에게 바흐에 대한 답변을 주었는가 하면, 수년 동안

한 노부인과 서신 교환을 하기도 했다. 그 자신과 마찬가지로 한 사람 한 사람이 지니고 있는 해독 불가능한 악보에 그는 집착하기 때문이다. 이 서간집을 다 읽고 난 뒤 무엇보다 감탄하게 되는 것은 이 피아니스트의 음악적 지식에 대해서가 아니다. 그보다는 그의 연주 하나하나에서처럼 그의 말들과 그의 삶에 깃들어 있는, 의미를 포착하고자 하는 그의 욕구이다.

그런데 그가 이 모든 편지들을 복사해서 보관하고 있었던 까닭은 무엇인가? 직접적인 연주회보다 녹음을 좋아했고, 강박관념에 사로잡힌 사람처럼 소실(消失)을 거부했고, 타인과의 기탄 없는 접촉을 본능적으로 혐오했고, 내어주면서도 보존하려는 갈망을 지녔던 이 모든 성향과도 이는 분명 무관하지 않을 것이다. 아니면 단순히 사라져 가는 것들에 대한 지속적인 취향이라고나 할까? 이 마지막 청교도는 어쩌면 마지막 낭만주의자였는지도 모르는 일이다.

피아노의 병

    오토 프리드리히가 쓴 글렌 굴드의 전기[1]에서 가장 주목할 만한 점은 굴드가 실제로, 혹은 상상으로 앓았던 수많은 병들을 다루고 있다는 사실이다. 거기에는 특별히 굴드가 전혀 연주를 할 수 없도록 만든 팔과 허리의 통증에 대한 두 일화(1960년과 1976년의)도 소개되고 있다.

    첫번째 발병에 대해 남아 있는 몇 안 되는 증거물로서, 클리블랜드 오케스트라 단원들로 이루어진 심포니아 사중주단의 제1바이올린 주자 쿠르트 뢰벨에게 1960년 1월자로 보낸 편지를 들 수 있다. "전신을 움직일 수 없게 된 터라 나는 녹음 계획 같은 것은 꿈도 꾸지 못하고 있었습니다." 5월자로 역시 뢰벨에게 보낸 또 다른 편지가 있다. "필라델피아에서 나는

---

1) Otto Fridrich, *Glenn Gould, a Life and Variations*, Random House, 1989.

외젠 오르만디의 정형외과의에게 치료를 받으면서 이 편지를 쓰고 있습니다. 그는 나를 꼼짝도 못하게 만들어 놓았지요. 지난 겨울 내내 앓았던 어깨 통증은 저의 기대와는 달리 증세가 완화되진 않았습니다. 당신을 본 뒤에도 몇 차례의 연주회를 갖긴 했지만, 결국은 단번에 모든 문제를 바로잡겠다는 심산으로 올 시즌의 가장 큰 연주회는 취소해야만 했습니다. 이곳에 얼마나 머물러 있어야 할는지는 모르겠습니다. 벌써 3주째 이곳에 있으며, 아직 훨씬 오랜 기간을 이렇게 보내야 할 것 같습니다. 이렇게 속박당한 상태에 줄곧 남아 있고 싶진 않지만 말입니다. 참으로 고약한 날들입니다."

그런가 하면 병에 대한 보고와 한 순회 공연에 관한 이야기가 섞여 있는 기록도 남아 있다. 그러면 이 부분을 있는 그대로 옮겨 보도록 하겠다. "1958년 여름 Salzbourg-Mitrop-Concertgebouw 재난의 예감. EL Al Flt(J. Pl.R.Z) 베를린(밤중에 흘린 땀) Horchschule 카라얀. 불안감이 지속됨. 1951년 봄의 첫 경험과 대조되는 베를린에서의 비밀스런 경험. 지압사. 스톡홀름. 게오르크 발터. 요훔이 쓴 니체의 생명의 공간 읽음. '독감.' Bechstein-Steinway, 만찬 리셉션. 북유럽의 쾌락주의. '깃발 아래 가려진' 편지. GT 독재자 채플린. 비스바덴 자발리쉬. 손가락을 베임. 라인 강의 수위가 낮아짐. 쾰른. 주기

도문. 제1번의 취소. 끝날 줄 모르고 이어지는 목욕. 체스 게임. 함부르크로 가는 항공편. 발열과 통증. 지압사. 저녁의 Palmer 102 방법. 아침에 땀. Vier Jahreszeiten. 내각(內閣). D. Sorg-hahaim; "쇼팽을 기억하십니까?"

수없이 많은 페이지들을 뒤덮고 있는 이 메모들을 읽고 있노라면, 얼마 안 가 고유명사들이 의사들의 이름인지 지휘 자들의 이름인지 알 수 없게 되어 버린다. 고통이 음악에 관한 것인지 신체에 관한 것인지 구분되지 않으며, 재난이 여행을 두고 한 말인지 연주회를 두고 한 말인지 알 수 없고, 약물이 나 독약이 혹시 연주된 곡을 두고 하는 말은 아닌지 혼동되기 도 한다. 물론 이 페이지에 적힌 글들을 사건으로 풀어 설명할 수는 있다. 예를 들어 1960년 8월 10일 잘츠부르크에서 굴드 는 미트로풀로스의 지휘로 암스테르담 콘세르트헤보우 오케 스트라와 함께 바흐의 협주곡 d단조를 연주했었다. 9월에는 스톡홀름 음악 아카데미에서 게오르크 루트비히 요훔이 지휘 하는 스웨덴 라디오 심포닉 오케스트라와 함께 c단조 협주곡 을 연주했다. 그런가 하면 10월에는 비스바덴에서 볼프강 자 발리쉬의 지휘로 베토벤의 〈협주곡 3번〉을 연주했고, 음악대 학에서 카라얀이 지휘한 베를린 필하모니아와 함께 9월 21일 에 가졌던 콘서트에서는 연주가 시작되기 전에 빌리 브란트 시장의 간단한 연설이 있었다. 또 굴드가 지휘자의 지시를 잘못 읽어 두 소절 앞서 연주를 시작하기도 했다. 피어 야레스자이 텐 호텔은 함부르크에서 가장 아름다운 호텔 중 하나로서 바로 내교(內橋)에 위치해 있다는, 이런 식으로.

하지만 이 메모들은 또한 육신이 해체되는 극점에서 어떻게 황홀경에 이르게 되는지를 아는 혼란된 영혼의 흔적으로 읽힐 수도 있다.

거의 1년간이나 지속된 두번째 발병 동안 굴드는 자신의 투병 일기를 써나간다. 이름도 없지만 다른 병들처럼 죽음에 이르게 할 수도 있는 이 다양한 형태의 병. 우울증 환자들만이 자신들의 삶의 고통에서 그 이름을 찾는 이 질병. 그것은 말하자면 육신이 낯선 무엇이 되어 버린, 심지어 적이 되어 버린 우울증의 메커니즘과, 육신과 영혼 간의 유기적 결합인 피아노 연주에 대한 특별한 자료라고 할 수 있다. 하지만 불행히도 이 《고통의 일기》는 그렇게 빨리 출간되지는 않을 것이다.

그러면 몇몇 구절들을 인용해 보도록 하겠다. "〈카젤라〉 서곡의 주제는 불안정하고, 음들은 서로 붙어 버린 것 같았다. 음계의 진행은 고르지 못하고 제멋대로이다. 적절한 지압(엄지 손가락을 눌러)을 이용한다거나 하는 어떤 방법에도 저항해 오는 듯싶은 불쾌한 경험. 몇 주 뒤에 두번째 시도를 했을 때 사태는 더 악화되었다. 바흐의 〈코랄〉마저도 자신 있게 연주할 수 없었다. 성부들이 균형을 이루지 못하고, 음에서 음으로의 진전이 불안했다." 또 다음과 같이 쓰고 있다. "두근거림. 팔에 느껴지는 열. 소화장애처럼 가슴에 응어리진 통증. 빠르게 뛰기 시작하는 맥박. 꿈의 일화들. 혈압이 낮아지는 건…… 얼어붙는 듯한 느낌. 격심한 떨림."

이 비슷한 메모가 수백 페이지에 걸쳐 이어진다. 이런 종류의 글은 몹시 인상적이다. 출판을 목적으로 하지 않은(그렇다면 이 일기는 무엇 때문에, 누구를 위해 씌어진 것일까?) 이 메모들 속에서 약어들의 의미를 간파해 낸다고 문제가 해결되는 것은 아니다. 1인칭 대명사와 동사는 보통 생략되어 있다. 굴드는 "나는 거의 연주를 할 수가 없다"라고 쓰는 대신 "연주가 불가능하다"라고 쓴다. "나는 음들을 통제할 수 없다"라고 쓰지 않고 "음들이 통제되지 않는다"라고 쓰며, "나는 아프다" 혹은 "나는 지난밤 세 시간을 잤다"라고 쓰는 대신 "계속되는 끔찍한 고통" "지난밤 세 시간의 수면"이라고 적고 있다. '나'라는 말, 따라서 동사는 거의 씌어지지 않고 있다. 굴드는 주체가 된다는 거추장스러움을 기관들이나 징후들로의 폭발이나 해체를 통해 내던져 버리는 듯싶다.

    그렇다면 굴드는 도대체 무엇으로 인해 고통받았던 것일
까? 일기에는 질병의 긴 목록이 들어 있다. 팔과 손의 이상, 파
열, 손가락 끝의 따끔거림. 그밖에 목과 등의 통증, 심각한 시
각장애, 내이강의 감염. "이 모두가 심리적인 현상일 수도 있으
며, 아마도 그런 것 같다"고 적고 있다. 이 부분에서 가장 이상
한 점은, 그가 아무한테도 자신의 장애들에 대해 털어놓지 않
은 것 같다는 사실이다. 고작 사촌누이 제시 그리그에게, 다리
가 계속 무감각하게 굳어 있다고 말했을 뿐이다. "그가 일어
선다 해도 다리에 아무 감각도 느끼지 못할 것이다"라고 그
는 3인칭 가정법으로 쓰고 있다. 그는 병의 증후들을 스스로
진단했다. 예를 들어 따끔거림은 일종의 관절염이나 혈액순환
장애라고. 사촌누이가 그에게 의사의 진단을 받아 보라고 권하
면, "의사들은 내 말을 듣지 않아. 내가 증상을 말해도 내 말에
귀기울이지 않거든"이라고 그는 대답했다.

    그러고는 밀랍을 바른다든지 해서 스스로를 치료했다. 그
러나 그보다 훨씬 심각하지 않은 장애들을 두고는 의사의 진
단을 받았다. 팔이 전혀 움직여지지 않을 만큼 마비되었을 때
에는 이 사실을 종이 위에 쓰는 것말고는 아무에게도 털어놓
지 않는다. 그를 괴롭히는 이 원인 모를 현상으로부터 벗어나
지 못하는 데 대한 불평이 오로지 일기에서만 두서없이 이어

지고 있다. 제어력을 상실하는 것을 굴드는 늘 무엇보다도 두려워했던 것이다.

다른 식으로 질문을 제기해야 한다. 누구를 위해 굴드는 고통을 받았을까, 라고. 고통받는 자와 이 고통에 대해 쓰고 있는 자의 이 분리말고도 인격의 두번째 분열이 등장하는 것을 일기에서 읽을 수 있다. 두번째 발병이 있기 전 7월에, 그의 어머니가 심장마비로 죽었다. 40년 전 그에게 건반을 가리키며 음들을 노래해 주고, 그에게 노래하도록 가르쳤던——그가 연주를 하면서도 늘 노래하는 습관을 갖게 된 것은 이때부터이다——어머니(성악 교사이기도 했던)였다. 굴드의 집사는 굴드가 이 초상과 장례식을 '품위 있게' 치렀다고 말했다. 반면 사촌 제시의 눈에는 그가 이 손실로 황폐해진 사람처럼 보였다. "더이상 그에겐 음악에 대해 이야기를 나눌 수 있는 사람이 없었기 때문이다." 그러므로 음악의 요체에 대해 어머니와 더이상 대화를 나눌 수 없게 된 굴드는, 매일 저녁 수 페이지에 걸쳐 자신의 쇠약해진 음악가의 몸에 대해 자기 자신과——혹은 어머니와——대신 대화를 나누게 되었다.

이 일기는 굴드가 연주를 하기 위해 정신적으로 두 사람이 되어야 할 필요가 있었음을 보여준다. 완전히 움직일 수 없게 된 상태에서 감긴 눈 뒤편에서 자유롭게 연주하는 글렌 굴드의 영상을 그는 상상할 필요가 있었다. "영상이 차츰 퇴색되는 것을 아무것도 막을 수 없다. 결국 나는 손-팔목의 연결 부위를 높이 들어 전신(全身)의 체계로 돌아왔다." 종종 그는 이 방법을 '세상의 안식처'라는 말로 표현한다. 즉 "이상적인 상태에서 손가락들은 움직임을 강요당하지 않고, 말하자면 거기 그냥 있기만 하면 된다. 그리고 몸의 적응에 의해 다른 모든 적응들이 이루어진 것이다."

심기증은 문지기나 첩자, 감독관, 자신의 증인처럼 자신의 몸을 끊임없이 감시하는 강박관념이다. 그러나 심기증은 또한 몸의 스스로에 대한 보살핌이도 하다. 자신의 아픈 아기를 돌보고, 그가 아직 병으로 죽지는 않을 것임을 확신시켜주는 어머니. 사람들이 증후라고 부르는, 그의 암울하고 불투명하며 이해할 수 없는 현상들을 하나도 놓치지 않도록 조심하는 어머니.

우리가 '자신을 위해' 글을 쓴다면, 누구를 위해 쓰고 있는 것일까? 미래의 자신을 위해? 나중에 때가 되면 자신이 쓴 글을 다시 읽고, 고쳐 쓰고, 메모한 것들을 정리하고, 책으로 묶기 위해서? 혹 작곡가라면 브람스처럼 인생의 초기에 자신을 위해 많은 주제를 스케치해 두었다가 만년에 자신의 대작들 속에 짜넣기 위해? '자신을 위해서'(또 자기 자신 앞으로,

왜냐하면 내면의 글은 모두 감추어진 은밀한 글이다. 그렇기 때문에 밤, 노트, 때론 병상까지 택하면서 이 말들을 자기 자신에게 털어놓는 것이다)라는 것은 또한 '예전의 자신'을 말하는 것이 아닐까? 바로 어린아이였던 자기 자신에게 이 암호들을 전달해야 하는 것이 아닐까? 시간을 가로질러 바로 그에게 신호를 보내야 하는 것이 아닐까?

이 비밀 속에는 모순이 깃들어 있는 것이다. 종이라는 매개물을 이용해 씌어진 이 메모들이 종종 도저히 알아볼 수 없는 상태로 남아 있는 것은 왜일까? 자기 자신에게든 누구에게든 읽혀지게 한다는 것이 본래의 목적이 아닌가? 약어·부호·암호·외국어가 가득한(발레리 라르보의 글처럼) 굴드의 글의 경우(아니면 폴 발레리의 경우)는 글씨 자체가 읽혀지지 않는다. 이렇게 일기가 완전히 암호로 뒤덮여 있는 까닭은 무엇인가? 이 일기는 읽혀지기 위해서가 아니라 오로지 자기 자신을 위해 씌어졌기 때문이라고 혹자는 대답할 것이다. 하지만 암호를 사용한다는 것은 다만 해독 불가능하게 만들려 함이다. 그런데 암호를 사용하여 스스로에게 자신을 감추어야 한단 말인가? 오늘은 분명 실마리를 갖고 있는 암호이지만, 내일 자신이 쓴 글을 다시 읽게 된다면 어쩌겠는가? 글을 쓴다는 건 우리가 시간 속에 자리를 잡고 시간에 자신을 내맡기는 것이다. 그렇다면 자신을 위해 글을 쓴다는 건 시간을 위해 글을 쓰는 것이라고, 이렇게만 말해 두기로 하자.

굴드를 설명하겠다든지, 예를 들어 그가 콩쿠르를 끔찍이 싫어한 이유를 정신분석학을 빌려 분석하겠다는 것이 아니다. 스포츠——음악을 포함해——를 시간의 존재에 대한 도전으로 묘사하면서 굴드 자신이 이에 대해 설명한 바 있다. "육상 선수의 목표는 0분 0초에 주어진 거리를 달리겠다는 것이 아닌가?" 조만간 닥칠 힘의 상실, 쇠퇴에 대한 두려움이 죽음의 공포를, "삶 자체와의 궁극적인 경쟁에서 패배한다는 두려움"을 대체하고 있다고 그는 보았다. 실제로 굴드는 부정(否定)과의 친밀성을 통해 자신의 연주의 중심에 그의 죽음에 대한 불안감을 자리잡게 할 수 있었다. 연주회가 돌이킬 수 없는 화살의 방향을 쫓는다면, 스튜디오는 시간의 흐름을 속이고 역전시켜 놓았다. 피아노가 아프다는 것은, 말하자면 시간이 아프다는 것이다. 그가 음악과 맺고 있는 관계에서 문제되었던 것은 바로 시간이다. 그리고 그의 병은 멜랑콜리라는 그럴듯한 이름을 지닌 이 시간의 병이라는 사실을, 굴드는 나름대로 알고 있었다.

이 점에서 역시, 즉 시간의 저편으로 옮겨진다는 의미에서 굴드는 자신도 깨닫지 못하는 사이에 신비주의 신학의 경험을 공유하고 있었다. 수백 쪽에 걸쳐 씌어진 심기증의 불투명한 언어, 그의 원고의 암호화된 언어는 육신과 사고와의 고통스런 상태를 서술하고 있다. 그러면서도 이 텍스트는 십자가의 성 요한과 시에나의 카타리나의 위대한 글들, 혹은 '영적 훈련들'과도 흡사하다. 굴드에게 음악은 그의 육신이었다. 우리가 길들이고, 비육신이 될 때까지 완성시켜 가는 육신. 신비주의의 황홀경은 또한 신체적 상태이기도 하다. T. S. 엘리엇이 '부동점(不動點)'이라는 말로 표현한 무엇이다.

회전하는 세계의 부동점. 육(肉)도 비육(非肉)도 아닌,

어디서 오거나 어디로 가는 것이 아닌, 부동점, 거기에 춤이 있다.

정지도 운동도 아닌 지점.[2]

황홀경. 우리가 자신에게서 벗어난 상태. 아니 '나'로부터 벗어난 상태라고 하는 것이 낫겠다. 이것은 어쩌면 자신에게로 데려다 주는 상태인지도 모르기 때문이다. 연주를 할 때면 굴드는 자신으로부터 벗어나 있었다. 그런데 '벗어난다'는 것은 어디에 있다는 것일까? 옆에 있다는 것일까, 마주보고, 아

---

2) T. S. Eliot, *Glenn Gould*, 〈번트 노턴〉, 《네 개의 사중주》.

니면 거울 속에, 자신 앞에, 혹은 자신 뒤에 있다는 걸까?

　같은 질문을 다른 식으로 제기할 수도 있겠다. 굴드는 어디가 아팠던 것일까, 라고. 그가 '일종의 거대한 집게 속에 붙잡혔다'고 자신을 묘사한 것을 읽노라면, 헨리 제임스를 평생토록 따라다녔던 신비한 등의 상처, 이 '알 수 없는 상처'를 생각하게 된다. 굴드의 통증은 치료를 받고 떠났다가는 다시 돌아오곤 했다. '통증에 대한 일기'에, 예를 들면 다음과 같은 글이 있다. "두근거림. 팔에 느껴지는 열. 소화장애처럼 가슴에 응어리진 통증. 빠르게 뛰기 시작하는 맥박. 꿈의 일화들. 혈압이 낮아지는 건(…) 얼어붙는 듯한 느낌. 격심한 떨림(…)."

　때론 병에 걸린 게 굴드인지, 아니면 그의 피아노인지 모르게 되어 버릴 때도 있다. 1971년 12월, 그는 짐꾼들에 의해 망가진 자신의 스타인웨이 CD318(1957년에 그의 174가 그랬듯이)에 대해서 같은 식으로 적고 있다. "뚜껑이 깨지고, 저음부의 음향판이 손상을 입었다. 고음부의 음향판도 갈라져 큰 상처가 났다. 몸체와 키가 완전히 뒤틀려 버렸다……." 굴드는 음악 속에서 통증의 중심부를 찾기 바라는 듯싶었다. 하지만 통증은 중심부가 없다. 어쩌면 통증은 '중심의 부재' 그것인지도 모른다. 그렇다면 설령 확신할 수 없을지라도 그것에 한 장소를 마련해 주어야 한다. 그리고 연주자는 동정과 잔인성이 뒤섞인 감정으로 그 비밀을 알고, 상처를 돌봐 주기 위해 자신의 악기에 귀기울인다. 연주를 하는 굴드는 때로 시간으로부터 나오고 싶어하는 물에 빠진 사람 같다. 선회하는 온몸으로, 눈·입술·손으로 이 시간의 소용돌이로부터 빠져나오고 싶어하는 사람 같다.

심기증은 편집광과 같은 성질의 착란증이다. 공격은 가해자인 적들에 의해 이루어지는 것이 아니고, 반기를 든 신체기관들에 의해 이루어진다. 이들 역시 나를 쓰러뜨리기 위해 암호를 주고받는 것처럼 보인다. 어떤 암호를? 그걸 안다면 나는 아프지 않을 것이다. 포위해 오는 병과 신체기관들의 목록에 굴드는 아군인 약들——결국은 그를 중독시키고 만——의 목록을 대치시켰다. 마지막 해에 이르면, 목록은 다음과 같은 것이 된다. "알도메트, 넴뷰탈, 테트라사이클린, 클로로마이세틴, 세르파실, 플라시도, 라르고스틸, 스텔라진, 레스테클린, 리브락스, 클로니딘, 클로리날, 인데랄, 이노시드, 아리스토코르트, 네오코르테프, 질로프림, 부타졸리딘, 박트나, 셉트라, 페닐부타존, 메틸도파, 알로푸리놀, 히드로코로티아지드, 그리고 수없이, 수없이 많은 발륨."

굴드가 병이나 약에 대해 맺고 있었던 관계를 음악에 대한 관계와 결부시켜 보는 것이 당치않은 일이라곤 생각지 않는다. 오른손이 여전히 연주하고 있는 동안 왼손이 종종 건반에서 떨어져 나온다면(특히 베토벤의 소나타 〈템페스트〉의 아다지오에서), 그것은 오케스트라 지휘자처럼 리듬과 박자를 맞추기 위해 그러는 것이 아니라, 그보다는 '음악의 공간'을 탐구하기 위해서였다. 허공에서 굴드는 공명음들을 쓰다듬고, 떠 있는 반향을 빚어낸다. 음악의 한계들에 닿고 싶어하며, 음악이 어디서 멈추는지, 현실이 어디서 시작되는지 찾고 있기라도 하듯이. 음악과 자신의 육신 사이에서 가장 긋기 어려운 경계를 찾고 있기라도 하듯이. 때로 그의 태도는 큰 위험에 처해 있는 듯한 모습이다. 마치 음악에 의해 핍박받고 있다고 느끼는 사람처럼. 글렌 굴드는 음악을 앓고 있었다. 치유될 수 없는 병.

참고 문헌

이 책에서 인용된 글렌 굴드의 발언은 대부분 브루노 몽생종이 세 권에 책 안에 수집해 둔 글과 인터뷰에서 발췌된 것이다. 굴드가 음악에 대해 지니고 있던 개념에 대해 독자들이 더 잘 이해할 수 있게 된 데는 몽 생종의 끈기 있는 작업과 헌신적인 노력이 기여한 바 크다고 하겠다.

Glenn Gould, *Le dernier puritain*(Ecrits I), Bruno Monsaingeon에 의해 수
집 · 번역됨, Fayard, 1983.

Glenn Gould, *Contrepoint la ligne*(Ecrits II), Bruno Monsaingeon에 의해
수집 · 번역됨, Fayard, 1985.

Glenn Gould, *Non, je ne suis pas du tout un excentrique*, Bruno Monsaingeon
의 편집 및 해설, Fayard, 1986.

그밖에 참고로 한 저작물들은 다음과 같다.

Glenn Gould, *Entretiens avec Jonathan Cott*, Jacques Drillon의 번역 및 해설,
Lattès, 1983(미국에선 1984년, Little, Brown and Company에서 출간됨).

Geoffrey Payzant, *Glenn Gould, Un homme du futur*, Fayard, 1984.

Glenn Gould Variations, John McGreevy에 의해 편집된 텍스트, Quill, New
York, 1984.

Glenn Gould Pluriel, 1987년 10월 퀘벡대학에서 열린 심포지엄의 보고서,
Louise Courteau, Québec, Canada, 1988.

역자 후기

미셸 슈나이더의《글렌 굴드, 피아노 솔로 *Glenn Gould, piano solo*》는, 1988년 프랑스에서 출간되어 이듬해 페미나 바카레스코(Femina Vacaresco)상을 수상한 아주 독특한 전기이다.

1982년 굴드의 사망 이후 국외에선 이미 그에 관한 전기와 여러 책들이 씌어지거나 번역되었다. 하지만 굴드를 두고 저자 자신도 언급했듯이 피아노가 그의 삶을 훔쳐갔다고 한다면, 또 32세의 나이에 그가 연주회를 완전히 그만두었으며, 그후로 자신이 사는 토론토를 거의 떠나지 않았고, 결혼도 하지 않았고, 쉰 살이라는 짧다면 짧은 생을 살았다면, 어쩌면 이 음악가에 대해 이렇게 긴 한 편의 전기를 쓴다는 건 불가능한 일인지도 모르겠다. 여기서 저자는 전기물의 관례를 깨뜨린 채 인물의 내면으로 곧장 들어감으로써 보다 강렬한 진실을 열어 보이는, 예기치 못한 방법을 사용한다.

그런데 놀랍게도 지금까지 내가 굴드의 음악을 들어오면서 평소에 생각했던 점들이 이 전기 속에서 너무도 또렷이 구현되고 있다는 느낌을 떨쳐 버릴 수 없었다. 프랑스에 체류하던 동안 굴드에 관한 다큐멘터리 영화를 볼 기회도 있었고, 라디오를 통해 그의 음악뿐 아니라 다양한 굴드의 면모들을 접할 기회가 있었다. 당시에 내가 연습하던 바흐의 악보에 어느 날 Glenn Gould, Variation Goldberg라고 적어 주시며, 이 녹음을 듣도록 충고해 주신 분은 Jean Barthmann 선생님이셨다. 그후 folio판에 끼어 있던 이 책을 우연히 발견하게 됐고, 굴드의 연주에 대한 날카로운 분석은 물론 그런 연주와 밀접하게 얽혀 있는 한 삶에 대한 저자의 이해에 동참하는 기쁨을 누릴 수 있었다. '사랑'이 아니곤 상대방을 이해할 수 없다면, 굴드를 향한 이 긴 명상은 분명 저자의 각별한 사랑의 작업이라고 할 만하다.

우선 이 책에는 굴드의 연주에 바쳐진 부분들이 있다. 저자는 이러한 그의 연주를 뭔가 정상을 벗어나 있는 것이라고, 기분 전환을 시켜 주는 것인 아닌 우리 안의 생각하는 존재에게 말을 걸어오는 소리라고 말한다. 너무도 투명하고 정화된 그의 음향을 허공의 조각품, 어떤 형용사로도 묘사될 수 없는 소리, 그저 존재하는 소리라고 묘사한다. 회화로 치면, 서정이나 도취를 멀리하며 정신의 깊이를 느낄 수 있게 해주는 세잔의 그림이라고나 할까? 세잔이 한 편의 인물화를 완성하기 위해 모델에게 1백 번도 넘게 포즈를 취하게 했듯이, 그리고 진실에 접근하기 위해 모양이나 색조를 기꺼이 왜곡했듯이, 굴드의 헐벗고 멋을 부리지 않은 음들 역시 많은 생각과 고려를 거친 다음에 도착한 순진성임을, 우회를 통해 정수에 도달한 순화된 미(美)임을 우리는 알게 된다.

그런가 하면 역시 정상을 벗어나 있는(무엇이 정상이냐고 저자는 묻는 듯하지만) 그의 삶의 일화들을 우리는 엿볼 수 있다. 그의 연주와 놀랍게도 닮아 있는 이 삶의 자취를 더듬어 가노라면 끊임없이 '익명'이라는 단어가 떠오른다. 굴드가 좋아했던 회색과도 무관하지 않은 것. 여러 애정을 실추시켜 아무것도 아닌 것, 그 누구도 아닌 것이 되겠다는 소망. "사랑받지 않기 위해 눈물겨운 노력을 기울였다"라고 한 대목에선 릴케의 음성을 그대로 듣는 듯하다. "병이 조금씩 회복되어 가는 사람처럼, 그는 자신이 지극히 평범하고 이름 없는 사람에 불과하다는 사실을 새삼스럽게 느꼈다. 그는 생존에 대한 사랑밖에는 어떠한 사랑도 지니고 있지 않았다…… 그때부터 그는 신에게 이르는 먼 사랑의 길에 이미 발을 내딛고 있었다"(말테의 수기)라고 릴케도 쓰지 않았던가. 1964년 4월 10일, 굴드가 마지막 연주회를 마치고 나올 때 그를 찾아온 한 소박한 노부부가 선생님의 음악을 좋아하노라고, 그의 음반들을 모두 듣노라고 고백하는 순간 굴드의 얼굴을 스쳐간 따뜻한 표정, 영화의 이 한 장면이 떠오른다. 흔히 피아노의 천재로, 기인으로 회자되곤 하는 굴드이지만, 굴드의 교훈은 바로 '겸손의 교훈'이라고 한 저자의 말에 진심으로 동감한다…….

〈골트베르크 변주곡〉의 구조를 그대로 본뜬 이 책은, 아리아에서 시작해 서른 장에 걸친 서른 개의 변주를 거친 뒤 다시 아리아로 끝나는, 바흐의 곡만큼이나 탄탄한 구조를 지닌 아름다운 책이다. 번역을 위해 사용된 원본은, 1988년 출간된 이후 네 편의 글이 추가되어 발간된 증보판이다. 이 역서가 굴드의 연주를 좋아하는 사람들에게, 음악을 사랑하는 사람들에게 작은 선물이 되었으면 한다.

2002년 2월, 이창실

이창실

이화여자대학교 영어영문학과 졸업.
프랑스 스트라스부르대학 응용언어학 과정 이수.
이화여자대학교 통번역대학원 한불번역학과 졸업.
역서: 《앙드레 말로》《1930년대 미술》《나는 왜 역사가가 되었나?》
　　　《누보 로망, 누보 시네마》《번영의 비참》《프란츠 카프카의 고독》

東文選 文藝新書 397

글렌 굴드, 피아노 솔로

초판 발행　2002년 3월 20일
개정 1쇄　2024년 8월　5일

지 은 이　미셸 슈나이더
옮 긴 이　이창실

펴 낸 곳　東文選
　　　　　제10-64호, 1978년 12월 16일 등록
　　　　　서울 종로구 인사동길 40
　　　　　전화　02-737-2795
　　　　　팩스　02-733-4901
　　　　　이메일　dmspub@hanmail.net

　　　　　ⓒ 미셸 슈나이더
　　　　　본서의 내용 및 이미지의 무단 전재와 복제를 금합니다.

　　　　　ISBN　978-89-8038-951-3　94000
　　　　　ISBN　978-89-8038-000-8　(세트)

　　　　　정가　18,000원

73	시간, 욕망, 그리고 공포	A. 코르뱅 / 변기찬	18,000원
74	本國劍	金光錫	40,000원
75	노트와 반노트	E. 이오네스코 / 박형섭	20,000원
76	朝鮮美術史研究	尹喜淳	7,000원
77	拳法要訣	金光錫	30,000원
78	艸衣選集	艸衣意恂 / 林鍾旭	20,000원
79	漢語音韻學講義	董少文 / 林東錫	10,000원
80	이오네스코 연극미학	C. 위베르 / 박형섭	9,000원
81	중국문자훈고학사전	全廣鎭 편역	23,000원
82	상말속담사전	宋在璇	10,000원
83	書法論叢	沈尹默 / 郭魯鳳	16,000원
84	침실의 문화사	P. 디비 / 편집부	9,000원
85	禮의 精神	柳 肅 / 洪 熹	20,000원
86	조선공예개관	沈雨晟 편역	30,000원
87	性愛의 社會史	J. 솔레 / 李宗旼	18,000원
88	러시아 미술사	A. I. 조토프 / 이건수	26,000원
89	中國書藝論文選	郭魯鳳 選譯	25,000원
90	朝鮮美術史	關野貞 / 沈雨晟	30,000원
91	美術版 탄트라	P. 로슨 / 편집부	8,000원
92	군달리니	A. 무케르지 / 편집부	9,000원
93	카마수트라	바짜야나 / 鄭泰爀	18,000원
94	중국언어학총론	J. 노먼 / 全廣鎭	28,000원
95	運氣學說	任應秋 / 李宰碩	15,000원
96	동물속담사전	宋在璇	20,000원
97	자본주의의 아비투스	P. 부르디외 / 최종철	10,000원
98	宗敎學入門	F. 막스 뮐러 / 金龜山	10,000원
99	변 화	P. 바츨라빅크 外 / 박인철	10,000원
100	우리나라 민속놀이	沈雨晟	15,000원
101	歌訣(중국역대명언경구집)	李宰碩 편역	20,000원
102	아니마와 아니무스	A. 융 / 박해순	8,000원
103	나, 너, 우리	L. 이리가라이 / 박정오	12,000원
104	베케트연극론	M. 푸크레 / 박형섭	8,000원
105	포르노그래피	A. 드워킨 / 유혜련	12,000원
106	셸링	M. 하이데거 / 최상욱	12,000원
107	프랑수아 비용	宋 勉	18,000원
108	중국서예 80제	郭魯鳳 편역	16,000원
109	性과 미디어	W. B. 키 / 박해순	12,000원

【東文選 現代新書】

【기 타】

【대한민국역사와미래총서】